王庆卫 著

SHITAI
XIAOJING

石台

孝经

西安出版社

图书在版编目（CIP）数据

石台孝经 / 王庆卫著. — 西安：西安出版社，
2020.12（2022.6重印）
　ISBN 978-7-5541-5064-1

　Ⅰ. ①石… Ⅱ. ①王… Ⅲ. ①碑刻 - 研究 - 西安 - 唐
代 Ⅳ. ①K877.424

中国版本图书馆CIP数据核字(2020)第248931号

纸上长安

石台孝经
SHI TAI XIAO JING

出 版 人：	屈炳耀
策划统筹：	李宗保　张正原
著　　者：	王庆卫
责任编辑：	张正原
特约编辑：	徐哲颖
责任校对：	王　娟
封面设计：	袁樱子
版式设计：	邵　婷
出版发行：	西安出版社
地　　址：	西安市曲江新区雁南五路1868号影视演艺大厦11层
电　　话：	(029) 85253740
邮政编码：	710061
印　　刷：	三河市嵩川印刷有限公司
开　　本：	889mm×1194mm　1/32
印　　张：	12.875
字　　数：	213千
版　　次：	2020年12月第1版
印　　次：	2022年6月第2次印刷
书　　号：	ISBN 978-7-5541-5064-1
定　　价：	68.00元

△如有印刷、装订问题，本社负责另换。

序

　　本书是王庆卫博士所写介绍西安碑林名碑石台孝经的文化旅游读本，向读者介绍碑林进口显著位置即碑亭下保存的盛唐名石的相关故事，其中涉及唐玄宗的人生经历，玄宗释读《孝经》的先后过程及所据文本，石台孝经之刊立过程及历史命运，碑刻所见与立碑有关人物的人生遭际（其中提到达奚珣墓志，为我读此方知），也述及《孝经》一书在唐代的传播及社会作用，玄宗同时所注《道德经》及《金刚经》之流传始末，更远些，则涉及《孝经》作者、成书与流传，唐代标志性纪念碑建立的意义，乃至玄宗陵墓泰陵的相关事实。可以说，这是一部以石台孝经为中心展开的专题著作，介于学术与普及之间，致力于向读者立体展示唐代文化雄盛多元、深邃高雅面貌的文化读物。先期读到，获益良多，嘱缀数言，不可遽辞。

　　熟悉唐史的读者都了解，有唐皇家自称为道家始祖老子（一说即李耳）的后裔，对老子极致尊崇，乃至有玄元皇帝之尊谥，而佛教更弥漫朝野，民间崇信者尤多。佛道隆替，此升彼降，前后改辙者有之，遽起灭佛者有之，然就总的趋势言，则可以三教并兴、文化多元概括之。唐玄宗之注三经，更是这种文化精神的集中体现。就玄宗之个人好恶，无疑将道教放在首位，当他掌控实权后，特别是他在整个开元时期致力于建设一个开明昌盛的伟大时代之际，很清楚地认识到，革除高宗后期以来女主专政、任用佞幸、鼓励告密、重用酷吏等弊政，建立以皇帝为核心的皇家权威与官僚系统，选用贤俊，进黜有序，鼓励农耕，倡导多元，是国家走向强大文明的根本所在。史载有所谓《开元升平源》一书，借他与姚崇的对话，表达他努力有为的若干致力方向，虽属虚构，但概括得很好。所涉较多，这里不能一一列举，其中亲注三经，广颁郡县，就是有力手段之一。而三经中最重要的，还是《孝经注》。

《孝经》之作者，庆卫罗列了八种说法，比较倾向是出自秦前一位儒家后学之手。在儒家理想的社会构想与人生规划中，士人应从修身齐家做起，进而治国平天下，所谓家国情怀，家是国之细胞，国是家的保证，不能修身齐家，何能治国平天下？而《孝经》则对儒家的血亲伦理秩序做了详尽清晰的规定，一旦成立，就成为不刊之经典，士人之守则。玄宗选注《孝经》，即有见于此，而石台孝经之刊立，在天宝四载是轰动朝野的大事，千年来在碑林居于核心地位，原因也在乎此。

唐代虽说三教并兴，朝廷也经常举办三教论衡、释道优劣之辩论，大多属于游艺性质，是皇诞或时节的余兴节目，图个高兴，并非要辩出是非，更不必夸大其学术意义。三教中儒家虽声势不大，但朝廷礼仪、选官衡准、民间风俗、家庭伦理，无不依循儒家学说，坚持始终，罕有非议，也是显见的事实。佛、道二家虽然立场有异，今人多见其彼此争夺斗争的一面，但从民间应响来说，常又调和妥协多于彼此之争夺。高僧宗密晚年曾归果州老家省亲，其间亲注《盂兰盆经》，表对父母感恩之情。著名的大目乾连冥间救母故事，虽本因果报应、奖善惩恶的佛家理路，但也包含修成佛果、回施父母的感恩尽孝内核。五代讲经名僧云辩，曾有《二十四孝押座文》，倡言三教皆讲孝道，宣讲佛法时充满激情地高唱："孝心号曰真菩萨，孝行名为大道场。孝行昏衢为日月，孝心苦海作梯航。孝心永在清凉国，孝行常居悦乐乡。孝行不殊三月雨，孝心何异百花芳。孝心广大如云布，孝心分明似日光。孝行万灾咸可度，孝心千祸总能禳。孝为一切财中宝，孝是千般善内王。佛道孝为成佛本，事须行孝向爷娘。见生称意免轮回，孝养能消一切灾。"英藏敦煌文书印本第一号(S.P1)存此文，且是刻本，可见当年流布之广，影响之大。

石刻可以考史，庆卫已经做过许多工作，本书也俯拾可见，我也愿意在此补充一个与《孝经》有关的例子。伯三三八六、伯二六三三号有杨满山《咏孝经十八章》，以十八首五言诗分咏《孝经》十八章，已有陈祚龙《关于敦煌古抄杨满山的咏〈孝经〉》（收入《敦煌学海探珠》，台湾商务印书馆一九七九年）、张锡厚《敦煌本〈咏孝经十八章〉补校》（刊《敦煌研究》二〇〇五年二期），研究此组诗，作者之名或录作杨满川。其人之时代，因诗中有"不及大中年"句，可知为宣宗大中、懿宗咸通以后人。伯二六三三有辛巳年题记，池田温《中国古代写本识语集录》暂定为后梁龙德元年（921）。伯三五八二有后晋高祖天福七年（943）题记，可以说是此组诗形成的下限。今检《秦晋豫新出墓志蒐佚续编》九二四号《李敬回墓志》，咸通十一年（870）立，署"契赐紫金鱼袋杨满山撰"，应该就是此组诗之作者。此点数年前发现，存录备案，迄未发表，适为本书作序，似可述及，暂记于此。

庆卫历参名校，学历完整，修读历史、考古与文献，长期在西安碑林工作，勤奋治学，敏于思考，打通文史，追求卓越，从学以来，论著迭出，旧径拓荒，时悟康庄，新石初探，独见纷披，时有赐告，皆足解颐，每与接谈，皆得新识，深感后生可畏，足成伟器。因书数语，不足尽庆卫之所学，有属望焉。

陈尚君

庚子秋末于沪寓

（陈尚君，复旦大学文科资深教授、中国唐代文学学会会长）

目录

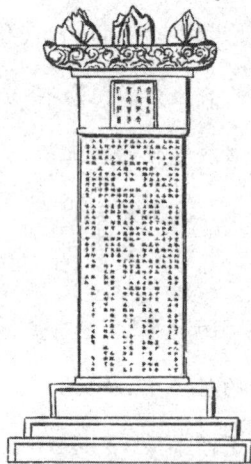

巨碑高耸

一代帝王

铭镌文字

且听千年石语

为我们娓娓道来

引子

雨，不经意间飘然而至。倾斜的城市上空划过草原上遗失的鞭影，迷乱的景致，笼罩着黄昏下的碑林。记忆的落叶，突然被深深浅浅的跫音和精致的靴子轻轻地踢痛，回首望去，在一座巍峨石碑前有一抹清婉的背影若隐若现。

她是谁？

一袭深青色的袿衣在风中淡淡摇摆，透过雨帘隐隐可以看到衣服上面成行排列的五彩翟翟图案，鬓角的花钗和腰间的白玉佩不时有声音传出，沿着袖端的红色花边，凝脂般的纤纤素手正软软地抚摸着碑石开头的"孝经序"三个隶书大字，久久伫立不动。

雨，更大了。女子的神情越发的哀怨，如同戴望舒雨巷里的那个丁香般的姑娘，让人心生怜惜。我不由自主地向前走去，快到跟前的时候，随着远处传来的一声鸟鸣，那个梦幻般的女子消失在了风中。

这名女子，到底是曾经宠冠一时的武惠妃，还是那位艳绝古今的杨贵妃？

这座石碑，叫"石台孝经"，是在唐明皇李隆基天宝四载（745）刊刻的。

巨碑高耸，昭示着大唐玄宗时代的辉煌和璀璨；一代帝王，在他的生命中有着怎样的神奇和忧伤；铭镌文字，书写着哪些刀光剑影的物语和传说。拂去岁月的云烟，那些人，那些事，那些历史的年轮，且听千年石语，为我们娓娓道来。

第一章

石台孝经

SHITAIXIAOJING

盛世遗珍：石台孝经的前世今生

磨难皇孙到治世明君

公元685年（乙酉），东都洛阳的天空被一片浓雾所笼罩。

就在上一年的二月六日，武则天废除新登基的皇帝为庐陵王，幽禁在别院当中，改赐名为李哲。李哲，就是历史上的大唐皇帝中宗李显。二月七日，武则天迅速册立年仅二十三岁的幼子豫王李旦为新的皇帝睿宗，王妃刘氏为皇后。不过从睿宗为帝开始，所有军国大事均决定于武则天，睿宗不得有所干预，而且被安置于别殿居住。之后，武则天常御于紫宸殿，施浅紫帐以临朝听政。

这次废帝事件，实质上是一次成功的宫廷政变，和玄武门事件有着极为相似的地方。在此之前武则天已经控制了左、右羽林军，保证了母子之间没有发生大的流血冲突。随着武则天进一步掌握了国家权力，一代女皇的政治之路就此正式拉开了序幕，开启了历史长河中独有的一段女权时代。

葬高宗于乾陵之后，武则天并没有还政的想法，反而在九月五日改年号为"光宅"，并进行了一系列的改革，改东都为神都，立武氏七庙，重用武氏成员，这些都预示着武则天是打算托古改制建立一个新的帝国。此时，骆宾王的一篇《代李敬业讨武氏檄》传遍九州，"君之爱子，幽之于别宫；贼之宗盟，委之以重任"，"因天下之失望，顺宇内之推心，爰举义旗，誓清妖孽"，大声疾呼"试观今日之域中，竟是谁家之天下"。文辞煌煌，震惊朝野，宣告着李敬业集团的扬州起兵。

武则天先命左玉钤卫大将军李孝逸为扬州道大总管，领兵三十万征讨。至十一月，又命左鹰扬卫大将军黑齿常之为江南道大总管，统兵合击李敬业。官军主力和李敬业部决战于高邮，敬业大败，轻骑遁走欲入海奔高丽，被属下连同骆宾王等人一起斩杀，传首东都，至此四十多天的李敬业起兵事件得到了平息。伴随着李敬业起兵，中央朝廷也围绕此事发生了诸多变故，尤其是宰相裴炎和名将程务挺的被杀，均宣示着武周政权的一步步来临。

伴随着一片血色，时间的齿轮正式进入公元685年，在这一年又会发生什么呢？

春，正月元旦，改年号为"垂拱"，意思就是皇帝虽在位，武则天也要垂拱而治天下。经过李敬业事件，武则天知道要想巩固权力的话，就要越过法律用非常之手段打击亲唐的官员，于是在二月就下令鼓励臣民上言直达天听，然后进一步建立了甄检告密的制度，以打击非议者和反对者。在这种状态下自然而然酷吏横生，不过究其本意来说这种政策针对的主要是官吏，而不是一般的老百姓，不过随着监察范围的持续扩大，整个社会都弥漫着一种恐怖的肃杀氛围。

八月初五，随着一道嘹亮的哭声，一个男婴在人世间诞生。

这一天，没有神奇的天文星象出没；这一天，没有灵异的人间事件涌现。东都洛阳的一座偏殿中，临产的窦妃似乎已经忘记了阵痛和紧张，在欣喜的心情中迎来了自己的第一个骨肉。但是，这份喜悦，充其量就是给傀儡帝王睿宗带来了他的第三个儿子，给这个胆战心惊的男人心中增添了一个负担而已。"自则天初临朝及革命之际，王室屡有变故，帝每恭俭退让，竟免于祸"，兄长被废被贬，自身前途未卜，望着小生命俊秀的面孔，睿宗是否会想到这个孩子将是中国历史上最耀眼的一位帝王呢？延续于太宗的血脉有着天然的高贵和责任，在李唐帝室风雨飘摇的时候，睿宗不会忘记根植于内心的渴望，一个词语喃喃在他的口中："隆基。"就这样，一个响彻历史的名字出现了。

人称"三郎"的李隆基自小就仪范伟丽，聪明伶俐，成熟的像小大人一般，出行举止皆有规矩。三岁，被封为楚王。有一天武则天抱着李隆基登高楼远眺，不小心把他从手中滑落掉到了地上，左右随从大惊失色，急忙从楼上跑到地面，发现李隆基"怡然无亏损之状，则天甚奇之"。此事的真伪暂且不论，不过可以看出李隆基是深得祖母疼爱的。

690年，李隆基六岁，武则天六十七岁。刚刚出阁的李隆基有一次去拜见祖母，当时担任禁宫守卫的金吾将军武懿宗想训斥他队伍不整，李隆基大声问道："这是我李家的朝堂，关你何事？"类似的事情还发生在李隆基在朝堂训斥武攸暨时，武则天得知此事后，不禁惊异感叹地说道："他一定会是我们家的太平天子。"也许，对于一个孩子来说，父亲是不是木偶，祖母是不是外姓都不重要，毕竟血是浓于水的。谁知不久，一切都改变了。九月九日，祖母成为女皇。舐犊之情在政治权力面前是那样的脆弱，改元"天授"，革唐命改国号为"周"，武则天自尊称为"圣神皇帝"，降睿宗为太子，李隆基也由楚王降为了临淄郡王。睿宗失去了皇帝的名分后，处处受到武家子弟的打击迫害，最严重的一次要不是乐工安金

唐玄宗像

藏剖腹鸣冤，睿宗很可能会遭遇非难。

祸不单行，691年正月初二，李隆基的生母窦妃和睿宗的正妃刘氏在给女皇拜年之后，就神秘蒸发了。窦妃和高祖李渊的窦皇后出自一门，属于关陇集团的核心家族，此次有人指使宫女韦团儿诬陷窦妃二人行厌胜之举诅咒女皇，不乏进一步削弱皇储李旦的目的。而李旦呢？面对权威赫赫的母皇，只有委曲求全置之事外。屋漏偏逢连阴雨，就在窦妃死后不久，朝野又传出窦妃的母亲为了给女儿复仇，再一次行厌胜之事，结果窦氏家族全部被发配到岭南去了。亲人连遭剧变，我们不知道一个七八岁的孩童是如何度过这个黑暗正月的，也许，在夜深人静时才可以无声痛哭来发泄深入骨髓的哀伤，而第二天又得强颜欢笑以保全自己微弱的生命吧。受此影响，李隆基虽然没有被剥夺封号，但是被幽禁在了深宫之内，直到公元698年十四岁时才重见天日。

武周后期，随着武周政权继承人问题的解决，武则天结束了人人自危的酷吏政治，进一步调和武氏成员和李唐家族之间的矛盾。自武则天即位以来，李武人员关于皇太子的争夺一直很激烈，李隆基父子的厄运与此息息相关。到底立侄还是立子，武则天虽为一代女皇，但还是无法脱离封建宗法制度的土壤，经过反复的抉择，最后她选择了复立庐陵王李显。从当时的政治环境来看，李显是高宗的合法传人，亦符合中国古代年长为嫡的传统，在李唐群臣的心目中是最合适的皇位继承人选；其次，武周立国之后，酷吏当道，以武承嗣、武三思为首的武氏人员勾结酷吏，陷害朝臣，等到酷吏政治消除之后，以狄仁杰为代表的拥李势力逐渐增强，已经有了左右朝局的能力；第三，李旦退位后为皇嗣，不断受到武氏成员的迫害和打击，两者之间的仇恨已经无法消弭了，而李显一直被外贬在房州（今湖北房县）生活，和武氏之间积怨不多，武则天为了李武二族可以和平共处，选择了李显为嗣正是她的良苦用心之处。李显为皇太子后，女皇还"命太子、相王、太平公主与武攸暨等为誓文，告天地于明堂，铭之铁券，藏于史馆"。

圣历二年正月（698年冬），李旦去皇嗣位，被封为相王，在神都积善坊建府置官署。十月，相王诸子复出阁，李隆基兄弟五人离开了禁宫，重获自由，亦在积善坊分院同居，有了接触社会和民生的机会。

大足元年（701）十月，十七岁的李隆基跟随祖母武则天回到了长安，这是他第一次来到大唐国都所在。"洛阳芳树映天津，灞岸垂杨宰地新。直为经过行处乐，不知虚度两京春。"巍峨的长安城宏伟而庄严，铭刻着高祖怀远之德和太宗的贞观之治，对于这时的李隆基来说，也许他还没有意识到大唐的另一个盛世正在等待着一个新的主角出现。自从关路入秦川，争道何人不戏鞭。到了长安后，李隆基先后历右卫郎将、尚辇奉舆职，同时女皇给他们兄弟赐宅于兴庆坊，也叫"五王宅"，后来待他登上皇位，龙潜旧邸被扩建成兴庆宫，成为唐代宫殿三大内之一。

长安三年（703）九月，年老的女皇重病不起，群臣担心她晏驾离世，十月在群臣的拥戴下又匆匆回归东都洛阳。在女皇生命的最后几年，宠臣张易之、张昌宗兄弟在她身侧侍奉，政事多委张氏兄弟处理，造成了张氏兄弟横行朝野弄权专政的局面。神龙元年（705）正月，以张柬之、桓彦范、崔玄暐、敬晖、袁恕己等五人为首发动了军事政变，诛杀了张易之兄弟及其党羽，逼迫女皇退位，中宗正式登基，重复李唐政统。神龙政变后不到一年，一代女皇病逝于洛阳上阳宫，只留下历史的背影以待后人评说。

隆基，禁中尝称"阿瞒"。曹操，枭雄式的英雄人物，小字阿瞒，曹魏政权的奠基者，中国历史上著名的政治家、文学家和军事家。李隆基小时候被称过阿瞒，可知他少有抱负，颇有壮志雄心。从宠孙到幽闭，少年时代的磨难生活加上李隆基父子也是神龙政变的知情者和支持者，这些经历逐渐造就了李隆基刚毅果敢、不拘小节的性格。

中宗即位，政治中心重新迁回长安，时李隆基二十一岁，封临淄郡王，任从四品的卫尉少卿，掌管宫门防卫。按常理来看，隆基自此应当过上较为自由豪华的王孙生活，其实不然，中宗坐上皇位之后，立韦氏为皇后。在中宗最落魄的房州起居时，只有韦后和爱女安乐公主陪伴着他生死与共，所以中宗放纵妻女干预朝政，而韦氏甚至想效法婆婆武则天成为第二个女皇，大肆培植个人势力，与武三思为代表的武氏集团相勾结，先后把五王迫害致死，激化了唐廷的内部矛盾。景龙元年（707），太子李重俊起兵诛杀武氏，事败被杀。韦后等借此事进一步打击相王李旦和太平公主等李唐核心人物，污蔑他们与李重俊合谋为乱。在朝臣的劝谏之下，中宗虽然没有追究相王和太平公主，但是牵连所及李隆基兄弟却被赶出了长安，隆基本人被降兼任五品的潞州别驾。

潞州远离京师长安，治所在今天的山西长治，李隆基在

此蛰居潜伏待机而起。他在《巡省途次上党旧宫赋》一诗中
写道：

> 长怀问鼎气，凤负拔山雄。
>
> 不学刘琨舞，先歌汉祖风。
>
> 英髦既包括，豪杰自牢笼。
>
> 人事一朝异，讴歌四海同。

虽身在潞州，仍时刻关心长安的政治局势，并开始了个
人势力的经营。李隆基在潞州交接地方豪强，塑造祥瑞，收
罗心腹人员，善于从身份低微者中培养亲信，如王毛仲和李
宜德等人，可见在风云诡变的权力斗争中，他已经产生了巨
大的政治野心，并一步步来实施运作。景龙三年（709）初
冬，李隆基受召准备返回长安，参加中宗祭祀南郊的大典。
在将要出发时，他邀请了术士韩礼占卜此行吉凶，"蓍一茎子
然独立，礼惊曰：'蓍立，奇瑞非常也，不可言'"。无卦之
卦，告帝之期，带着上天的暗示，李隆基跃马西奔，再回长安。

十一月的祭祀大典，围绕着亚献、终献问题，朝廷产生
了巨大的分歧，最终改变了韦后亚献、安乐公主终献的安排，
改由韦巨源担任终献。虽然如此，由韦后亚献不由使人想起武
则天曾经在高宗祭祀泰山时担任亚献，这些都显示了韦后地位

权力的膨胀，并进一步加剧了韦后和李唐皇室成员之间的矛盾。韦后对于李唐皇权的威胁越来越大，李隆基再一次感受到了莫名的危险和机会，暗地里发展属于自身的势力，他吸收了李重俊政变的教训，充分准备武装力量，广泛团结底层的士兵将领，以王毛仲厚结北衙禁军中的万骑，以王崇晔阴聚亲党，得到了万骑将领葛福顺、陈玄礼等人的支持，聚集起一股重要的力量。万骑的职责是守卫宫门，地位显要，战力强盛。同时，李隆基努力营造有力的舆论宣传扩大声势，在兴庆坊南有一龙池，坊间传言说："常郁郁有帝王气，比日尤盛。"正是"龙池跃龙龙已飞，龙德先天天不违。池开天汉分黄道，龙向天门入紫薇"，羽翼渐丰的临淄郡王正在等待着合适的时机一飞冲天。

景龙四年（710）六月初二，时年55岁的中宗皇帝中毒暴崩。史书均记载中宗之死是其妻女韦后和安乐公主所致，不过从新出土的安乐公主墓志来看，毒杀中宗的主要参加者是韦后、韦温和武延秀等人，而安乐公主并没有参与加害中宗的行动，甚至连史书说她想当皇太女的想法也没有，她只是一个被宠坏的任性孩子，历史书写中的安乐公主，只是在政治风云裹挟下的悲剧人生罢了。唐代前期的政治斗争，父子

上官婉儿墓

相疑，兄弟相残，祸起萧墙，不绝于屡。当时由韦后的代表上官婉儿和李唐皇族的代表太平公主这对好闺蜜合作起草遗诏，遗诏内容主要是：

第一，由中宗少子李重茂即位；

第二，因为皇帝年幼，由韦后以皇太后身份临朝听政；

第三，以相王李旦为辅政王，管理朝廷大局。

这份遗诏煞费苦心，一代才女上官婉儿已经感觉到了政权将要回归到相王一系的变化，所以暗暗表达出了自己的政治态度。但是遗诏刚刚草拟完成就被韦后撕毁，她一方面调动亲信掌控的外地军队入京防卫，安排得力大臣镇守东都；另一方面派兵监视谯王李重福，以十六岁的李重茂为少帝充当傀儡，为后来的一步步专权做准备工作。

韦后集团和相王集团势如水火，在中宗崩后双方斗争进一步加剧，韦后掌握着大义和大势居于有利地位，派兵包围了相王府和太平公主府，严密监督李唐宗室的一举一动。一场流血事件迫在眼前，韦后的称帝心思逐渐明朗化，在此之时韦后集团中的一些有识之士如崔日用等人，转变了态度投入相王阵营，相王势力越来越壮大了。从当时的双方势力来看，李唐宗室力量居于弱势，为了自保只能背水一战发动军事政变。在历史的滚滚车轮下，这次行动落到了李隆基的身上，他暗地里联合了姑姑太平公主，在相王的默许和支持下于六月二十日傍晚发动了唐隆政变。以弱胜强，以少胜多，击凶尊主，一麾大定。这次政变和武德时期的玄武门之变极其类似，李隆基首先控制了玄武门，得到了羽林卫士的支持，命葛福顺领兵攻玄德门，李仙凫率军攻白兽门，然后两军在凌烟阁会师，先后诛杀了韦后、上官婉儿、安乐公主和韦氏集团重要人物韦温、宗楚客等人。生前备受恩宠的安乐公主，在追兵下仓皇出逃的瞬间，应该也有万千无奈和感伤吧。

六月二十三日，少帝李重茂让位于相王。二十四日，相王李旦即皇帝位，是为睿宗，改元景云。李隆基以政变之功得封平王，兼知内外闲厩、押左右厢万骑，掌管禁军和御马。二十七日，李隆基被立为太子。

睿宗即位后，太子候选人有二，一是宋王李成器，一是李隆基。李成器，后改名为李宪，是睿宗的嫡长子，符合传统政治传承的要求，而且有过太子经历，具有一定的声望，为人谦恭谨慎，雍容华贵。唐隆改元之时，李成器进封宋王，诛杀韦氏后为左卫大将军，并和隆基、刘幽求共同商议拥护相王为帝，至此可见李成器并非不成器。当然，就政治才能和所立功勋而言，李成器无法和李隆基相媲美。李隆基在一次次政治事件中，振兴唐室，培养了大批势力，控制着最重要的北衙禁军，这些都是没有私人力量的李成器无法企及的，所以在政治大势之下，李成器对睿宗上书，言："储副者，天下之公器，时平则先嫡长，国难则归有功。若失其宜，海内失望，非社稷之福。臣今敢以死请。"对于睿宗来说，性情温和的李成器可能更适合太子之位，但太子位置归根到底取决于政治实力的较量，在唐隆政变功臣集团的拥护下，李隆基顺势而为成为皇太子。

世上没有永远的朋友，也没有永远的敌人，只有永远的利益。当共同的敌人韦武集团灭亡后，由上官婉儿被杀导致间隙的李隆基和太平公主姑侄之间，因为权力的争夺，矛盾日趋尖锐。太平公主除了在隆基身边安插耳目，还不时在睿宗耳边说隆基的谗言，派人对隆基太子位的合法性和正当性进行舆论打击，二人间的矛盾越发地公开化和扩大化了。针对姑姑的一系列手段，李隆基首先放低姿态，争取兄弟们的支持，尤其是长兄李成器的支持，和睦兄弟感情，大打感情牌；其次依靠朝臣支持，尤其重视宰相们的态度，李隆基得到了宋璟、张说、韦安石和姚崇的帮助，稳定了太子地位。景云二年（711）二月，李隆基以太子身份监国，开始全面处理朝政。

太平公主沉断有谋，有特殊地位和功勋在身，深得睿宗信任和器重，"常与之图议大政，每入奏事，坐语移时；或时不朝谒，则宰相就第咨之"。睿宗让宰相奏事前，先向太平公主或隆基汇报，甚至还偏向于太平公主一方，"公主所欲，上无不听，自宰相以下，进退系其一言，其余荐士骤历清显者不可胜数，权倾人主，趋附其门者如市"。在窦怀贞和陆象先等人的支持下，太平公主对宋璟等四人先后进行政治打击，架空了李隆基的势力，威风赫赫，归妹怙权。延和元年（712）七月的一天，长安西边有彗星出现，太平公主指使术士给睿宗上书，说天象中帝星有变，只有以太子做天子才可解除灾难。太平公主本意是借机罢黜隆基的太子之位，谁知睿宗对于妹妹和儿子的权力争夺无奈无法，故趁机禅位于太子，做太上皇图一个安宁。八月三日，武德殿中一场盛大的典礼过后，皇冠戴到了李隆基的头顶，改元先天，大唐帝国迎来了一个新的君王——唐玄宗。

权力的诱惑是难以抵御的，睿宗虽然让位于玄宗，但仍把三品以上官员的任命权和国家大事的处理权牢牢掌握在自己的手上。在睿宗的支持下，太平公主广树朋党，收买北衙禁军的将领，阴谋迫害玄宗。在此严峻的情况下，玄宗也开始了剪除太平党羽的准备工作。政变与反政变都在紧锣密鼓地进行着，太平集团经过慎重考虑后，决定在先天二年（713）七月四日发动羽林军武力逼宫，重新拥立睿宗复位。玄宗得到太平集团欲为乱的情报后，决定比对方提前一天展开行动。当天，玄宗亲自率领高力士、王毛仲等首先稳定了北军，然后诛杀了太平公主及其党羽数十人，此次政变还差点导致了睿宗的自杀。在此之后直到年底，玄宗彻底清除了太平一系在朝野间的势力。

从景云到先天年间，睿宗、太平公主和玄宗的各自势力交错复杂。北衙禁军的高级将领多出身于文官系统，属于睿宗和太平阵营，但他们无法真正有效地控制军队的基层机构，而中下层人员多是玄宗的支持者，所以在政变真正展开之后优劣互换，尤其是葛福顺在玄宗的两次军事行动中均居功至伟发挥了重要的作用。通过军事政变，玄宗诛灭了太平一党，逼迫睿宗交出所有权力，也真正意义上终结了自武则

葛福顺墓志

天以来形成的女眷政治，在很大程度上决定了后来历史的走向。十月，玄宗骊山阅兵，罢黜兵部尚书郭元振，建立起了帝王权威，掌握了兵权。十一月，玄宗加尊号"开元神武皇帝"。十二月，改元"开元"。这一年，玄宗仅仅二十九岁，一个灿烂而辉煌的时代徐徐拉开了历史的序幕。

从名到实，玄宗开始了自己的亲政历程。这时的大唐王朝，百业待兴，却也困难重重。为了稳定政局，玄宗对于诛韦氏集团和太平集团二役的功臣们，有的进行了贬逐处理，先后把张说、刘幽求、钟绍京、王琚外放刺史；有的给予丰厚待遇，解除了实际执掌，如姜皎兄弟等人。对于宗室诸王，玄宗除了大打感情牌之外，还采取了聚居监督和外刺诸州的方案，订立制度，禁止宗室和外臣往来。对于外戚犯法，玄宗严厉打击，绝不回护。通过这些政治措施，玄宗控制了功臣皇亲的膨胀，有利于社会和朝廷的安定，使得各方势力无法结成具有离心力的政治集团。

自中宗以来，朝廷吏治败坏。玄宗首先以姚崇为相，整治吏治。其次关注民生，减少贡奉，减轻民众负担。开元初年，国家财政入不敷出，玄宗罢免了员外官、试官和检校官，缩减官员俸禄，实施了几项大的财政措施：第一，禁抑奢靡。中宗、睿宗时期，达官贵人互相攀比，奢侈成风，浪费严重，玄宗下令后妃、百官和贵妇，均不得超规制穿戴服饰等；撤销了两京织锦坊；禁止厚葬，丧葬事宜一律从简。玄宗首先从自己做起，身体力行，勤于为政。第二，沙汰僧尼，禁止滥建寺观，发布了一系列的抑佛诏令。从武则天时代开始，佛教蓬勃壮大，不仅在经济上影响国家财政，在政治上也是不稳定的因素，故玄宗下令官员不得与僧尼私自往还。第三，改革食封制度。当实封数量增长的情况下，他们分割国家赋税，就给国家经济带来严重的影响。玄宗一方面削减实封的户数和丁数，一方面改变了封物征收的办法和数量，取消了实封家直接征收赋税的权力，同时还修改继承法进一步削减实封数量。通过这些财政措施的实施，国家经济迅速发展，民众户有余粮，开元盛世渐露曙光。

开元时期，先后有姚崇、宋璟、张说、张九龄等人任相，唐玄宗留心纳谏，精简机构；设置节度使，加强军事力量以保卫国土；兴修水利，在边疆实行屯田政策；设置集贤院，整理各类文化典籍；对官吏实行循名责实的制度，注重对地方官员的选拔和任用；设置按察使等使职，保障了地方社会的稳定。在玄宗君臣的努力下，盛世大唐再度散发出世界帝国的光芒。中外文明的交汇，不同族群的融合，政治清明，经济繁华，文化自信，一个开放包容的玄宗时代正式形成，贞观之风，一朝复振。此情此景，可待追忆，正如诗圣杜甫在《忆昔》一诗所描写的那样：

忆昔开元全盛日，小邑犹藏万家室。

稻米流脂粟米白，公私仓廪俱丰实。

九州道路无豺虎，远行不劳吉日出。

齐纨鲁缟车班班，男耕女桑不相失。

宫中圣人奏云门，天下朋友皆胶漆。

百余年间未灾变，叔孙礼乐萧何律。

依贞观故事，开元之有天下，纠之以典刑，明之以礼乐，爱之以慈俭，律之以轨仪。经过二十九年的励精图治，大唐国力达到了一个巅峰，开元二十九年（741）正月玄宗夜梦老子得其祥瑞，故决定次年改元"天宝"，加尊号"开元天宝圣文神武皇帝"。

在封建社会，人口数量是国家强盛的一个重要标志。史书记载，天宝元年唐帝国的总人口达到了852万户、4890万人，比武则天时期多了1190万人，到天宝十三载时全国超过906万户、5288万人。目前据学者研究，八世纪中叶时唐代人口数量已经超过了7000万人。在经济发达的关中、河北、三吴等地，人口密度甚至达到了每平方千米60人，尤其是长安的粮食供给问题基本解决了。人口增多，耕地面积扩大，全国耕地面积约6.6亿亩，人均占地9亩多，同时还带来了一个不可思议的现象，当时在生产力并不发达的情况下，人均粮食产量高达700斤，这已经相当于1982年的中国人均粮食产量了。经济繁华，同开元初相比，天宝时期的军费开支增加了五六倍，宫廷开支和官员赏赐也没有上限，而国家府库中的粮食和赋税还在不断增加，大有用之不尽取之不竭的态势。天宝初年，边疆稳定，尤其从公元692年武则天在西域驻军3万之后，唐王朝一直牢牢控制着西域的广袤地区，丝绸之路万里通达，使者、留学生、行旅不绝于途，朝贡的蕃国有70余国，可谓是"花萼楼前雨露新，长安城里太平人"，物华天宝，文化风流，广运盛景矣。

天宝四载的石经刊刻

开元，是中国历史上为数不多的盛世之一。在律令制度下，礼法兼重，国家政治运行有序；经济上国强民富，东西南北的各种珍贵物产都在长安城内汇聚；开放包容的胸襟，吸引着来自不同地域不同种族的人群；形成了以诗仙李白和诗圣杜甫为代表的盛唐诗人群体；开元时代藏书为有唐一代最盛之时，著录者有53915卷，唐人所著高达28469卷，对于思想信仰三教并举，多元融汇，构建出开元盛世的多棱角面相，成为后人向往的穿越时代。

天宝二年（743）三月二十六日，阳光明媚，微风习习，一场全国博览会正在长安城东的广运潭举行。碧水荡漾，烟波浩淼，来自各个州郡的二三百艘宝船盛装打扮，正准备破浪出发，接受君王的检阅。随着号子声响起，头船划过水面对着长安城的方向缓缓行来，在甲板上短打扮的陕县尉崔成甫引领高歌，在婉转激昂的曲调下，一首《得宝歌》萦绕在耳间："得宝弘农野，弘农得宝耶。潭里舟船闹，扬州铜器多。三郎当殿坐，听唱得宝歌。"在崔成甫身后，百名靓丽的美女袅袅和唱，歌声随着碧波在广运潭的上空回响。站在禁苑内望春楼上的唐玄宗，一边听着远处传来的优美旋律，一边听着江淮运转使韦坚汇报各州进呈的轻货名单，有来自南海郡（今广州）的玳瑁、真珠、象牙、沉香，丹阳郡（今镇江）的京口绫衫缎，会稽郡（今绍兴）的铜器、罗、吴绫、绛纱，豫章郡（今南昌）的名瓷、酒器、茶釜、茶铛、茶碗，宣城郡（今宣州）的空青石、纸笔、黄连等各地和中外贸易的物品。一艘艘宝船上摆放的特产在潭边人群的目光中熠熠生辉，不管是王公贵族还是普通大众，都从心底油然

广运潭

而生出一种自豪和喜悦，这是我们所生活的繁荣昌盛的时代，这是我们所沐浴的四海安乐的大唐。

岁月的时针不知不觉中指向了天宝三年（744），正月改年为载，是一个承前启后的时间点。天宝四载（745），干支乙酉，这一年玄宗60岁，正是他的本命年。这一年是一个需要铭记的特殊年份，发生了很多与本书主题相关的历史大事。

正月，回纥怀仁可汗击突厥白眉可汗，杀之，传首京师长安。突厥毗伽可敦率众来降，于是北边晏然，至此后突厥汗国亡。

七月壬午，册封韦昭训女为玄宗第十八子寿王李瑁之王妃。

八月初六，册封杨玉环为贵妃。癸卯，册武惠妃女为太华公主，命杨贵妃从兄锜尚之。是月，河南八郡大水。

九月，国子祭酒李齐古上表，《孝经》石台刻立。契丹、奚杀公主叛，安禄山击破之。陇右军队与吐蕃战于石堡城，唐军大败。

天宝四载，中原数百年来最重要的威胁突厥帝国真正意义上灭亡，唐帝国北疆为之一清，但来自吐蕃的威胁日益严重。杨玉环正式被册封为贵妃，开始了她与唐明皇流传千古的爱恨故事。一个盛世的营造，离不开政治宣传和文化观念的表达，蕴含着玄宗时代色彩的石刻景观——石台孝经，成为盛唐历史书写中最重要的政治文化符号，构建起了唐帝国在欧亚视域中的人文地理格局。

唐玄宗开天时期，大唐国力达到了一个巅峰。"日色才临仙掌动，香烟欲傍衮龙浮"。唐王朝实施开放包容的文化政策，力图整合不同宗教间的矛盾和冲突，尤其是发挥儒释道三家的社会功能，营造一个和谐而强大的盛世。当时，唐玄宗召集学士和高僧高道一起讨论三教异同，并亲自为三教最重要的一部经典注解，三部经典分别是儒学的《孝经》、道教的《道德经》和佛教的《金刚经》，弘扬调整思想信仰，达到齐家、治国、平天下的目的。

九月一日，银青光禄大夫、国子祭酒、上柱国李齐古给唐玄宗上表，言道：

> 臣齐古言。臣闻《孝经》者，天经地义之极，至德要道之源，在六籍之上，为百行之本。自文宣既殁，后贤所注，虽事有发挥，而理成乖舛。伏惟开元天宝圣文神武皇帝陛下，敦穆孝理，躬亲笔削。以无方之圣，讨正旧经；以不测之神，改作新

注。朗然如日月之照，邈矣合天地之德。使家藏其本，人习斯文，普天之下，罔不欣戴。仍以太学王化所先，《孝经》圣理之本，分命璧沼，特建石台，义展睿词，书题御翰，以垂百代之则，故得万国之欢。今刊勒既终，功绩斯著。天文炳焕，开七耀之光辉；圣札飞腾，夺五云之气色。烟花相照，龙凤沓起，实可配南山之寿，增北极之尊。百寮是瞻，四方取则。岂比《周官》之礼，空悬象魏；孔氏之书，但藏屋壁。臣之何幸，躬睹盛事。遇陛下兴其五孝，忝守国庠，率胄子歌其六德，敢扬文教，不胜忭跃之至。谨打《石台孝经》本分为上下两卷，谨于光顺门奉献两本以闻。臣齐古诚惶诚恐，顿首顿首，死罪死罪。谨言。

据李齐之墓志记载，其季弟李齐物，河南尹；堂弟李齐古，国子祭酒。李齐之，淮安郡王李神通后裔，官至银青光禄大夫、延王傅、上柱国，天宝八载（749）卒，春秋六十九，则其当生于唐高宗开耀元年（681）。李齐之卒时，李齐古还在世，《新唐书》记载李齐古官至少府监，据此可以对李齐古的年龄生平情况有所了解。

关于《孝经》，唐玄宗曾前后两次亲自注解，第一次在开元七年至开元十年（719—722）间，注释完成后于开元十年六月颁行天下及国子学，又特别令元行冲撰写《御注孝经》的疏义，以列于学官；后来玄宗发现《孝经》御注还不完善，重新剪除繁芜，撮其枢要，在天宝二年（743）再注《孝经》，待注疏完成后于天宝三载十二月重新颁布天下，诏民间必须家藏《孝经》一本。《孝经》得到玄宗的特别重视，在接到李齐古的上表后，李隆基龙心大悦，很快就御笔批示，敕曰："孝者德之本，教之所由生也。故亲自训注，垂范将来。今石台毕功，亦卿之善职。览所进本，深嘉用心。"

孝经碑刊刻完成后，矗立在长安城务本坊国子监内，因其坐落在三层阶梯状石台之上，故得名"石台孝经"。碑身是由4块高315厘米的截面为等腰梯形的青石板组合、内部榫卯套接而成的长方柱体，通高620厘米，共4面，每面宽132厘米，南面为碑石正位，整体四面阅读按照顺时针方向为序。《御注孝经》的序言、正文和注释文字均由唐玄宗御笔隶书撰写，序文和正文大字书写，注释双行小字，保留了古籍注疏的基本版式。序文438字，训注2699字。碑石4面刻字，有方界格，模勒上石。每面下边处镌刻有10厘米左右宽度的缠枝

石台孝经立体图

蔓草纹，南面刊刻了玄宗第二次御注的序言和《御注孝经》第一至第三章，西面刊刻了《御注孝经》第四到第八章和第九章部分文字，北面刊刻了《御注孝经》第九章部分文字、第十至第十五章、第十六章部分文字，东面刊刻了《御注孝经》第十六章部分文字、第十七到第十八章。东面镌刻的《御注孝经》占用了右侧位置，左侧为表文、敕文和题衔。南、西、北每一面均为18行。东面前7行满行55字，后半部分分为上下两层：上层右半为李齐古表文，9行，楷书；左半为玄宗亲笔批答敕文，3行，行书；下层4列为朝廷官员题名，楷书。

碑石三层台阶侧面线刻着生动传神的蔓草和瑞兽图案，有神兽、狮子、勇士狮子等组合，动物和植物浑然一体，整个构图威武又不失活泼，既展现了轩昂的盛唐气象，又体现了精湛的图案艺术。注目抬头，额题有"大唐开元天宝圣文神武皇帝注孝经台"16字，4行，篆书，出自太子后为唐肃宗的李亨手笔。额篆外有方形界栏，浅浮雕一周云纹图案。界栏两侧雕刻着对称的立龙和云纹。碑额上厚载云盘盖石，盖石边缘雕刻着形态飘逸优美的卷云纹，卷云自下而上呈三层级级向上蔓延扩大，支撑着上方的碑顶。碑顶为平面式九宫格布局，正中方格位置上有一正方形高台，高台上是一平顶的圆柱状玉石；在紧挨着正中方格的四侧方格内，有四座山岳状的高浮雕，平添了几许肃穆和庄重之感。

　　古代立碑是一件重要的事情，尤其有着特殊政治内涵和针对特定事宜的石碑更有着非比寻常的纪念性意义。石台孝经上的大臣题衔，是立碑仪式中政治与权力的外观体现，据统计总共有45人，史书有传者分别是李林甫、陈希烈、孙逖、韦斌、席豫、陆景融、崔翘、李彭年、韦陟、张均10人，其他人生平事迹不是很详备。按照碑石顺序，兹整理排列如下：

　　特进、行尚书左仆射兼右相、吏部尚书、集贤院学士、修国史、上柱国、晋国公臣林甫

　　光禄大夫、行左相兼兵部尚书、弘文馆学士、上柱国、渭源县开国公臣李适之

　　光禄大夫、行门下侍郎、集贤院学士、副知院事仍侍讲兼崇玄馆大学士、上柱国、临颍县开国侯臣陈希烈

　　朝议大夫、守中书舍人兼判刑部侍郎、上柱国臣孙逖

　　正议大夫、行中书舍人、集贤院学士、上柱国、平乐郡开国公臣韦斌

朝散大夫、守中书舍人兼知史官事臣李玄成

太中大夫、行给事中臣李岩

朝请大夫、守给事中臣韦良嗣

银青光禄大夫、国子祭酒、上柱国臣李齐古

朝请大夫、国子司业臣韩倩

朝议大夫、检校国子司业臣薛巘

正议大夫、行国子司业员外置同正员臣张偁

通议大夫、检校礼部尚书、上柱国、襄阳县开国男、赐紫金鱼袋臣席豫

正议大夫、检校工部尚书、上柱国、赐紫金鱼袋、东京留守臣陆景融

通议大夫、守尚书左丞、上柱国、清水县开国男臣崔翘

太中大夫、守吏部侍郎、上柱国、赵郡开国公臣李彭年

吏部侍郎、上柱国、彭城县开国男臣韦陟

正议大夫、行兵部侍郎、赐紫金鱼袋、上柱国、燕国公臣张均

正议大夫、行兵部侍郎、借紫金鱼袋、上柱国臣宋鼎

中散大夫、守户部侍郎、上轻车都尉臣郭虚己

中大夫、行礼部侍郎、上轻车都尉臣达奚珣

朝议郎、行丞、上柱国、赐绯鱼袋臣韦腾。丁酉岁八月

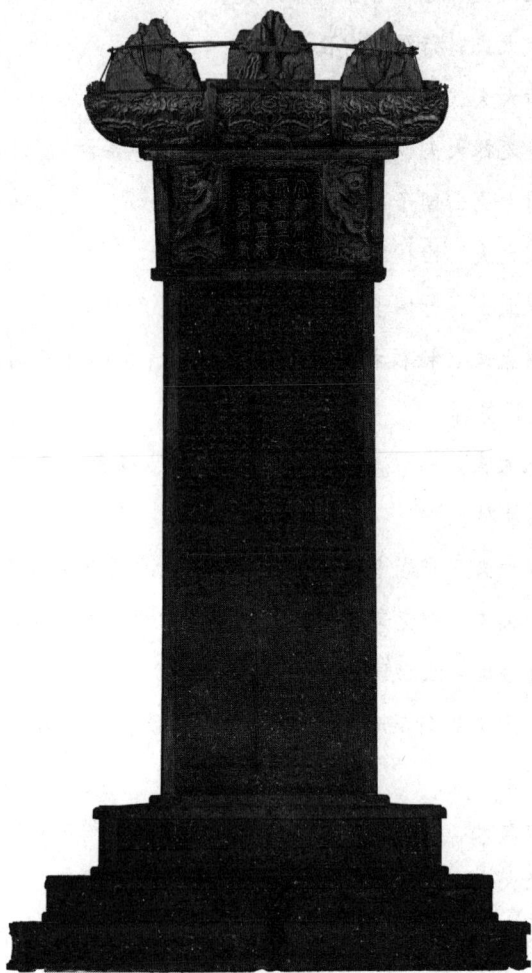

石台孝经南立面正射图

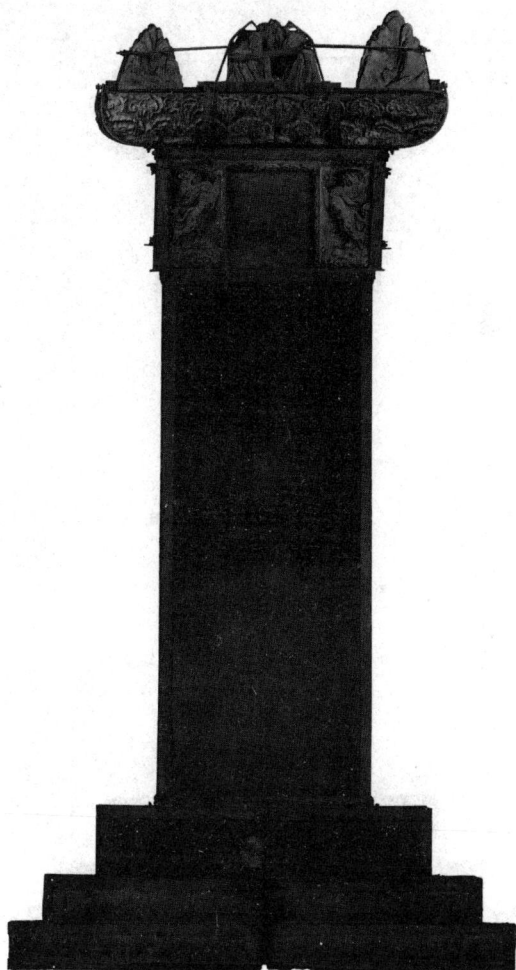

石台孝经西立面正射图

石台孝经

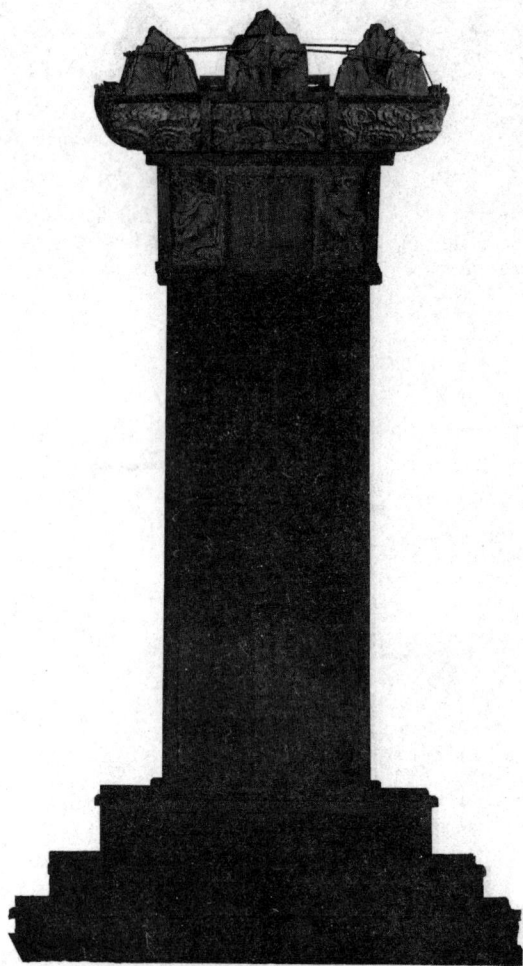

石台孝经北立面正射图

038

石台孝经东立面正射图

廿六日纪

朝议郎、行丞臣蒋漾

太学助教、别敕兼判丞臣李德宾

儒林郎、守主簿崔少容

朝请大夫、守国子博士、上柱国臣留元鼎

朝散郎、守太学博士兼诸王侍读臣萧郢客

朝散郎、守四门博士兼诸王侍读臣任巘

承奉郎、守四门博士臣刘齐会

朝议郎、行四门助教臣梁德裕

承奉郎、四门助教臣阙玄直

承奉郎、四门助教臣王思礼

承务郎、守四门助教、上柱国臣刘大均

登仕郎、守四门助教臣秦龟从

儒林郎、守四门助教臣胡锔

释奠坐主、四门教授臣王南金

文林郎、守律学博士臣刘嘉祥

算学博士臣张九贞

文林郎、行直讲赐绿臣王义

宣义郎、行直讲臣颜挺

文林郎、行直讲臣王璋

高陵县丞、翰林院学士、直国子监、赐绯鱼袋臣丁景

文林郎、守义王府参军兼国子监文史直知进士臣司徒臣源

朝散郎、行医学博士兼直监解休一

文林郎、行国子录事王思恭

　　群臣题衔基本以"文散官职事官勋爵号＋'臣'姓名"的格式书写，不过观察碑石上的题名，在崔少容、解休一和王思恭三人姓名前无"臣"字，这是不合乎礼制规范的，可能是在刊刻时刻工遗漏所致，由于碑石的特殊性，等文字刻好之后不好再修补加工。值得注意的是，在韦腾名字后面有"丁酉岁八月廿六日纪"字样，丁酉指的约是唐肃宗至德二载（757），大概是后来所题，与诸大臣题名不相连属。公元757年，八月时长安还控制在安史叛军手中，九月广平王李俶（乾元元年改名为李豫，即唐代宗）率领唐回纥联军收复长安，十月肃宗回到京师。石台孝经没有受到安史叛军的破坏，那么何人会在这个时候在碑石上面刊刻这九个文字，从目前材料来看还是一个未知的谜团。韦腾，仆固怀恩之乱时为同州刺史，唐代宗时任太常卿、延州都督。开元十九年立《唐华岳真君碑》，即由韦腾书丹。公元757年闰八月，肃宗以广平王李俶为天下兵马大元帅，郭子仪为副帅，领联军征

讨安庆绪。那么，是否有可能韦腾身陷长安得此消息后，偷偷在石台孝经自己的署名后面补刻了这九个字，以期待唐军收复长安呢？

石台孝经的唐廷官员题衔中，有几个特殊的人物需要引起我们的关注，分别是李林甫、李适之、陈希烈、张均和达奚珣。作为一座政治文化景观，孝经碑自刊刻好之后，就有了属于自身的生成演变史，李林甫四人的题衔一直保留原貌，反而表现出了非比寻常的意义，表象背后蕴含的历史线索耐人寻味，隐含着玄宗和肃宗父子之间的权力纠葛和政治恩怨。

李适之，名昌，字适之，李唐皇室后裔，太宗长子李承乾之孙，颇有政治才能。2004年，李适之墓志出土于洛阳市龙门镇，对其生平有较为详细的记载，可与史传相互印证。墓志云："早年曾为许君所惠，后为湖州别驾，途经广陵，而许氏妻子在焉，素服吊之，问其家事，妻曰：'孤女未嫁，此最疚心。'公曰：'昌可乎？'许氏惊惭，不知所对。嘉礼既具，齐体终身，其简易含弘，皆此类也。"才子孤女的爱情故事，无疑给其生平增添了无数动人的色彩。李适之天宝初为左相，和李林甫不和，"李林甫久居右弼，威福由己，便辟巧险，意阻谋深，凡所爱憎，未尝口议，同恶相济，密为奏论，及至君前，顺之而已。由是恶迹难露，众莫知之。不利青宫，天下震惧，公意深社稷，彼难措心，转公为太子少保。又谋陷妃族，构以飞语，出为宜春太守"，到任三天而卒，享年五十四岁。李适之罢相时，愤而作诗《罢相作》："避贤初罢相，乐圣且衔杯。为问门前客，今朝几箇来。"诗成，李林甫看后对李适之更为愤恨，直至其过世方休。

李林甫，小字歌奴，出身于李唐宗室远房，精通音律，性格沉密，颇有城府，善于揣断人心。历史是一个被任人装扮的小姑娘，观之李林甫，玄宗时任宰相十八年半，居首辅达十六年之久，有唐一代无出其右者，作为开天盛世时期的宰相，政治敏锐、才干卓绝，绝不会是泛泛无能之辈，但是因为政治上的某些原因，在历史上一直被视为一个口蜜腹剑的奸相形象。惜哉！李林甫政治才能突出，亦善诗文，今《全唐诗》存诗三首。《秋夜望月忆韩席等诸侍郎因以投赠》："秋天碧云夜，明月悬东方。皓皓庭际色，稍稍林下光。桂华澄远近，璧彩散池塘。鸿雁飞难度，关山曲易长。揆予秉孤直，虚薄忝文昌。握镜惭先照，持衡愧后行。多才众君子，载笔久词场。作赋推潘岳，题诗许谢康。当时陪宴语，今夕恨相望。愿欲接高论，清晨朝建章。"文辞典雅，意境深远，乃盛唐诗歌中的上乘之作。李林甫还是一名丹青高手，张彦远在其《历代名画记》中说"曾见其画迹甚佳，山水小类李中舍"。开元二十二年，李林甫入相。两年后接替张九龄为首辅，至此直到天宝十一载（752）去世。可以说在唐玄宗实施的整治吏治、赋税改革、兵制法制革新、选官与科举、加强边防、建立典章制度等多方面政策中都离不开李林甫的莫大功劳，而演义故事中多把李林甫和杨国忠比称，其实二人的政治才华完全不可同日而语。在相位期间，李林甫深得唐玄宗信任，但也因此犯下了重要失误，树敌无数，在太子继承人选上支持寿王李瑁，得罪了肃宗及其部属，在打击政敌的过程中得罪了李邕在内的大批清流文人，故等他刚刚离世就被宿敌所清算，群起而攻之，使得李林甫家族再无翻身之日。后来发生的安史之乱，李林甫又成为玄宗的替罪羊，只有他的僚属苑咸在其墓志中写道："右相李林甫在台座廿余年，百工称职，四海会同，公尝左右，实有补焉，则政事可知也。"此言诚为公允之论。

石台孝经上李林甫署名做"臣林甫"，没有书写姓氏，不同于别的官员姓名齐全，这种情况在升仙太子碑碑阴的官员题衔中也有类似的表现。河南偃师缑山，风景秀丽，东邻嵩山，西傍龙门，是东都洛阳城市空间的延伸和组成部分，李弘恭陵即在缑山西北约7公里处。在山巅之上，坐落着一方高达6.54米的巨型碑刻，即号称由一代女皇武则天撰书的升仙太子碑。此碑正面是比较完整的碑文，文末刻有立碑时间"圣历二年岁次己亥六月甲戌十九日壬寅"，碑阴有五部分内容：第一部分是武则天御制杂言诗《游仙篇》，第二部分是以武三思为首的宰相题名，第三部分多半文字被凿削去除，第四部分为造碑的具体事宜责任人，第五部分为神龙二年时相王李旦及其僚佐题名。宰相题名者有武三思、王及善、苏味道、魏元忠、狄仁杰、娄师德、杨再思、吉顼八人，八人中除了武三思之外，其余人署名均做"臣+姓、名"，唯有武三思写作"臣三思"，武三思的题衔方式和孝经碑中李林甫的署名格式完全相同。在武周时期，武三思的地位和影响力都是仅次于女皇的宗室代表，作为女皇政治宣传的升仙太子碑，武三思题衔不书姓氏，这种做法除了武三思的宗亲关系外，也是武三思身份地位的显赫表现。李林甫的题衔同样如此，其背后一定有着唐玄宗的特别恩许在内，是一种高规格的臣子待遇。

升仙太子碑碑阴第一部分宰相题衔在上段右侧，根据题记来看，在上段左侧对应的原来还有武周诸王名字，后来被

石台孝经

升仙太子碑碑阴局部之一

升仙太子碑碑阴局部之二

凿空去掉了。第三部分从残余文字来看，削凿的是张易之、张昌宗兄弟的题衔。碑阴原来的完整题衔真实再现了武周帝国时期的政治权力结构，随着神龙政变女皇退位，中宗登基，到神龙二年相王李旦带领僚属来此修正升仙太子碑。对于一座政治景观而言，政治性无疑是第一位的，恢复了李唐正统后，此碑上面的武氏诸王和张易之兄弟的题衔都是政治错误的残留，对李唐政权的权威性有着极大伤害，所以相王李旦才会把这些武周政治遗留的痕迹全部凿去。与升仙太子碑相似，石台孝经作为政治文化的石刻景观代表，坐落在长安城内更具昭示性，但是对于安史之乱中的贰臣人物陈希烈、达奚珣和张均的题衔一直保留到了今天，而没有进行削凿处理，这又是什么缘由呢？

陈希烈，精通玄学，"玄宗凡有撰述，必经希烈之手"，可谓宠幸一时，最后官至左相兼兵部尚书。安史之乱两京陷落后，陈希烈投降叛军，任高官伪职掌安史政权的中枢要务，待安史乱平后，按照陈希烈的所作所为当被处斩，肃宗以其为玄宗时期的近臣，赐死于大理寺。陈希烈墓志现藏于西安碑林，从志文来看，对于他投降安史政权出任伪相之事极力回避，"属元凶放命，大口滔天，剥丧鸿猷，栋折

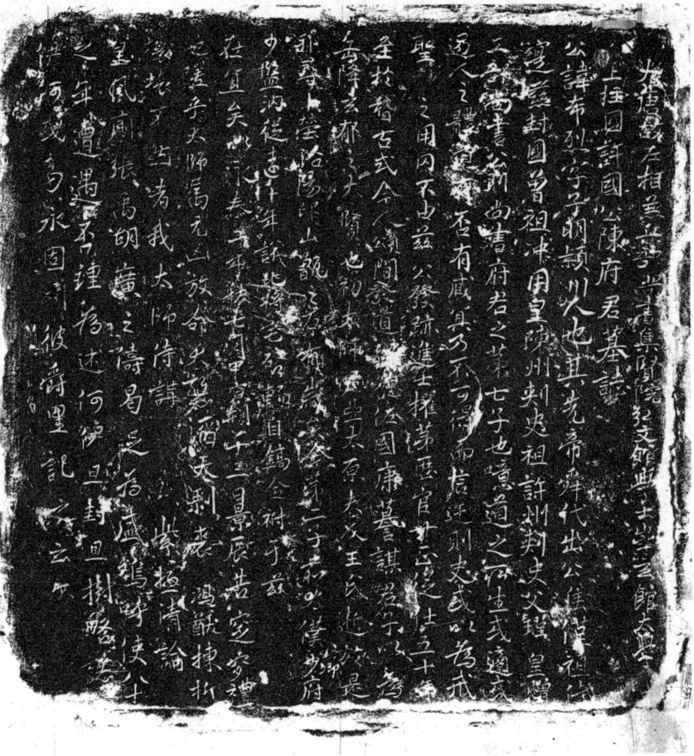

陈希烈墓志

壤坏。不然者，我太师侍讲紫极，清论皇风，则张禹、胡广之俦，曷足为盛"。陈希烈《赋得云生栋梁间》："一片苍梧意，氤氲生栋梁。下帘山足暗，开户日添光。偏使衣裘润，能令枕簟凉。无心伴行雨，何必梦荆王。"从此诗可以管窥其文采之一二。

达奚珣墓2011年发现于洛阳地区，由于盗扰严重所留遗物不多，出土墓志二盒较为珍贵，分别为达奚珣墓志和寇氏墓志。达奚珣，鲜卑族后裔，进士出身，玄宗时官至河南尹。对于达奚珣投降安史叛军之事，墓志则云："其年冬，安禄山叛逆，或称河尹之拜出自禄山。府君正直刚简，性不苟合，不自意遭此诱癰。陈状于御史大夫封常清，请诣阙待罪，常清不然其言，遂以所陈状奏闻。不逾，信宿俄有，制称达奚珣此拜简在，朕心如闻，东京官僚妄云禄山荐用，以此疑惧，是何道理，宜即依旧知事。诏书既至，众议冰消。居无何，戎口充斥，洛城陷没，官军败丧，节使逃亡，窜身无路，遂被拘执。积忧成疾，日益衰羸，孰谓众宇再清，素诚莫达，享年六十八，以至德二年十二月廿九日奄弃孝养。"关于达奚珣的贰臣形象，史书和墓志呈现出迥异的局面，历史上记载达奚珣在洛阳被陷后，他作为安禄山的旧识降燕出任高官，在洛阳收复后被腰斩于市。不过从唐廷官方的角度来看，达奚珣一直是被当作贰臣代表存在的。

张均为开元名相张说之子，文采出众，有文集二十卷，今存诗七首。张均自以为才高当代有宰相之能，在李林甫为相时郁郁不得志，等李林甫卒后依附于陈希烈谋求高位。谁知与陈希烈不和的杨国忠当了首辅，陈希烈被贬，张均也受到了牵连，时常闷闷不乐。安史乱起，张均降附，任伪职中书令，等两京收复后，其罪本属于十恶不赦之列，但肃宗念其父张说之功，特恩旨免死流放到合浦郡生活。张均到合浦郡后，作《流合浦岭外作》一诗："瘴江西去火为山，炎徼南穷鬼作关。从此更投人境外，生涯应在有无间。"言辞哀切，实为张均的肺腑之言。

关于唐廷对投降安史政权的贰臣们，在至德二载十月收复两京后，实行了严惩的政策，当然对于其中有立功表现的人员则区别处理，实质上是以忠义标准来选择对待的，进而整顿战后官僚秩序，重新构造唐王朝的法统。但是安史之乱席卷大半天下，在士大夫先家后国观念的影响下，投身安史之人数量太大，要是全部处理的话会造成统治秩序的瓦解，所以到了乾元元年对于所谓的贰臣们多采取了贬官、降级等办法处理，以此来稳定人心。陈希烈、达奚珣和张均都是唐廷重点针砭的对象，从一般意义上来说，他们三个人在石台孝经上的题衔也应该类似相王李旦对武氏诸王和张易之兄弟在升仙太子碑上题名的做法，有所磨削或凿除，但是并没有产生这种现象，而是一直完整保留到了今天。那么，为何会如此呢？我们怀疑这和肃宗即位后形成的唐廷中枢二元统治格局密切相关。

安史之乱发生后，肃宗私自在灵武即位，如此一来，唐廷就形成了两个政治中心。虽然很快肃宗即位之事得到了唐玄宗的认可，但玄宗事实上并没有放弃手中的全部权力，而是通过颁布《明皇令肃宗即位诏》，以诏令的形式给父子二人的权力进行了区别，保证了自己权力的继续保留和延伸，形成了玄宗和肃宗二元组合的政治形式。在安史叛军作为共同敌对对象的情况下，分裂的皇权得以某种形式妥协，这种妥协一方面和敌我军事力量的对比息息相关，也和开元天宝时期形成的东宫太子制度紧密联系。肃宗即位饱受争议，存在着非正常皇位更迭的合法性问题，所以为了政治上的法统性，肃宗在一些军国大事上必须向玄宗请示汇报，玄宗还保留着以"诰旨"来处理相关事件的权力，并实际控制着剑南、江淮、山南、岭南等赋税之地。至德二载十二月，唐玄宗从蜀地回到了长安，才完成了皇位的真正传承。这个时候名义上玄宗把所有权力都交给了肃宗，实际上仍掌握有一定的权力，这从处理张均兄弟贰臣一事即可见一斑。上元元年（760）七月，在肃宗的授意下，李辅国强迫玄宗从兴庆宫迁到太极宫居住，随后玄宗的亲信陈玄礼被免官、高力士被流放巫州，皇帝权力才真正被肃宗掌握。

玄宗和肃宗二元对立的政治格局，既互相妥协，也激烈对抗。在这种情况下，作为玄宗时代纪念碑性的石台孝经，与之关联的一举一动都非常敏感和引人关注，当时朝廷正陷于处理贰臣的事宜中，朝臣争议很大，有的主张严厉处置，有人认为需要宽恕为要，这时要是对陈希烈等三人的题衔进行了凿削，无疑会影响安定大多数贰臣的政治态势，加剧好不容易稍有起色的稳定局面。对于玄宗来说，对达奚珣等人题名进行处理的话，也会打击他的皇帝权威，给开天盛世涂抹上一道不光彩的阴影，所以玄宗大概不会这样做的。对于肃宗来说，正好借此保留陈希烈等三人的贰臣题衔，从另一个视角给灵武登基提供舆论上的支持，塑造自己皇位的正统意义。

升仙太子碑碑阴题衔的生成史是随着时间变化的，而石台孝经贰臣题名的不变恰好是历史文本另一种生成史的模式，变与不变，二者虽然形式有别，但其内涵都是政治作用下的影响造成的。如今站在石台孝经碑下，慢慢阅读一行行的群臣题衔，脑际闪过的一个个历史人物的故事，让我们思考感悟，体会文本后面隐藏着的岁月风雨和刀戈情仇。

千年岁月的风雨迁移

　　雨后微凉，澄净的天空飘着朵朵白云，从棂星门向北远眺，透过戟门的孔洞，在碑林广场的北侧耸立着一座壮观大方的双层飞檐碑亭，静穆的氛围下有几个游人正在仰观碑亭内石台孝经上的文字，轻轻地谈论着什么。最引人注目的是在两层飞檐之间悬挂着传为林则徐道光二十一年（1841）贬官新疆途经西安时留下的墨迹"碑林"匾额。看到这块匾额的第一眼，很多人都会追问为何"碑"字没有右上方的丿画呢？

　　碑，后起的形声字，从石，卑声，表示竖石的含义。先秦时期主要有宗庙碑、宫庙碑和丧葬用碑三种，宗庙碑用来拴牛羊之类的牺牲，宫庙碑以标示日影方位所用，丧葬用碑主要是下葬棺椁时安装辘轳牵引所用，其中宫庙碑和宗庙碑是石质的，丧葬用碑是木头做的。秦汉以后，随着仪礼性加强，碑的种类逐渐分成了九类，分别是墓碑（含神道碑）、功德碑、纪事碑、经典及其他书籍刻碑、造像碑、题名碑、宗教碑、地图天文图礼图等图碑、书画碑。

石台孝经

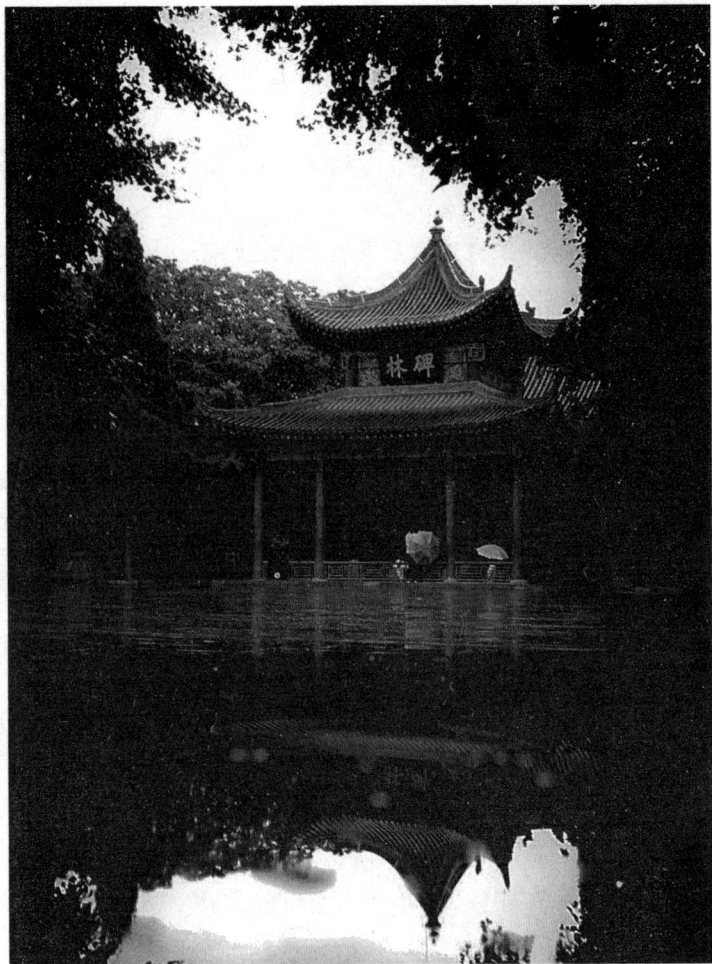

雨中的碑亭

　　卑为碑之声符，和碑字字义没有关系，但形体还需要从先秦时期卑字的写法来说起。卑，篆文为 🗝，《说文解字》以为是会意字，"贱也，执事也。从广甲"。卑字，其实是一个合体象形字，本义是手持卑物，引申为卑下、卑者之意。甲骨文写作 🗝、金文写作 🗝，春秋时期晋国作 🗝，战国时代齐国写作 🗝，战国时代楚国写作 🗝，战国时代秦国写作 🗝，西汉时写作 🗝🗝，东汉时写作 🗝。甲骨文从手、从甲，甲非干支字，乃象卑者所持之物，所持之器具疑似籔箕之类的东西。卑字从手，广本为手之象形，左手或右手本无固定的写法，但周代以后思想观念上尚右卑左，于是卑字渐渐以从广为常态，到了东汉时期基本都写作左手状了。

　　碑，原来写作碑，正是先秦文字的延续，到了许慎时期，他已经不明白碑字的本来意义了，所以错认为是从"甲"之字。甲，篆书为 🗝，从木戴孚甲之象。甲骨文字形有A、B两种：A型亦有两种不同的写法，字形一为 🗝，本为象形字，即植物种子、树皮开裂之形，假借为天干名；字形二为 🗝，外框似"田"形，但外框与中部笔画不连接，外框像神主石室之形，此形为后来"甲"字所继承。到了战国时期，睡虎地秦简就作 🗝 了。B型甲骨文作 🗝，本义是指甲胄之甲。B型写法后来在文字发展中消失了，不过字义合并到了A型之下。包山楚简中甲字写作 ，这种写法和卑字中的簸箕状器物基本相似，许慎可能混淆了古文字当中同形异字的现象，错以为卑字从甲，给我们今天了解卑字的形成发展造成了讹误的认识。

隶书形成于战国中晚期，秦人在日常使用文字时，为了书写的方便，不断地破坏、改造正体的字形，由此产生的俗体字就是隶书形成的基础，隶书是由战国秦代文字的俗体发展而来的。不过需要明白的是，秦代篆书是主要字体，正式场合中使用；隶书只是一种新兴的辅助字体，地位还比较低。但是隶书毕竟书写便利，在秦代实际上已经动摇了小篆的统治地位，到了西汉时期距离秦代书同文没有多久，隶书就正式取代了篆书，成为国家的主要字体，在一定意义上来说秦帝国书同文制度是由隶书完成的。许慎生活的年代距离秦代已经很远了，《说文解字》中的小篆，不一定能够反映隶变的真实过程，甚至会出现错误，许慎看到的小篆已经不全是文字隶变前的原样了。要是用隶书直接和小篆比照的话，很可能造成隶变是突变的假象，实际上隶变是源自战国时期秦国的俗体字。

对于卑字来说，似乎隶书上面的丿画缺笔是从小篆字体省减而来，其实并非如此，卑字隶书写法是从秦代的原有俗体字变化而来的，而丿画缺笔才是卑字本来的正确写法。汉唐时期，碑字均写成碑形，到了宋代受到印刷术的影响，已经出现了写有带丿的字体，最后随着明代嘉靖时期版本文字由软体字到硬体字变化的影响，之后碑字就多写成今天我们习见的"碑"了。

唐代国子监在今天西安市文艺北路西侧的位置，距离西安碑林约数百米的距离。那么，原来陈放在国子监的石台孝经，又是怎样一步步迁置到碑林现址呢？就让我们回溯历史的远景，在朝代的变迁中了解石台孝经迁移的前世今生。

壮士暮年，日落西山，先有满城尽带黄金甲的黄巢军攻克长安，接着凤翔节度使李茂贞占领京师，大唐长安的宫殿建筑损坏严重。唐昭宗为了远离危险的境遇，打算去太原获得李克用的庇护，谁知半途中被华州节度使韩建所劫持，被迫驻跸华州。李克用得知此事后，决定出兵攻打韩建，韩建无奈之下只好放了唐昭宗让其回归长安。当时，中原地区最有势力的军阀是朱温，他在平定黄巢的过程中逐渐壮大，并与宰相崔胤相勾连，内外互动慢慢掌握了唐廷的中央权力。在崔胤和唐昭宗合谋欲诛杀宦官集团的时候，事泄昭宗被宦官挟持出奔李茂贞。在此情况下，被免官的崔胤引朱温入长安，重新迎回了唐昭宗。这样一来，长安尽在崔胤和朱温控制之下，二人借机诛杀宦官三百多人，完全清除了宦官势力。崔胤和朱温彼此利用和被利用，矛盾逐步突出，最终以崔胤被杀而结局。

天祐元年（904）正月，残阳如血，最后一缕阳光照耀着曾经辉煌数百年的大唐皇都。朱温派部将寇彦卿强迫昭宗迁都洛阳，"令长安居人按籍迁居，彻屋木，自渭浮河而下，连甍号哭，月余不息"，至此，长安城被彻底破坏，狼藉满目。是年八月，朱温派人秘密杀害了唐昭宗，立其幼子为傀儡皇帝。天祐二年（905）六月，朱温在滑州白马驿杀掉裴枢、崔远、独孤损、陆扆等朝臣三十多人，史称"白马之祸"，至此唐廷中央政府完全瓦解。天祐四年（907）四月，唐王朝正式退出了历史的舞台，朱温即皇帝位，建立后梁。朱温一进入关中，韩建即以华州相投，唐昭宗东迁后朱温以韩建为佑国军节度使、京兆尹，镇守长安。天祐三年（906），韩建改任青州节度使，离开了长安。后梁开平三年（909），镇守同华二州的匡国军节度使刘知俊叛梁投附李茂贞，朱温派刘鄩领兵征讨，刘知俊兵败西逃。朱温改佑国军为永平军，遂任刘鄩为永平军节度使，留守长安，以防备李茂贞东进。

北宋建隆三年（962）《重修文宣王庙记》载：

> 昔唐之季也，大盗寻戈，权臣窃命。地维绝
> 纽，八銮迁胁于东周；天邑成墟，三辅悉奔于南
> 雍。天祐甲子岁，太尉许国韩公时为居守，才务其
> 修，遂移太学并石经于此。

太尉许国韩公，即韩建。石经，包括石台孝经和开成石
经。唐昭宗东迁后，长安毁坏严重，韩建基于防守需要，放
弃了原来的外城，以皇城为基础缩建了长安城，如此一来，
务本坊就成为城外了，于是韩建把太学与石经移到了城内，
不过具体位置还不清楚。第一次对石经等石刻迁置地点有明
确记载的是在刘鄩镇守长安时，北宋元祐五年（1090）《京
兆府府学新移石经记》云：

> 旧在务本坊，自天祐中韩建筑新城，六经石本
> 委弃于野。至朱梁时，刘鄩守长安，有幕吏尹玉羽
> 者，白鄩请辇入城。鄩方备岐军之侵轶，谓此非急
> 务。玉羽绐之曰："一旦虏兵临城，碎为矢石，亦
> 足以助贼为虐。"鄩然之，乃迁置于此，即唐尚书
> 省之西隅也。

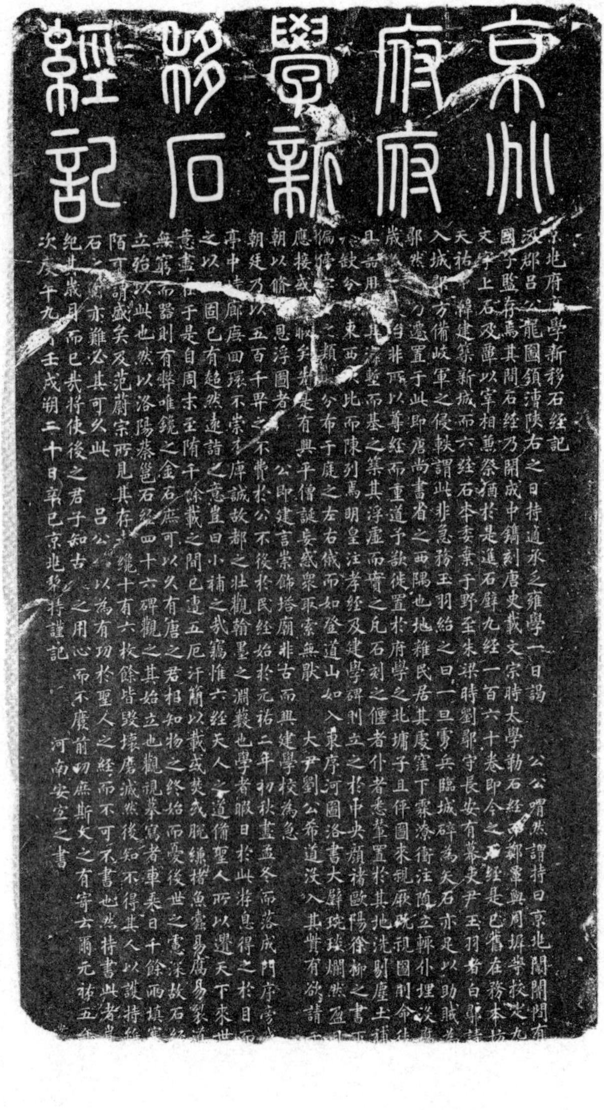

京兆府府学新移石经记

唐尚书省西隅，大致相当于今西安市北大街以西，北广济街以东，鼓楼以北，西华门街以南这一带，约靠近北广济街一侧。韩建任职长安不到两年时间，迁移石经工作可能没有全部竣工，刘鄩的迁置标志着西安碑林藏品源头的石经第一次真正意义上完成移置。韩建领前、刘鄩随后的唐代石经迁移，可谓是碑林历史的重要开始，奠定了碑林最终形成的基础。

唐代石经的第二次迁置，发生在北宋元祐二年（1087）。陕西转运副使吕大忠目睹唐石经立于低洼之地，很多已埋没腐坏，长此以往将折缺损毁，与其尊经重道的宗旨不合。因此，从元祐二年（1087）初秋到十月底，用了三四个月时间，将唐石经迁置到了"府学之北墉"。府学，即北宋景祐元年（1034）知永兴军府事范雍创办的京兆府学，原址约设在文宣王庙中或近旁之"原尚书省之西隅"。元丰三年（1080），知永兴军府事吕大防将文宣王庙和京兆府学迁移至"府城之坤维"，即府城西南部。元祐二年（1087），陕西转运副使吕大忠将唐石经及"颜、褚、欧阳、徐、柳之书，下迨偏旁字源之类"的唐宋碑刻，也一并迁移至府城西南部，置于七年前吕大防迁移过来的京兆府学的北墉。值得强调的是，吕大忠这次迁移石经，不仅改变了石经扑倒摧折的艰难处境，还洗剔尘土，补锢残缺，加以陈列展示，此时的碑刻数量初具规模，形成了一个由碑亭和碑廊构成的相对独立的建筑群落，西安碑林初步形成。

北宋时期，蓝田吕氏兄弟四人号称吕氏四贤。吕大忠，排行第一，皇祐年间进士，元祐年间（1086—1094）历工部郎中、陕西转运副使、知陕州，以龙图阁知秦州。绍圣二年（1095）加宝文阁直学士，知渭州，后徙知同州。吕大防，排行第二，北宋仁宗皇祐初进士及第，历英宗、神宗、哲宗三朝，元祐三年（1088）拜尚书左仆射兼门下侍郎，为相八年。元丰三年（1080），吕大防曾主持绘制并刊刻了《长安图碑》，以计里画方、二寸折一里的比例，刻画出唐代长安城之城郭、街道、坊里、宫殿、衙署及寺庙、道观、楼阁等，此举对于后人考订隋唐长安城布局大有助益。排行第三的吕大均和排行第四的吕大临则以学问知名。吕大均首创《吕氏乡约》，是古代最早见于文字的村规民约，推行乡礼，关中化之。吕大临学术成就最高，初师从张载，后追随程颐，一生著述颇丰，"通六经，尤邃于礼。每欲掇习三代遗文旧制，令可行，不为空言以拂世骇俗"，最知名者有《考古图》十卷，成书于元祐七年（1092），是现存第一部记录研究当时公私收藏古代青铜器、玉器的著作。

宋故追復寶文閣直學士朝散大夫致
仕呂公之墓
公諱大忠字進伯其先出於汲郡後為
長安人奉二十有九以皇祐五年中進
士第甫至七十即累章告老後三年始
浮請紹聖四年以寶文閣待制致仕自
二日寢疾而没享年七十有六是年七
月八日嗣子錫山奉公之喪歸窆于藍
田白鹿鄉太尉原之先塋以埋文隧其
不可亟得記其故莫我府武功蘇昞紀其
大略以藏諸幽鳴呼公其持已也約惠
其待物也誠然於立朝其視民也直其施用
終始一節無聞然岂若夫施設若作者云
繫而遺如何爾論撰之詳以俟作者云

吕大忠墓志

2006年至2009年，陕西省蓝田县三里镇五里头村西北2.5千米处发掘了吕氏家族5代成员的墓地，共清理出了墓葬29座，时代在宋神宗到宋徽宗政和年间，其中成人墓20座，婴幼儿墓9座，出土遗物约665件（组）。这批墓葬有一个特殊之处，即"空穴"的设置，集中在吕大忠兄弟辈的墓葬排列线上。空穴纵向分布在墓室之上，长方形，室内无遗物，一个作用可能是为了防盗，另一个作用可能是为了减压，以分解下部墓室的压力。吕大忠暨妻姚氏樊氏合葬墓编号为M20，处于吕氏家族墓园北部墓葬区自南向北第三排东数第三座，长方形竖穴墓道的2重4室墓，为夫妻三人同穴异室合葬墓。墓葬曾被盗过，现存随葬品有56件（组），质地有瓷、陶、铜、铁、锡、玉、石七类，器型有瓶、碗、托盏、罐、盒、盘、敦、钵、碟、磬、钗、箫、墨、铧、剪、饰件、带扣、钱币、棺环、围棋子、墓志等，其中墓志有三方，记载了吕大忠夫妻的生平事迹。吕氏家族墓规划整齐、世代相序，这种墓地的结构和随葬品，都与蓝田吕氏的礼仪思想、文化传承和仕宦进取息息关联。元祐年间，吕氏兄弟势力达到了顶点，从吕大临《考古图》所展现出的吕氏在政治和文化上的影响力即可窥一二，正因为吕氏兄弟从开封到长安的政治地位，给吕大忠迁置唐石经和相关碑刻提供了巨大的支持，进而促成了西安碑林的形成。荣华富贵易逝，唯有贤者留名，吕大临与吕大忠兄弟二人一金一石的成就，正是元祐年间金石学兴盛的集中映现。

唐代石经的第三次迁置，发生在北宋崇宁二年（1103）。知永兴军府事虞策将文宣王庙、府学和唐石经及诸多唐宋碑刻迁移到了西安碑林的现在所在地。虞策，杭州钱塘人，北宋嘉祐五年（1057）进士，崇宁二年（1103）出知永兴军，此时恰逢北宋地方官学大盛，朝廷遍命郡县建学，虞策就是在这样的历史背景下大兴土木，重建西安府学和孔庙的。虞策不仅建起"宏模廓度，伟冠一时"的庙学，还将"玄宗注孝经石台并文宗群经"，以及"蝌蚪篆隶，龟趺龙首之属"的诸多碑刻，安置在孔庙"宣圣殿后"，建成了一个称之为"碑院"的相对独立的建筑群落。至此，九百多年来一直在现址传承并不断扩大的石刻渊薮之地——西安碑林，终于正式展现在世人面前。

唐长安遭遇的历史性灾难，让曾经被认为承载着"王化之本、使鸿学巨儒顶礼"的石经差点毁于兵燹，幸好在一批有识之士的多方努力下，唐石经结束了颠沛流离的命运，至北宋崇宁二年（1103）找到了理想的归宿。当然，碑林之所以能够在北宋渐成规模，与当时金石学的发展休戚相关。宋代是金石学在中国历史上发展的第一个高峰期，经过五代战乱礼俗破坏殆尽，北宋王朝需要维护统治秩序，恢复礼制，奖励经学，加上经济的繁荣复苏，古代的青铜器和石刻碑碣跻身传统精英文化之列，成为文人雅士的主要关心对象。宋人热衷于古器物的搜集、整理和研究，时常进行与金石器物相关的聚会活动，加之统治者以此布政教化的需要，宋人对金石的关注遂成为社会上的流行热潮。在这样的时代氛围下，众多好古之士陆续将许多名碑法刻移入孔庙，与唐石经一起得到较好的保护，从而促成了西安碑林的落定以及日后的发展。

北宋崇宁二年（1103）之后，孔庙、府学和碑林不再迁动，延绵至今。而关于"碑林"的称谓，则是到了明代才真正出现在金石著作和碑刻题记上的。在碑林藏史维则书大智禅师碑的碑阴，就有明代李贽称之为"碑林"的题记。而金石著作中最早使用"碑林"一词的，是明代赵崡《石墨镌华》的"自叙"："余居近周秦汉唐故都，诸名书多在焉，西安泮宫碑林为最。"石台孝经的碑亭，最晚在清代出现，其形制一直沿用到了今天。

石台孝经搬移到西安文庙后，年久失修地基局部下沉。1973年8月，陕西省文管会对孝经碑进行了整修，顶着炎炎夏日，一群工人汗流浃背，露着臂膀，吆喝着口号小心翼翼地工作着。整修时，在碑身背面与中心石柱连接处及中心石柱的卯眼内发现了许多珍贵文物。根据出土钱币中时代最晚的正隆元宝来看，这些文物很可能是金正隆五年（1160）金代地方官员整修碑林时放入的。金人虽以武力称雄，但颇重视文化，在对宋作战中"得明堂九鼎，观之不取，只索三馆文籍图书、国子监版"，进而形成了以临汾为中心的平水本。

此次整修发现的重要藏品有金拓整本《集王圣教序》、金代版画《东方朔盗桃》和金代稿本《女真字书》等。《女真字书》，残页11页，系二人笔迹，内容是女真文启蒙读物。字书的成书时间早于现存的女真文石刻，属于初创时期的女真文字，提供了女真文意字和音字的关系以及由意字向音字发展的脉络。该文本很可能是已经失传的完颜希尹造的《女真字书》，是当时学童学习女真文的习作抄稿。较完整的书页高30厘米、宽38.5厘米；大片的残页高21厘米、宽45厘米；小片的残页高17厘米、宽23厘米，其中4页两面书写，7页单面书写，11页总共书写了女真文字237行，2300余字，字形清晰者

1973年整修石台孝经

有1700余字，文字多有重复，基本按照天文、地理、时序、方向、人事、禽兽、用具、花木、果品、房舍等分门编目。

整拓本《集王圣教序》，200多字有残损，其余文字保存完好。拓本是用二尺见方的白麻纸拼凑帖成，墨色深重，拓工精细，在拓好后还涂蜡以保护字口。这种拓印技法从北宋延续而来，对比国内多家单位的宋拓剪裱本《集王圣教序》，这幅整拓本文字有所缺失，加之整拓为原碑碑身未断时的拓本，前人多称之为南宋拓本。北宋灭亡后，南宋和金朝南北对峙，到了靖康元年（1126）关中地区已经归属金朝统治，此拓乃是金正隆五年整修西安碑林所留。从命名原则来看，言其为南宋拓本是不合适的，应该同《女真字书》和《东方朔盗桃》一样，断为金代拓本方较为准确。

金代稿本《女真字书》

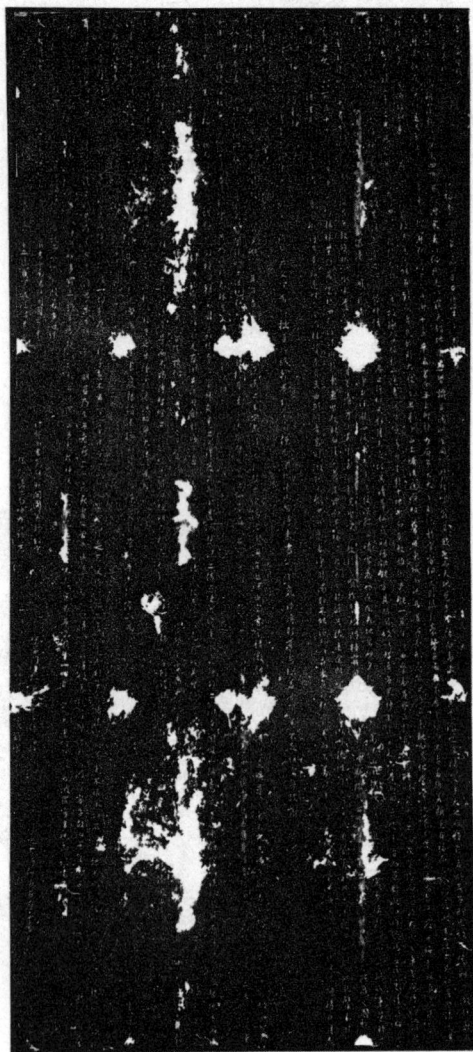

金代拓本《集王圣教序》

《东方朔盗桃》版画，高100.8厘米，宽55.4厘米，宣纸水印，内容是传说中东方朔从王母处偷盗蟠桃的故事。东方朔做有须老者形象，肩头扛着一株结满蟠桃的树枝，双手在身前紧握枝干，头部转身望向左后方，同时保持着跨步奔走的形态。东方朔的面部、手足、裤子和树枝等物采用阳刻手法，帽子、上衣和树叶则用阴刻技艺，墨色有浓有淡，富于变化。同时在以墨色为主调的版画中，树叶采用了绿色印制，整幅画面既协调又显出丰富的色彩变化。整幅版画动静结合，人物惟妙惟肖，神态生动，线条流畅，刀法刚健。在版画左上角有题记"吴道子笔"和一枚朱红色"道子之印"印章。题记和印章都是附会之作，这件版画很可能是出自临汾工坊的平水本作品。一般版画都是单一的墨色印刷，而这幅《东方朔盗桃》运用了阳刻、阴刻互相搭配的雕刻方式和一版多色、分染分印和捻色的技法，是目前发现的明代之前唯一的一件采用这种版印技术的版画实物。可以说这幅金代版画的发现，改变了长久以来认为多色水印版画始于明代的观点，填补了学术史上的空白。金代《东方朔盗桃》大面积运用阴刻法，使得整幅版画颜色鲜艳明丽，是中国版画史上的一件杰作。

《女真字书》属于启蒙读物，集王圣教序碑属于书法名

金代版画《东方朔盗桃》

碑，《东方朔盗桃》和中国古代为长者祝寿献寿桃的思想有所关联，金代整修石台孝经时放入的这三种文物，其寓意正与石台孝经的三个方面息息相关，那么，它们彼此之间有所联系吗，这都是很有意思的问题。

石台孝经，从开天盛世走到21世纪，见证了岁月长河中无数的转折起伏与分合离散，伴随着一代代仁人志士的目光，默默凝视着今天依然到西安碑林感悟和阅读的你我。石头久远，凝固出一片诗意的空间，天若有情天不老，让我们再次回到历史和记忆的深处，重新拼接玄宗时代留下的影像和物语，在浪漫和迷情里沉沦和感叹。

石台孝经

SHITAIXIAOJING

文质彬彬：学术政治的玄宗时代

御注《孝经》

德国学者马克斯·韦伯发表过两篇非常有影响力的讲演，分别为《以学术为业》和《以政治为业》，讨论学术政治在现代国家和社会中的地位，站在理性行为的角度分析了科学、品德和政治之间的社会学结构。借鉴韦伯的古典社会学理论，结合传统中国的政治文化特点，可以更好地对唐玄宗御注三经的情况进行阐释。古代中国虽然没有现代性的"学术"术语，不过和我们熟悉的"知识"大约相当，知识、宗教、制度构成了古代文化中最核心的内容，那么就从这个方面开始我们对御注三经的讲述吧。

选官制度是每个朝代的重要根基，《唐六典》载：

> 其明经各试所习业，文、注精熟，辨明义理，然后为通。正经有九：《礼记》《左传》为大经，《毛诗》《周礼》《仪礼》为中经，《周易》《尚书》《公羊》《谷梁》为小经。通二经者，一大一小，若两中经；通三经者，大中小各一；通五经者，大经兼通。其《孝经》《论语》并须兼习。

　　在唐代科举考试中，常举有秀才、明经、进士、明法、明书和明算等六科。秀才科本来是最高科等，不过在唐高宗时期就停废了。明法、明书和明算都是专门技艺的考试，主要是选拔精通法律、小学文字和数学计算方面的人才，三者中只有明法出身者有升等的机会，明书和明算都不能正常晋升，所以士人们通过这三种途径入仕者较为少见。三十老明经，五十少进士，进士科叙阶高于明经科，进士科取士除了考察策文之外，文章词华更是重中之重，能够考中进士者大概千人中第百之一二，明经合格者比进士科增加了很多，达到了十之一二，所以唐代官员中大多数都是明经科出身。但是不管参加何科考试，《孝经》和《论语》二经都是必须精熟的内容。

　　大唐帝国建立后，先后发生了玄武门之变、女帝立周、神龙政变、唐隆政变等一系列围绕皇位的争夺战，即便是唐玄宗登上皇位也是经过了重重流血事件，所以规范家族伦理和君臣关系的《孝经》被赋予了独特的地位和影响力，利用《孝经》宣传教化，以维护加强政治力就成为唐王朝基本的思想诉求。在此基础上，加之科举制度的要求，《孝经》的普及性和影响力越发的重要。汉唐时期素有孝治天下的传统，对于唐玄宗来说，《孝经》无疑是他学术政治的一个重要体现，故有其前后两次训注经文。

经过玄宗君臣的共同努力，到了开元七年（719）时，政治清明，经济繁荣，民生稳定，已经有了盛世的迹象。对于任何一个君王而言，思想观念和礼法制度的建设都是不可或缺的重要组成部分，对于盛世的构建有着积极的作用。玄宗在各个方面加强了治理，法制方面以宋璟领衔对律令格式进行全面的修定，经济方面严格禁止恶钱的使用，礼制方面玄宗也进行了相关的改革，十一月时命褚无量给众皇子讲读《孝经》及《礼记》，御注《孝经》就是在这样的社会背景下应运而生的。次年三月一日，唐玄宗令群儒讨论《孝经》等经义问题，引发了当时朝野对《孝经郑注》和《孝经孔传》的大争论，最后玄宗以今文为主，兼及古文，第一次训注而成开元本《御注孝经》。同时，玄宗还令元行冲作《疏》三卷。然后把御注文本发行天下，不过和第二次不同的是，这次御注完成后的序言并非玄宗亲自撰写，而是由元行冲撰文的，其序为：

> 大唐受命百有四年，皇帝君临之十载也。赫矣皇业，康哉帝道。万方宅心，四隩来墍。握黄炎尧禹之契，钦日月星辰之序。提衡而运阴阳，法繇而

张礼乐。车服必轨，声明偕度，所以振国容焉。仪宿赋班，详韬授律，所以清邦禁焉。配圆穹而比崇，匝环海而方大。无文咸秩，能事斯毕。惟德是经，惟刑之恤。笙镛穆颂，鳞羽晖祯，申耕籍以劝农，饰胶庠而训胄。优劳庶绩，缉熙睿图，听政之余，从容文史。缇绸煇竹，岳伣铜龙之殿；舒向严枚，云骧金马之闼。或散志编述，或留情坟语。以为孝者德之本，教之所由生。夫子谈经，文该旨赜；诸家所说，理蔼词繁。爰命近臣，畴咨儒学，搜章摘句，究本寻源。练康成、安国之言，铨王肃、韦昭之训。近贤新注，咸入讨论。分别异同，比量疏密。总编呈进，取正天心。每伺休闲，必亲披校。涤除氛荟，搴撷菁华；寸长无遗，片善必举。或削以存要，或足以圆文。其有义疑两存，理翳千古；常情所昧，玄鉴斯通。则独运神襟，躬垂笔削；发明幽远，剖析毫厘；目牛无全，示掌非著；累叶坚滞，一朝冰释。乃敕宰臣曰："朕以《孝经》德教之本也，自昔诠解，其徒寔繁，竟不能核其宗，明其奥，观斯芜漫，诚亦病诸。顷与侍臣，参详厥理，为之训注，冀阐微言，宜集学士儒官，佥议可否。"于是左散骑常侍、崇文馆学士刘子玄，国子司业李元瓘，著作郎、弘文馆学士胡皓，国子博士、弘文馆学士司马贞，左拾遗、太子侍读潘元祚，前赞善大夫、鄂王侍读魏处凤，大学博士、郯王侍读郗亨，大学博士、陕王侍读徐英哲，前千牛长史、鄄王侍读郭谦光，国子助教、鄜王侍读范行恭，及诸学官等，并鸿都硕德，当代名儒，咸集庙堂。恭寻圣意，捧对吟咀，探绸反复。至于再，至于三，动色相欢，昌言称美，曰："大义湮郁，垂七百年。皇上识洞玄枢，情融系表；革前儒必固之失，道先王至要之源。守章疏之常谈，谓穷涯涘；睹蓬瀛之奥理，方谕高深。伏请颁传，希新耳目。"侍中、安阳县男源乾曜，中书令、河东县男张嘉贞等奏曰："天文昭焕，洞合幽微；望即施行，仁光来叶。其序及疏，并委行冲修撰。"制曰："可。"伏以经言简约，妙理精深；贵贱同珍，贤愚共习。故得上施黉塾，远被苍垠。至若象尼丘山，坏孔子宅；美曾参至孝之性，陈宣父述作之由。汉魏相沿，曾无异说；比经斟酌，略不为疑。凡诸发挥，序所作意；意既先见，今则不书。

微臣朽老，猥职坟籍；思涂艰室，才力昏芜。宸光曲临，推谢理绝；晞大明而抱耀，顾宵烛而知惭。勉课庸音，式遵明制；敢题经首，永赞鸿徽云尔！

开元后期到天宝初年，唐王朝的政治社会发生了很大变化，一个强盛的大唐威震四海。根据当时的国家状态，玄宗个人心态也有了不同于开元七年的改变，尤其是在宗教问题上，从前期的抑佛态度转向三教合一的政策，以此昭示一个开放和包容的盛世，这种变化在玄宗第二次御注的天宝本《御注孝经》的自序中也有所体现。其文为：

朕闻上古，其风朴略。虽因心之孝已萌，而资敬之礼犹简。及乎仁义既有，亲誉益著，圣人知孝之可以教人也，故因严以教敬，因亲以教爱。于是以顺移忠之道昭矣，立身扬名之义彰矣。子曰："吾志在《春秋》，行在《孝经》。"是知孝者，德之本欤。《经》曰："昔者，明王之以孝理天下也，不敢遗小国之臣，而况于公、侯、伯、子、男乎。"朕尝三复斯言，景行先哲，虽无德教加于百姓，庶几广爱形于四海。嗟乎。夫子没而微言绝，异端起而大义乖。况泯绝于秦，得之者皆煨尽之末；滥觞于汉，传之者皆糟粕之余。故鲁史《春秋》，学开五传；《国风》《雅》《颂》，分为四诗。去圣逾远，源流益别。近观《孝经》旧注，踳驳尤甚。至于迹相祖述，殆且百家；业擅专门，犹将十室。希升堂者，必自开户牖；攀逸驾者，必骋殊轨辙。是以道隐小成，言隐浮伪。且传以通经为义，义必以当为主。至当归一，精义无二。安得不翦其繁芜，而撮其枢要也。韦昭、王肃，先儒之领袖；虞翻、刘邵，抑又次焉。刘炫明安国之本，陆澄讥康成之注。在理或当，何必求人？今故特举六家之异同，会五经之旨趣。约文敷畅，义则昭然；分注错经，理亦条贯。写之琬琰，庶有补于将来。且夫子谈经，志取垂训。虽五孝之用则别，而百行之源不殊。是以一章之中，凡有数句；一句之内，意有兼明；具载则文繁，略之又义阙，今存于疏，用广发挥。

石台孝经刊刻的序言正是玄宗的自序，而没有选择元行冲的序文，这可能出自不同的政治考虑。开元时期御注颁布天下，只是以传统的写本形式流传。在古代的知识社会习惯中，个人撰述的著作一般都由前贤或师长为序，而石刻具有流传久远以兹不朽的特性，作为玄宗功业纪念碑的石台孝经，自序更能够增加其政治性和权威性，达到昭示天下的目的，所以御笔自序才是最合适的选择。

玄宗《御注孝经》虽然以今文为据，但和《孝经郑注》在思想上有着不小的差异：首先，郑注中许多文字都是针对帝王规范的，提出了一系列的行为要求，而玄宗则删改了这些内容，在新注中转而强调对臣下的规范和要求，和传统意义上的儒家道德标准并不一致；其次，在御注中对于帝王的规范至宽至泛，对于臣民的要求则至严至繁，采取了完全不同的标准，有着非常鲜明的等级色彩；第三，在汉晋时期，由于时代性的知识特征，群儒解经都会使用谶纬之言，对此唐玄宗则基本抛弃淡化，破除了大量的封建迷信思想，大力强调教化的作用，可以说是《孝经》训注史上的一大变化，对于《御注孝经》成为后来十三经注疏中唯一的帝王注本发挥了至为关键的作用。

关于玄宗自序中说的"特举六家之异同"中的"六家"，北宋学者邢昺等人多指出是韦昭、王肃、虞翻、刘劭、刘炫和陆澄，天宝本《御注孝经》就是以这六家注解为根本意见形成的。其实邢昺等人校订有误，刘炫和陆澄应该是孔安国和郑康成之讹，玄宗御注其实主要引用了五个人的注释，分别是郑康成、孔安国、王肃、韦昭和魏克己，虞翻和刘劭的注文虽然有所参考，但实际上并没有引用他们具体的文字内容。序言中的"六家"之语，实际上是出自刘炫《孝经述义·序》中的句子，并不是实指玄宗御注采用了六家要旨，而是统称或混言的用典语词。天宝第二次御注，其实多数沿用了开元旧本，只有个别地方有所更改罢了。唐玄宗前后两个时期的《孝经》训注中，有变化者是将开元本内的150余条材料，天宝本增加到了155条，其中修改过的有11条，增加了10条，各类情况加起来有21条。除此之外，还有134条训注天宝本完全延续了开元本的原貌，没有内容上的增删变化。

对比《御注孝经》的开元本和天宝本，二者在思想倾向上也有相应的转变，天宝本更加强调忠的作用，把皇帝的地位提到了至高的位置，孝于父母忠于事君；玄宗还加大了对君主个人品德的限制，尤其在经历了太子人选的斗争后，玄宗对于皇子宗亲的教育极为重视，从中可以看出唐玄宗对君臣问题的新认识；天宝本中还着重提出了孝思想的后天培养和道德约束，弱化了孝自先天的传统范式，如开元本"父子之道，自然孝慈，本于天性，生爱敬之心；加以尊严，又有君臣之义也"，到了天宝本御注则修改为"父子之道，天性之常，加以尊严，又有君臣之义"。

唐玄宗先后两次为《孝经》训注，第一次在开元七年至开元十年（719—722），注释完成后颁行于天下及国子学，又特别令元行冲撰写《御注孝经》的疏义，以列于学宫。后来玄宗发现《孝经》御注还不完善，重新剪除繁芜，撮其枢要，在天宝二年（743）第二次再注《孝经》，待注疏完成后

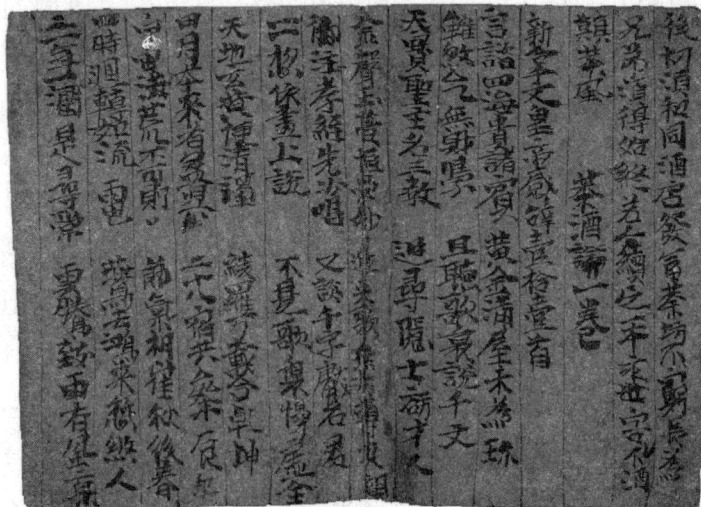

P.3910《新合千文皇帝感辞壹拾壹首》

重新颁布天下，诏民间家藏必备。开元十年和天宝三载二次诏《御注孝经》天下家家备存，按理推断各地都应该有实物留存，不过由于自然环境等原因，目前只有在敦煌吐鲁番文书中发现了相关材料，如S.6019号敦煌写本即为开元本《孝经注（圣治）》残卷。玄宗先后两次把《御注孝经》发行天下，使得御注广为人知，对于当时的传播盛况，朝廷官员和众多民众纷纷做歌赞加以褒扬。

在阅读御注的过程中，自然而然会对君王产生权威膜拜，进而达到潜移默化的教化功能，正如法国藏P.3910号敦煌文书记载的那样。P.3910号文书，每页纵横约15.8×11厘米，界栏清楚，行字数不定，整篇文书字迹不规整，显得潦草随意，可能是文化水平较低者抄写的。整件文书内容主要有《茶酒论一卷》《新合千文皇帝感辞壹拾壹首》《新合孝行皇帝感辞一十一首》《秦妇吟》等，其中《新合千文皇帝感辞壹拾壹首》首题单独书写，正文19行。《新合千文皇帝感辞》言："言咨四海贵诸宾，黄金满屋未为珍。虽然某乙无财学，且听歌里说千文。天宝圣主明三教，追寻隐士访才人。金声玉管恒常妙，近来歌舞转实亲。御注孝经先公唱，又谈千字献明君。"P.3910文书的抄写者叫阴奴儿，从其姓名来看他的身份地位不高，属于一般的普通百姓，而这正反映

P.2721《新集孝经十八章皇帝感》

了《御注孝经》在下层士庶中的流传情况。在这篇歌赞文书中没有说明《御注孝经》到底是开元本还是天宝本，不过估计应该是二者均有的，这在另一件敦煌歌赞中记载的就非常清楚了。敦煌文书P.2721《新集孝经十八章皇帝感》说："新歌旧曲遍州乡，未闻典籍入歌场。新合孝经皇帝感，聊谈圣德奉贤良。开元天宝亲自注，词中句句有龙光。白鹤青鸾相间错，连珠贯玉合成章。历代已来无此帝，三教内外总宜杨。先注孝经教天下，又注老子及金刚。"P.2721号敦煌文书抄写时间比较晚，可见在当时玄宗二注是共同存在的，远在敦煌吐鲁番的居民都能够看到两个不同的文本，不过在天宝本盛行之后，开元本就逐渐退出了历史的舞台。

在敦煌文书中，目前发现的《孝经》文本有白文本、注疏本，总数达到了三四十件之多，同时还出现了很多上文所讲的歌唱《孝经》的五言和七言歌辞，这些五言或七言歌多是玄宗御注之后在敦煌等地产生的副产品，一方面说明《御注孝经》家藏一本的政策在当时得到了实际性的实施，也说明了传统儒家的经典《孝经》在唐代边州的广泛流行状况。P.2721和P.3910反映的是普通大众对《御注孝经》的拥护和赞

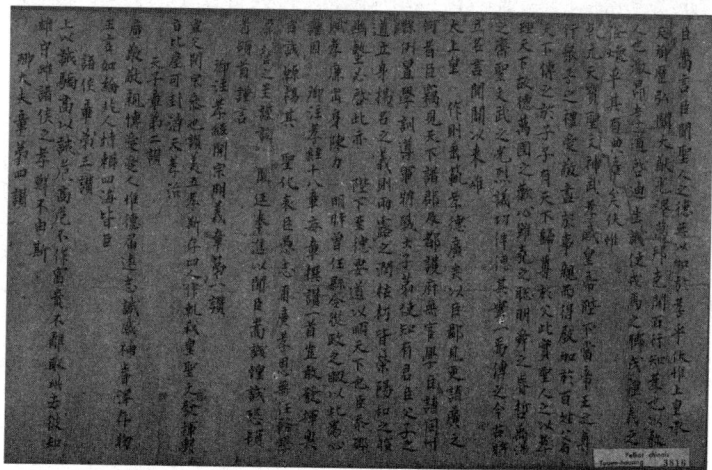

P.3816《御注孝经赞》一

P.3816《御注孝经赞》二

扬，在高等级官员中，同样有类似的歌赞文书发现，为我们呈现出了另一种雅致和官员化的状态。

最有代表性的朝臣歌赞是P.3816号文书《御注孝经赞》，此件文书结尾稍有残缺，其他部分完好，共存60行，每行19字至21字不等，正符合标准写卷的书写格式。全部文本内容由序言和一一对应的《御注孝经》章节的赞语组成，其文字如下：

> 臣嵩言：臣闻圣人之德，无以加于孝乎。伏惟
> 上皇承天御历，弘阐大猷。光泽万邦，克开自行。

知孝也，以教人也，激昂孝道，启迪生诚，使戎马之乡，成礼义之俗，焕乎其有典章矣。伏惟乾元天宝圣文神武孝感皇帝陛下，当帝王之尊，行众子之礼，爱敬尽于事亲，而得教加于百姓。父有天下，传之于子。子有天下，归尊于父。此实圣人之以孝理天下，故德万国之欢心。虽尧之聪明，舜之睿哲，禹汤之齐圣，文武之光烈，议功侔德，其实一焉。传之今古，将立名言。开辟以来，唯太上皇作则垂范，孝德广矣。以臣鄙见，更请广之。何者？臣窃见天下诸郡及都护府，无官学，臣请同州县例置学，训导军将，战士子弟。使知有君臣父子之道，立身扬名之义，则雨露之润，枯朽皆荣，阳和之暄，幽蛰必启。此亦陛下至德要道，以顺天下也。臣忝乡赋，孝廉出身。陈力明时，曾任县令。从政之暇，以此为心，谨因《御注孝经》十八章，每章撰赞一首，岂敢发挥奥旨，诚愿扬其圣化，表臣愚志，再广孝恩，无任务学屏营之至，谨诣阙廷，奉进以闻。臣嵩诚惶诚恐，顿首顿首，谨言：

　　御注孝经开宗明义章第一赞

　　宣父开宗，参也赞美。五孝斯存，四人作轨。

我皇圣文，发挥奥旨。比屋可封，溥天孝治。

　　天子章第二赞

　　广敬敬亲，博爱爱人。惟德届远，志诚感神。
睿泽存物，王言如纶。兆人恃赖，四海皆臣。

　　诸侯章第三赞

　　上以诚骄，高以诚危。高危不作，富贵不离。
取此去彼，知雄守雌。诸侯之孝，鲜不由斯。

　　卿大夫章第四赞

　　言必守法，服无僭上。三德日宣，百祥攸往。
斯为至孝，是谓能养。夙夜在公，以勤所掌。

　　士人章第五赞

　　资敬之道，君亲所同。事长则顺，事君则忠。
忠顺不失，禄位永终。士之孝也，允执厥中。

　　庶人章第六赞

　　春生冬藏，顺天之意。耕田凿井，分地之利。
仓储既盈，色养不匮。蒸人乃立，成岁之义。

　　三才章第七赞

　　天道贵生，地道贵成。生成既备，礼乐兴行。
其教且立，其人不争。展矣君子，为王之程。

　　孝治章第八赞

明王有道，孝治天下。尽心侯伯，不悔鳏寡。
以招和平，以享宗社。诗臣颂德，以告王者。

圣治章第九赞

天地之性，周公其人。各以其职，本其所因。
礼存进退，义重君亲。其仪不忒，其德惟亲。

纪孝行章第十赞

君子之德，可则可效。事其君亲，视其容貌。
五者备矣，是谓能教。三者不除，犹为不孝也。

五刑章第十一赞

墨劓剕宫，五刑之属。温柔恭谨，百行所勖。
腰则无上，数则思辱。小恶不悛，太乱之戮。

广要道章第十二赞

圣人之道，要道曰彰。礼则家国，乐则宫商。
敬寡悦众，孝悌为纲。志修百行，垂俗万方。

广至德章第十三赞

君子之教，何必下堂。朝行一善，暮闻四方。
以教以悌，为龙为光。

广扬名章第十四赞

任物则易，知人（下缺）

序文"乾元天宝圣文神武孝感皇帝"，指的应是唐玄宗。开元元年（713），唐玄宗加尊号"开元神武皇帝"；开元二十七年（739），加尊号"开元圣文神武皇帝"；天宝元年（742），唐玄宗加尊号为"开元天宝圣文神武皇帝"；天宝七载（748），加尊号"开元天宝圣文神武应道皇帝"；乾元二年（759），唐肃宗加尊号"乾元大圣光天文武孝感皇帝"，歌赞书写乃是把玄宗肃宗前后尊号混乱所形成的。

"臣嵩"，指的就是张孝嵩，又或称为"张嵩"。张孝嵩，孝廉出身，开元三年任监察御史，奉使沙州考察西域形势，遂被唐玄宗任命为沙州刺史都护西域，准许他便宜行事。当时，吐蕃与大食军联合进攻拔汗那国，拔汗那王奔安西求救。张孝嵩率领安西都护侧旁戎落兵万余人，平定大食所立的拔汗那伪王阿了达等叛乱，威震西域。经过此役，大食、康居、大宛、罽宾等八国遣使降唐。之后，张孝嵩约在开元五年至开元九年七月间任北庭节度使，在任上他"务农重战，安西府库遂为充实"。开元十年（722）闰五月前，汤嘉惠卸任安西副大都护，张孝嵩复接任安西副大都护，领四镇节度使。九月，吐蕃军队围攻小勃律，张孝嵩遣疏勒镇守副使张思礼赴援，与小勃律国王没谨左右夹击，大败吐蕃，解小勃律之围，使安西四镇得以安定下来。随后张孝嵩因军功升任河东节度使、南阳郡公。开元十一年（723）初，张孝嵩为太原府尹，兼任河东节度使。开元十四年（726）卒。

从《御注孝经赞》内容来看，张孝嵩写赞文的时候还在安西副大都护任上，故此推断赞文的写作时间当在开元本《御注孝经》颁布后，张孝嵩在开元十年六月至年底改任河东节度使之间，甚至就是六月到九月间写的。赞文完成后，张孝嵩就上表奉上，而我们所看到的P.3816号文书《御注孝经赞》并不是原本，而应该是后来人所抄写的文本。在序文中"太上皇"之语，其实指的也是唐玄宗，加上玄宗尊号的混用，这件赞文文书的抄写时间约在肃宗时期乾元二年后不久。不过在抄写的过程中，抄写者对唐玄宗的称谓根据时代变化做了更正，甚至把尊称转移到了唐肃宗的身上，而原来赞文对唐玄宗的尊号应该是"开元神武皇帝"，"太上皇"亦约为抄者所增改的文字。

《御注孝经》不仅在唐王朝的统治区域内盛行，还传播到了东亚的其他地方。天宝本《御注孝经》颁布天下后，加上石台孝经的权威昭示，很快取代了开元本《御注孝经》，后来我们所看到的玄宗御注本多是天宝注本，而开元本则逐渐失传了。幸运的是，开元本《御注孝经》在日本还有文本保存，最古的写本藏于京都大学图书馆，先是以抄本的形式流传，到了明治时期有翻刻本传播，后来又被中国学者重新传入国内，清代光绪年间黎庶昌和杨守敬在《古逸丛书》中再次收录刊行，为我们重新了解开元本的面貌和深入理解玄宗本人的思想变化提供了重要的资料。从相关信息推断，日本藏开元本《御注孝经》传入的时间约在开元十年到天宝初年之间，很可能是遣唐使或学问僧带回日本的。

日本清和天皇贞观二年（860）十二月，"廿日乙丑。先是。从五位上行太学博士大春日朝臣雄继以《御注孝经》奉授皇帝。今日有竟宴，授博士雄继正五位下。御笔书告身以宠之"。这里《御注孝经》，指的就是开元本御注，此条材料是其传入日本的最早记载。860年，在日本可以看到开元本《御注孝经》和元行冲的疏义，但天宝本还没有任何信息，让人感叹的是在唐王朝已经废弃的开元本在日本室町末年反而成为御注的正统开始传播了。平安镰仓初期的日本皇室教育中使用的《孝经》注本就是开元本御注，一直到了文治二年（1186）的皇室成员、公卿大臣和将军家族的讲书仪式中所使用的亦为开元本《御注孝经》，室町时代以前还看不到唐玄宗天宝本《御注孝经》的身影。当然，在日本朝廷中《古文孝经》一直是在延续使用的。

古代日本，经典传承也是由家族力量世袭的，当时第一

.

等的文化家族是菅原、大江和藤原三大家，次一等的文化家族有清原和中原两家，随着时代变化各家的专长就较为固定了，其中逐渐由清原家讲习《古文孝经》，菅原家讲习《御注孝经》。进入幕府时代后，菅原、大江和藤原家族日益没落，而清原家则发展壮大，从而留下了大量镰仓室町时代的《古文孝经》写本，《御注孝经》只有全本的三条西实隆书写本和残卷的清原家藏镰仓抄本二部遗书。清原家藏本大概是镰仓初期《御注孝经》古写本的翻写本，首尾完好，在流传过程中不幸虫蛀污损严重，后来入藏京都大学图书馆，在昭和二十七年被列为日本重要文化财。江户后期，日本书志学兴起，大藏书家屋代弘贤在一个偶然的情况下于一个旧书肆见到了三条西实隆本《御注孝经》，见状大喜以为珍宝，购获之后于宽政十二年（1800）模刻刊布于众，引起了社会上的极大关注。后来模刻本被当作礼物献给了幕府，到了明治时期被收入密阁珍藏。清光绪十年（1884），黎庶昌又以弘贤刊本覆刻收入了《古逸丛书》当中，至此开元本《御注孝经》文本方重归中国开始传播。

御注《道德经》

开元二十九年（741）八月的一天，碧空如洗，白云千里，在京师长安群情沸腾，一场别开生面的科举考试正在进行。不同于以往的考试内容，这次主要是针对精通《老子》《庄子》《文子》和《列子》的人才，尤其以《老子》为重点，史称"道举"。当时参加的人员超过了五百人，最后唐玄宗亲自到兴庆门进行策试，可谓是轰动一时之举，最后中第者达数十人，选拔出了以元载、姚之彦、靳能等人为代表的举子。

关于此次制举的宗旨，玄宗在《亲试四子举人敕》中说道：

> 朕听政之暇，常读《道德经》《文》《列》《庄子》等书，文约而义精，词高而旨远，可以理国，可以保身。朕敦崇其教，以左右人也。子大夫能从事于此，甚用嘉之。夫古今异宜，文质相变，若在宥而不理，外物而不为，行邈古之化，非御今

之道。适时之术，陈其所宜。又礼乐刑政，所以经邦国；圣智仁义，所以序人伦。使之废绝，未知其旨。《道德经》曰"绝学无忧"，则乖进德修业之教。《列子·立命》曰"汝奚切于物"，又遗惩恶劝善之文。二旨孰非，何优何劣？《文子》曰"金积折廉，璧袭"，且申其义。《庄子》曰"恬与之，交相养"，明征其言，使一理混同，二教兼举，成不易之则，副虚伫之怀。

理国与保身，是唐玄宗对于道教经典最重要的理解，这在《御注道德真经》和《御注道德真经疏》中表现的十分突出。李唐王朝建立之初，道教就有着特殊的政治地位和影响力。李唐皇室从加强皇权考虑，追认老子为始祖，借助道教的威严提升李氏的权威性；在太原起兵和李渊登基之前，利用道教的符命十余事等谶纬，如"法律存，道德在，白旗天子出东海""桃李子，莫浪语，黄鹄绕山飞，宛转花园里"等舆论宣传，为营建天命归唐的政治符号发挥了重要的作用。到了武德八年（625），唐高祖下诏"老先，次孔，末后释宗"，明确了道教在三教关系中的领先地位。唐太宗时，又编造了老子显灵的神话，尊称老子为"圣祖"和"太上老君"，并在老子的家乡修建了太上老君庙。唐高宗时，又追封老子为"太上玄元皇帝"，老子母亲为"先天太后"，并依武则天建议把《道德经》列入上经，所有贡举人必须精通其经义。如此一来，道教的思想哲学和经典文本就在儒学笼罩的选官制度中占有了一席之地，到唐玄宗时更是发展到了一个高峰，出现了历史上十分特殊的制举考试。

武则天建立武周的政治宣传以佛教为主，待恢复李唐政统之后，唐玄宗出于君权考虑，加上他非常推崇道教中的帝王之术，更加重视尊祖崇老，体现在了国家政治、学术文化和宗教思想的各个领域，《老子》一书亦被尊为《道德真经》，成为天下读书人的必读经典。

开元二十九年（741）有祥瑞出现，陈王府参军田文秀上书说老子在丹凤门之通衢降灵，并赐下了灵符在尹喜故宅，于是玄宗命人迎回了灵符，故此后改年号为"天宝"，灵符被供奉于长安的太上玄元庙内。天宝二年（743）正月，追尊老子为"大圣祖玄元皇帝"；天宝八载（749）六月，追尊老子为"大圣祖大道玄元皇帝"；天宝十三载（754）二月，追尊老子为"大圣高上大道金阙玄元天皇大帝"，从封号变化可以看出老子的神圣地位得到了最大的加强，成为道教诸神中的最高领袖。在玄宗时期，以丞相兼任太清宫使，天宝元年玄宗的御像被立于太清宫中，天宝五载加入了丞相们的雕像，天宝九载时孔子和道教四真人像被立于太清宫和太微宫中，奠定了老子在世俗和信仰世界中的至高地位。

道举在开元二十九年是作为制举开始的，从天宝元年开

元载墓志盖

始就成为常科，终天宝时期基本每年都会举行。道举科的举送、课试一如明经科，在制度上比照明经办理，故此有人称之为"准明经"。一般来说，道举考试分为贴文、口试和试策文三场，最后的成绩评定和命官品秩同明经出身者差不

元载墓志石

多，也分为上上、上中、上下、中上四等成绩，官品相应为八品下、正九品上、正九品下和从九品上。从道举入仕者，以开元二十九年的元载和天宝十三载的独孤及在历史上最为人所熟知。

元载，中唐前期最著名的权相，在相位达十六年之久，不过后世对他的评价不过专权和贪腐而已，据说抄家时胡麻有八百石、钟乳有五百两，后人多把他和清代的和珅相比拟。元载为人虽然私德有亏，但是他处理政事精明干练，先后设计诛杀了权阉李辅国和鱼朝恩，任用郭子仪和马璘击退了吐蕃的入侵，由于他专权太过，使得唐代宗忍无可忍最后出奇谋将之诛杀。历史的面相总是出人意料的，在元载死后六十年，突然被皇帝平反了。从皇权的角度来看，元载最大的功劳就是在任相期间，保全了唐德宗的太子之位，唐德宗虽为代宗长子，但母妃出身一般，没有外家强力支持，十八年的太子储位时时岌岌可危，幸得元载鼎力支持方得稳固，故待德宗登基就重新启用元载的亲信杨炎等人，赦免没入掖庭的元载女儿真一，兴元元年即给元载复官改葬，重新赐予谥号。按常理来看，元载在相位多年，门生故吏遍布天下，但在他死后却无人帮其正名，究其原因可能与他出身清寒，随母亲冒姓元氏没有家族的后盾有关。对唐人来说，冒籍并不是什么大事，而其出身最为重要。在中晚唐时期，进士出身者独得名扬天下，同榜之人互为助力，而元载出身道举，素不为清流士人所喜，这些无疑都会大大影响他的声望和后世评说。

　　与元载相反，独孤及虽然也是道举科入仕，但他却成为中唐时期的文坛领袖。独孤及出身于关陇贵族，独孤氏在隋唐历史中，逐渐从文武并重向文士化方向发展，到了独孤及时期，独孤氏的家族文化已经儒学化了。不过从独孤及五弟独孤丕、七弟独孤正的相关文章来看，独孤氏在唐代崇道的政治氛围下，道家文化造诣其实并不低，所以独孤及可以在道举中一举中第。在独孤及的应试对诏策文中，可以看出以儒释道或以道解儒的思想，他并非完全是一般意义上认为的儒学之士。萧颖士和李华是唐代古文运动的先驱，二人齐名，世称"萧李"。萧颖士在乾元三年（760）过世后，李华因为曾经受安史伪职的影响处于归隐状态，代宗时期独孤及成为事实上的古文作家中的代表人物，门下出了朱巨川、梁肃、高参、唐次、齐抗、权德舆等一大批著名文士，当时被誉为"天下之文伯"。在独孤及卒后，梁肃为其编定了文集《毗陵集》，是唐代三十几种以原貌传世的唐人文集之一，可谓十分的珍贵。独孤及身具文学才华，作为望族子弟有着很好的儒学和文学师承，这些都给他提供了元载无法企及的个人背景，最终形成了两个人不同的历史结局。

科举制度和学校教育是互为表里的，玄宗推行道举科的同时，在开元二十九年正月令长安、洛阳和诸州置玄元皇帝庙并兼做两京和地方的道教学习场所，各庙设置崇玄博士一人，指导学生学习道教经典《道德经》《庄子》《文子》和《列子》。到了天宝二年，玄宗又将两京崇玄学改为崇玄馆，诸州崇玄学为通道学。崇玄馆兼具教育和研究的双重内

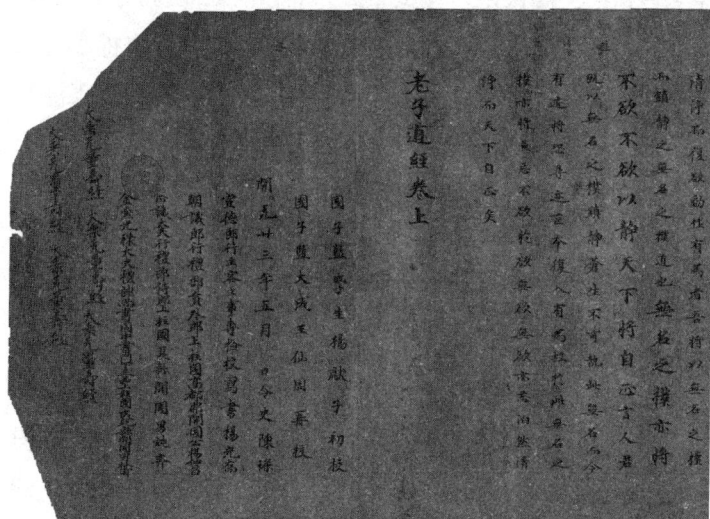

P.3725《御注道德经》残卷

涵，作为一个宗教机构，代表官方将道家和道教的教学正式纳入了朝廷体系之列，考生可以以此进入仕途，这就使得崇玄馆成为国家最高的教育机构之一。在教育过程中，后来又加入了《庚桑子》，与上述四经合称为五经。在天宝元年时，唐玄宗升老子为上圣，庄子称南华真人，《庄子》为《南华真经》；文子称通玄真人，《文子》为《通玄真经》；列子号冲虚真人，《列子》为《冲虚真经》；庚桑子号洞虚真人，《庚桑子》为《洞虚真经》。如此一来，这四部道教典籍就正式升格为经书，尤其是《道德经》更居于诸经之首，"义高象系，理贯希夷，非百氏之能俦，岂六经之所拟"。而且，玄宗还通过限制考试人员的方法来提高《道德经》的地位，并规定国家表疏簿书和制策文章中对于涉及道教的词汇和"天地乾坤"等字，也要半阙避讳。

玄宗对道教的重视是一以贯之的，其中有一件事情具有重要的标志性意义，就是玄宗把高道司马承祯从天台山召到京师长安，至此拉开了进一步崇道的序幕。开元九年（721）三月，唐玄宗令司马承祯以三种书体书写《道德经》，然后刊刻于京师景龙观的石柱上。开元二十五年，唐廷把道教纳入管理皇族事务之宗正寺的管理范围，进一步强调两者间的关联。开元二十六年，在实行道举科之前，御注

《孝经》开元本完成后，从开元十一年（723）开始，用了大约十年的时间御注《道德经》，到开元二十一年（733）功成，"敕令士庶家藏《老子》一本，每年贡举人，量减《尚书》《论语》一两条策，加《老子》策"，此举进一步提高了《道德经》在科举制度中的地位。开元二十三年（735）三月，玄宗"亲注《老子》，并修《疏义》八卷，及至《开元文字音义》三十卷，颁示公卿士庶及道释二门，听直言可否"，至此形成了道举科中最重要的道教经学教材。《御注道德经》与《御注道德经疏》完成后，张九龄上书《请〈御注道德经〉及〈疏〉施行状》说御注"天旨玄远，圣义发明，词约而理丰，文省而事惬，上足以播玄元之至化，下足以阐来代之宗门"，请宣付所司施行。稍后，长安龙兴观道士司马秀上书，说"玄元皇帝《道德经》御注，右检校道门威仪龙兴观道士司马秀奏，望两京及天下应修官斋等州，取尊法物，各于本州一大观造立石台，刊勒经注，及天下诸观并令开讲"，唐玄宗敕旨同意了司马秀的建议，从九月廿三日开始各州纷纷刊立《御注道德经》。至此可见御注《道德经》及《疏》分为两个渠道发行天下，一般士庶是通过国家政府机构下发的，道教宫观是通过宗教系统具体实施的，在刻石的同时还令高道在全国各个州郡进行系列的宣讲活动。

总体来说，开元二十一年的诏敕，实际上是在开元二十三年《御注道德经》和《御注道德经疏》经过集贤院学士集体讨论后才逐渐流行的，与此同时，礼部书写成正式文本开始颁行天下，各州郡的宫观约在开元二十七年前后才基本完成了刻石工作。

在法藏敦煌文书中有《御注道德经》发行天下的例证，如P.3725残卷保留了道经上卷第三十四章的后半部分内容，重要的是卷末书写着国子监等人员的题衔："国子监学生杨献子初校、国子监大成王仙周再校、开元廿三年五月口日令史陈琛、宣德郎行主客主事专检校写书杨光乔、朝议郎行礼部员外郎上柱国高都郡开国公杨仲昌、正议大夫行礼部侍郎上柱国夏县开国男姚弈、金紫光禄大夫礼部尚书同中书门下三品上柱国成纪县开国男林甫。"从这件文书可以看出当时是礼部具体实施《御注道德经》的天下颁布事务，不过从行文等内容推断，P.3725残卷并不是国家发布的原始文本，很可能属于抄本的性质，从时间来看不过两个月的间隔，《御注道德经》就在较偏远的敦煌流行开了，其他州郡的情况也应该大致相同。

各地宫观刊刻《御注道德经》也得到了有效地实施，现今还能够了解到怀州、阌乡、周至、成都、易州、邢州、荆州、明州、苏州、襄州、涡口等地刻立的石台信息，其他州郡的多数已经消失在了历史的岁月中。目前，我们可以看到的玄宗《御注道德经》石刻有四种，分别是山西浮山县庆唐观石刻、河南鹿邑县太清宫石碑、河北邢台龙兴观刻石和河北易县开元观刻石，前面两种《御注道德经》属于特殊地址而非州郡宫观所刊刻，一为经幢形制，一为石碑形制；后面两种《御注道德经》均为州郡地方所立，基本仿照了经幢外观。

在山西浮山县和翼城县的交界处，有一座二峰山。二峰山在唐代叫作羊角山，虽然并不巍峨高大，但在唐代政治中却具有特殊的地位，相传李渊从太原起兵后，这里有老子现身宣示李唐建国的天命所归，所以就被当成李唐的国家圣地了。故此，浮山县被改名为神山县，羊角山被改做龙角山，唐高祖时建立的老君庙在唐玄宗时期被改名为庆唐观。在庆唐观中，现在还存有两种和唐玄宗密切相关的碑刻，分别为《庆唐观纪圣铭》和《道德经》经幢。《庆唐观纪圣铭》刻立于开元十七年（729）九月，碑文由唐玄宗御制御书，碑阴有太子和群臣的题衔，文本形式和石台孝经极为类似。《道德经》经幢，原存于老君殿遗址，现藏于浮山县博物馆。整体外形为八角形柱体，现仅存幢身，高240厘米，直径约25厘米，每面宽22厘米，八面均镌刻有文字，楷书，经文前面有

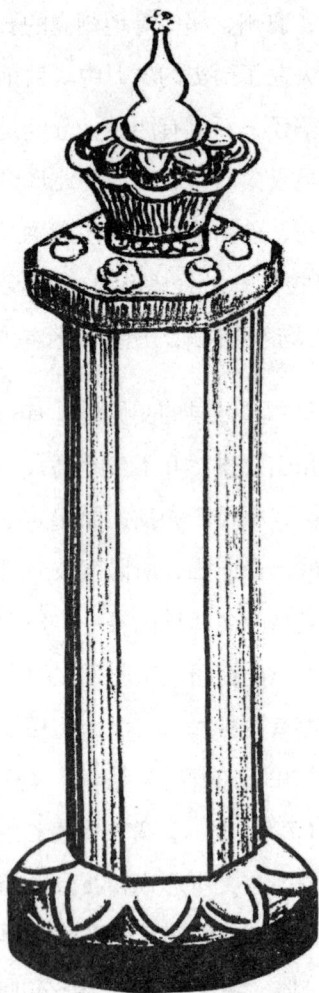

庆唐观《御注道德经》经幢

唐玄宗撰序。这件经幢由于文本残缺具体时代不明，以前人们多认为此幢是和《庆唐观纪圣铭》同时在开元十七年所立，玄宗序文由首题"太上老君道德经之幢序""道德经序"文和"老子道德经序"文三部分组成，其中"老子道德经序"正是《御注道德经》发行天下之文本中的序言，至此来看这件经幢所刻的也是《御注道德经》，不过和地方州郡刻石不同的是，只刻有经文没有注文，而且多了一段"道德经序"，说明这件经幢的刻立时间也约在开元二十三年。至于第一个序文，有学者指出或为唐高祖或为唐太宗曾经为《道德经》所撰之序文，不过文献中没有丝毫信息可寻，或者是唐玄宗为庆唐观《御注道德经》专门撰写的一段序言，撰者具体为谁目前还难以辨析，不过都显示出了庆唐观的超凡重要之处。

太清宫坐落在河南鹿邑县城东五千米处，苍松翠柏，一片肃穆优雅的景致，相传这里是老子的诞生地，历代都是祭祀老子的祠庙，到了唐代地位更加崇高，唐玄宗曾经两次亲谒，并在天宝二年改名为太清宫。太清宫现存的地面建筑多是明清时期建造的，有太极殿、三圣母殿及娃娃殿等，还有两株相传为老子手植的古柏。前些年由于维护太清宫，进行了小规模的考古发掘工作，令人惊喜的是在太极殿南百米处出土了《御注道德经》石碑。石碑系奉玄宗敕命所立，刊刻于开元二十三年，通高443厘米，包括碑首、碑身和龟趺三部分，碑首和碑身为整块青石雕刻而成。碑首残高97厘米，宽114厘米，厚约34厘米，浮雕龙纹；碑身高266厘米，上窄下宽，分别为114厘米和124厘米，厚约35厘米；龟趺高80厘米，长236厘米，宽158厘米。碑首纹饰刀法细腻，层次分明。龟趺雕刻简洁，拙朴生动。碑身两面刻字，每面22行，每行51字，隶书，由于历史上风雨剥蚀和人为破坏，残损严重，碑身留下了许多裂纹，多数文字已不可辨识。

目光投向河北易县城南一隅，寻寻觅觅，终于在四周高耸的住宅楼之间发现了一座四角形碑亭，碑亭内就是久负盛名的全国重点文物之一的易县《御注道德经》经幢。此幢高约6米，由幢座、幢身和幢顶组成，幢顶为青石，幢身和幢座均为汉白玉制成。幢顶高38厘米，八角形，呈庑殿顶形，与幢身上下对应，八面雕成屋脊状，下刻檐板、飞檐和椽头，在角梁下用斗拱支撑着幢顶，造型美观大方。幢座为仰莲状，高25厘米，直径110厘米；在仰莲座下还有一雕刻莲纹的须弥座，须弥座高60厘米，最大直径约157厘米，底部南侧有残缺，大概在明清时期被人为毁坏，现今已经在地平面之下了。幢身由上下两部分拼合而成，全高429厘米，其中上部高

70厘米，下部高359厘米，直径90厘米，八角形，每边宽约40至42厘米。幢身上部自东面起由左向右书写"太上玄元皇帝道德经大唐开元神武皇帝注"18字，楷书，每面2行，每行3字，共占三面空间；其他5面镌刻开元二十三年十二月唐玄宗颁布《御注道德经》的敕文。幢身下部刊刻经文和御注，楷书，经文大字书写，注文双行小字。最后有尾题"易州刺史兼高阳军使赏紫金鱼袋上柱国田仁琬奉敕立""开元二十六年岁次戊寅十月乙丑朔八日奉敕建"等字样，之后还有宋以后的一些题记。

易县《御注道德经》经幢原来并不在现在的位置，而是在城西的唐代开元观内，南宋乾道五年（1169）移到了府治，之后最晚到元代至正十一年（1351）方迁到龙兴观里。经幢文字刚劲飘逸，是唐代书法中的上乘作品，虽然没有书者留名，不过根据同时期的易州铁像颂碑、梦真容敕碑和田公（仁琬）德政碑的书法风格来看，二者基本一致，可以确定为苏灵芝所书。苏灵芝，今陕西武功人，唐代著名书法家，玄宗年间曾在易州任职，其书艺融合二王风格和虞世南书体，楷隶笔法兼顾，当时与徐浩等人齐名，"视北海（李邕）则加庄，视太守（颜真卿）又多隽"。此幢刊刻的《御注道德经》文本和《道藏》中收录的唐玄宗御注有所差异，

石台孝经

易县《御注道德经》经幢

易县《御注道德经》经幢局部

具有重要的文献学价值，对于进一步了解唐代《道德经》的文本流传情况提供了珍贵的资料。

邢台，历史文化古迹众多，当你漫步在市区清风楼北侧的清风游园内时，一座引人注目的高大石刻就会出现在你的眼前，这座石刻就是《御注道德经》经幢。此幢高约7米，由

邢台《御注道德经》经幢

幢顶、幢身和幢座三部分组成，以亭覆庇，呈八面棱形。幢身分为三截，中间一截是水泥连接构件，下为须弥座。给人印象最深刻的无疑是美轮美奂的幢顶，八角形的宝盖下，飞檐转角搭配着华栱，支持着檐枋，尤其是伸出宝盖的圆柱形橡头，雕刻精致，极富美感。经幢前七面镌刻《御注道德经》文字，首题为"大唐开元圣文神武皇帝注道德经一部"，每字高约10厘米、宽约11厘米，其下为御注经注，经文大字书写，注文双行小字，楷体中略带有行书笔意，看起来舒朗清丽，虚和自然。在第八面幢身上，刊刻有"大唐开元二十七年岁在单阏月中南吕五日乙丑，皇五从弟中散大夫使持节邢州诸军事守邢州刺史上柱国质建"等地方官员题衔，其下为宋代以后的人员题记。此幢原立于龙兴寺，后来历经迁移到了此处，留下的唐代原物保存较为完好，惜在20世纪60年代被炸毁，只剩下两截幢体，残件上的文字还清晰可见。

不管是庆唐观、太清宫、易县还是邢台的《御注道德经》碑幢，都深刻地烙印着大唐帝国学术政治的身影。庆唐观和太清宫由于特殊的地理属性，也给《御注道德经》的刊刻增添了无数神秘的色彩，而各个州郡地方长官在有官方背景的宫观内刻立御注石台，都会给道俗两界带来引领和示范效果，对于《御注道德经》的宣传具有极大的促进作用，进而达到国家在思想领域的统一和玄宗个人权威的宣示，可以说政治和文化的多重双螺旋模式，推动着玄宗御注的影响越来越大。

虽然各地刻立的《御注道德经》石刻多数已经损毁消失了，不过从上文所讲的四种御注碑幢来看，当时司马秀上书所言之石台，其基本形制很可能以八棱形的经幢状为主，而石碑状的较少。《御注道德经》刻石现在多半已经看不到了，不过唐玄宗《御注道德经》及《疏》在明代刊本《道藏》中完整保留了下来，分别叫作《唐玄宗御注道德真经》和《唐玄宗御制道德真经疏》，御注分为四卷，道经上和德经下各两卷，御疏十卷。在敦煌文书中也留下了《道德经》玄宗注疏的相关材料，P.3592、P.2823和S.4365为御疏，分别是第三到第十章、第二十三章和第二十五至第二十六章的内容；P.3725为御注，二者虽然保留并不完整，不过可以看出和《道藏》文本的文字略有不同。需要注意的是，《道藏》中还收有一个四卷本的《唐玄宗御制道德真经疏》，其实此书并不是唐玄宗御疏，而是以杜光庭《道德真经广圣文》为主，糅合了成玄英《道德经义疏》和玄宗御疏的部分内容混编而成，很可能是五代后蜀乔讽编的《道德经疏义节解》一书。

　　当然，《道德经》御注的完成并不是唐玄宗一人之功，其中司马承祯和陈希烈的作用较大，"玄宗凡有撰述，必经希烈之手"，不过御注出于玄宗自身则是没有问题的。《御注道德经》序言为：

　　　　昔在元圣，强著玄言，权舆真宗，启迪来裔。遗文诚在，精义颇乖。撮其指归，虽蜀严而犹病；摘其章句，自河公而或略。其余浸微，固不足数。则我玄元妙旨，岂其将坠？朕诚寡薄，常感斯文。猥承有后之庆，恐失无为之理。每因清宴，辄叩玄关，随所意得，遂为笺注。岂成一家之说，但备遗阙之文。今兹绝笔，是询于众，公卿臣庶，道释二门，有能起予类于卜商，针疾同于左氏，渴于纳善，朕所虚怀，苟副斯言，必加厚赏。且如谀臣自圣，幸非此流，悬市相矜，亦云小道，既其不讳，咸可直言。勿为来者所嗤，以重朕之不德。

　　从玄宗御注序言和文本内容来看，妙本（妙本，道之根本，即"道美"）是御注的核心思想，但是并不是所有的注解都是玄宗首创的，而是他在延续前人基础上的改进，尤其汲取了很多成玄英注本的相关内容，不过御注毕竟是以皇帝

119

权力为背景的，基于教化目的的注释才是玄宗的本意所在。
《道德经》御注的针对性很强，几乎把老子的思想都当作治
国理念来阐释，表达的多是玄宗本人的政治见解，同时在三
教汇通的时代格局下，御注表现出了调和儒道的倾向，在注
文中甚至可以找到儒家几乎全部经典的相关内容，透现着浓
厚的道教气息与儒家帝王政治杂糅的特征。不过，妙本概念
的提出，还是玄宗潜意识中主张道教优越性的一个重要表
征，正是通过老子五千余言来作为自身主张的依据。对此，
可以把《道德经》御注归纳为理国和理身两个较为突出的特
点，玄宗没有从虚玄、空洞的哲学角度去注疏，而是从治国
平天下的观念来阐发妙本等问题，避免了较为繁琐的考证。

御注《金刚经》

佛教传入中国后，与本土文化在冲突融合的过程中，经过三四百年的发展，逐渐孕育出了独特的中国佛教，进而对当时的夷夏关系、政教关系和佛道关系产生了巨大影响。唐代前期，除了武则天统治阶段，唐王朝对于佛教的态度总体来讲是有所限制的，不过佛教在当时社会和民众中的影响力大大超过了道教，深刻地改变了唐帝国的信仰世界。佛光照耀下的大唐社会，呈现出五彩缤纷的复杂面相，极大地丰富了中国传统的知识和信仰体系，不管是日常统治还是精神世界，佛教渗透到了社会的方方面面，不断塑造着唐代政治、社会和思想的神圣领域和信仰空间。

佛教规模最巨，信徒数量众多，开元天宝时期唐玄宗对于佛教的态度也有所变化，在前期曾经实行过限制措施，后期则加以控制和利用。开元初年，天下诸州寺院有5358所，是唐初的一倍有余，僧有75524人，尼有50576人，加起来超过了12万，这还只是正式在籍的僧尼情况，加上其他的各类出家者数量就更加庞大了。王法与佛法、政治与经济，息息相关。佛教的势力处于泛滥发展的阶段，对于国家来说产生了不可低估的威胁。唐玄宗即位之后，为了巩固君权加强统治，从政治角度出发实施了全方位的抑佛政策，其措施主要有沙汰僧尼、禁建新寺、纳入国家管理体系、僧尼遵行世俗礼法、僧尼需礼拜父母君亲、禁止僧人和官员交往、禁止俗人铸像抄经等。

先天二年（713），唐玄宗就下令王公大臣不得舍宅为寺。

开元二年（714），姚崇上书建议检括僧尼，并停止道佛营造，玄宗听取了姚崇建议，命有司沙汰天下僧尼，其中私自剃度又还俗的僧尼就超过了12000人。同年，玄宗敕令毁掉信行法师创建的化度寺内的财物、田宅和六畜等，全部散施给京城的众多寺观，并禁止士女捐钱给佛寺供养。这一年，玄宗还令出家僧尼要按照世俗礼节拜敬父母，以儒家孝道的观念来行事，规定"百官不得辄容僧尼道士等至家。缘吉凶要须设斋，皆于州县陈牒寺观，然后依数听去，仍令御史、金吾明加捉搦"，非出家人"州县坊市等不得辄更铸佛、写经为业。须瞻仰尊容者，任就寺拜礼。须经典读诵者，勒于寺赎取"。

开元三年（715），下敕禁断妖讹，禁白衣长发者聚众集结。

开元十一年（723），令检括少林寺以外的天下寺观田产。

开元十二年（724），玄宗实施了对僧尼的考核制度，规定六十岁以下者三年一考，主要考察对经文的掌握程度，考试不合格者要全部还俗。

开元十三年（725），唐廷严厉打击三阶教，销毁其经典，令三阶教的僧侣和别的部派僧人混居，对于其中的个别极端分子还勒令其还俗。

开元十五年（727），下令拆除民间的小型佛堂，不准私自再次营建，"公私望风，凡大屋、大像亦被残毁"。

开元十七年（729），唐玄宗敕令每三年对全国僧尼造册登记，花名册在中央和地方三个机构共同保管，先后把佛教事务交给礼部、鸿胪寺进行具体管理。

开元十九年（731），敕令僧尼不得在世俗家庭和落籍寺院之间随意往来，进一步限制了僧尼的活动范围。

开元二十一年（733），唐玄宗颁发《僧尼拜父母敕》，再次要求僧尼要礼拜父母，以达到拜敬君王的目的，至此唐王朝基本解决了东晋以来僧尼不拜君亲的问题，终结了僧尼不受国家法律约束的特权。

唐玄宗的抑佛政策包含了方方面面，但这并不意味着他全面反对佛教，其实在玄宗的身上呈现出很大的矛盾之处，在严厉打击佛教的同时，也和佛教有着千丝万缕的暧昧情节。在沙汰僧尼的时候，却又敕度僧尼；在禁止建立寺院的同时，自己却又建寺造像；一方面严禁俗人抄经，一方面又支持译经、注经事业；既限制官员和僧尼往来，又和善无畏、金刚智、一行、不空和道氤等沙门关系密切。唐玄宗对佛教态度的改变，密宗起到了关键作用。密宗在开元时期兴起，由于开元三大士的推动，在全社会有了很大的影响。同佛教其他部派相比，密宗注重现实的享乐，提倡纵欲，具有护国佑民的特点，这些都符合达官贵族的生活方式，尤其是密宗中的密经、密咒和密法，与道教的咒语和幻术仪轨有一定相似性，这些都给密宗的流行提供了一定的便利。在密宗大师中，一行和尚即是密宗的组织者，也是我国历史上著名的天文学家，精通历算之术，从开元九年起奉敕编纂《大衍历》，开元十一年又制成浑天仪献上，受到了唐玄宗的敬重信任。尤其是天宝五载，不空大师为玄宗进行了密宗的灌顶仪式，让帝王成为菩萨戒弟子，使得佛教势力进一步高涨起来。总体来看，唐玄宗是尊崇道教的，到了开元后期在控制中给佛教大开方便之门，"道释二门，皆为圣教。义归弘济，理在尊崇"，正体现了玄宗从国家政治出发的考虑，希望佛教处在王权的可控范围之内，把信仰和权力分割开来，对于唐代佛教的平稳发展奠定了基础。

玄宗对于佛教态度的最明显变化，就是开元二十三年御注《金刚经》。在《御注道德经》完成后，高僧大德认识到无所作为的话对于佛教的传播十分不利，所以纷纷上书玄宗，希望佛教也有类似的恩遇，所以玄宗复御注《金刚经》，推行其三教合一的政治观念。至于为何选择了《金刚经》，也许是此经比较适合玄宗的个人喜好，在千秋节（玄宗的诞辰八月五日为千秋节）举行的法会上，设置有金刚无量寿道场，而其延寿的经典信仰就是《金刚般若经》。另外，当时禅宗盛行，《金刚经》篇幅较短，理论浅显易懂，在整个社会上最为流行，几乎每个佛弟子都藏有此书，所以唐玄宗选择了以《金刚经》来进行御注。在御注完成后，还让道氤为之做疏，之后《御注金刚经》及《疏》就正式颁行天下。御注挟帝王权威，当时佛教界云起响应，除了道氤

125

《御注金刚经疏》之外，众多高僧普令宣讲，还衍生出了如《开元皇帝赞金刚经功德》《金刚般若经旨赞》《降魔文》等不同的文本。

　　开元二十三年六月三日，由释门威仪僧思有表请，至九月十五日御注《金刚经》注成，颁布天下，写本入藏，宣付史馆。对于儒释道三教的作用，玄宗在《御注金刚般若经序》中有较为明晰的说明，其言为：

　　　　述作者，明圣之能事也。朕诚寡薄，岂宜空为好古，窃比前□□□□□□□。自为矜饰。盖欲弘奖风教尔。昔岁述《孝经》，以为百行之首，故深覃要旨，冀阐微言，不唯先王至德，实谓君子务本。近又赞《道德经》，伏知圣祖垂教著□□□□□□□□□禀训。况道象使人精神专一，动合无为。凡有以理天下之二经，故不可阙也。今之此注，则顺乎来请。夫众窍并作，鼓之者风也；柤梨相殊，可口者味也。苟在□□□□□□□□□。将助我者，仍问然乎。且圣人设教以尽理，因言以成教。悟教则言可忘，得理而教可遗。同乎大通者，虽分门而一致；攻乎异端者，将易性于多方。谅□

□□□□。意在乎不著人我，不住福德，忘心于三
伐，闲境于六尘。以音声求，如梦幻法。故发菩提
者，趣于中道；习无漏者，名为入流。将会如如，
故须遣遣。□□□□□□同证，皆众妙门，可不美
欤。若文关事迹，理涉名数，注中粗举而未尽明，
及经中梵音应须翻译者，并详诸义诀云。

在当时的士大夫心目中，"佛法宗旨，撮在此经，人间
习传，多所未悟。陛下曲垂圣意，敷演微言，幽阐妙键，豁
然洞达。虽臣等愚昧，本自难晓，伏览睿旨，亦既发明。是
知日月既出，天下普照，诚在此也！陛下至德法天，平分儒
道，已广度其僧，又不违其愿，三教并列，万姓知归"，可
以说《御注金刚经》适应了朝野间的思想诉求，产生了良好
的宣传效果。

《贞元新定释教目录》载："时圣上万枢之暇，注《金
刚经》，至（开元）二十三年著述功毕。释门请立般若经
台，二十七年其功终竟。僧等建百座道场。七月上陈，墨制
依许。八月十日，安国寺开经。九日暮间，西明齐集，十日
迎赴安国道场，讲御注经及《仁王般若》。"《御注金刚
经》完成后，至开元二十七年（739）佛教徒也修建了类似

《御注道德经》石台的般若经台和数百道场宣讲经义，八月十日高僧大德正式在大安国寺宣讲《御注金刚经》。安国寺是最早进行御注宣讲的地方，其寺是长安最重要的寺院之一，由皇家宅邸改建而成，一直受到李唐皇室的关照，同时也是带有浓厚政治色彩的皇家供养寺院，而般若经台也很可能是建立在这里的。

不仅如此，在两年后的开元二十九年（741）二月九日，大安国寺和尚道建受命远赴沙州（今敦煌）主持当地僧人的授戒仪式。作为授戒过程的重要组成部分，他还花了两周时间为大云寺的僧众详尽地讲授了《御注金刚经》《法华经》和《梵网经》三部经书，尤其是对《御注金刚经》的宣讲无疑带有某种政治目的在内，这和武则天在营造女身为帝舆论氛围时给地方发行《大云经疏》的过程如出一辙。道建作为大安国寺僧人前往沙州，一定肩负有官方意志在内，沙州身处丝路交通的核心位置，是中外各种宗教汇集的重要地点，道建到此显然是以皇家代言人的身份进行御注宣传的。这种举措相信在全国范围内都会一一举行，进而促进了《御注金刚经》的传播，强化了民众对帝王的崇敬之感。

《金刚经》，又称《金刚般若波罗蜜经》，本为《大般若经》的第九会《能断金刚分》，全文共三百颂，是《大般若经》核心内涵的浓缩，从南宗禅六祖慧能开始逐渐成为流传最广的大乘佛教经典之一。《金刚经》历史上有九个版本流传，现在只留下了六个文本，分别为姚秦鸠摩罗什译本、北魏菩提流支译本、南陈真谛译本、隋代达摩笈多译本、唐代玄奘译本、唐代义净译本，六个译本中以鸠摩罗什的翻译本影响最大，在目前发现的《金刚经》敦煌写经中占据了绝大多数。在御注发行天下之后，《金刚经》从上层权贵到底层民众都得到了普遍的奉持，原来部派经典的信仰功能几乎被《金刚经》取代了，成为至今普遍诵读的最基本佛教典籍。

《御注金刚经》逐句解释经文，文字扼要简练，不同于僧侣对佛典的义疏方式，玄宗在御注中站在帝王的立场，既有解读，亦有质疑，反映了玄宗本人的理解和认识。御注完成之后，很快就被收入大藏，但之后不久就莫名亡佚了。大安国寺的般若经台随着历史的变迁毁坏无存，幸好《御注金刚经》文本在房山石经中有较完整的保留，另外在敦煌吐鲁番写经中也发现有御注内容的文本。

房山云居寺，坐落在北京市房山区南部，距离北京市中

房山石经《御注金刚经》

心约70千米，依大房山而修筑，环境优美，地势险峻。该寺始建于隋代，坐西朝东，历代续有增葺，中轴线上原有五层院落，六进殿堂。云居寺的创建者是沙门静琬，他是北齐高僧慧思的弟子，圆寂于贞观十三年。静琬在建寺过程中，还继承其师志愿造刻石经，于是因山势凿山开室，勒石镌文，以备法灭。石经山主峰在寺东1.5千米处，海拔500米左右，著名的藏经洞就坐落在山腰，由南而北二列横置，鳞次栉比，九窟成群。开元天宝年间，云居山刻经事业得到了唐玄宗第八妹金仙公主的鼎力支持，"奏圣上赐大唐新旧译经四千余卷，充幽州范阳县为石经本"，又奏赐云居寺周围土地永充供给山门所用。在金仙公主的引领下，地方官员和各地的赞助者不绝于途，石经数量大大增加，这是房山石经刊刻最繁盛的一个阶段。隋唐时期，云居寺所刻石经多呈碑式，尺寸较大，碑阳碑阴两面连续镌刻，没有较为固定的格式。之后各个朝代，云居寺僧侣延续了刻经事业，到清代时刻经达到了1000余种，刻石超过了15000方，可谓是佛教刻经史上的一件奇迹，后人俗称之为一部石刻佛典的《大藏经》。在云居寺藏经洞第八洞中有4块石经，天宝元年（742）八月十五日立，共有8面，每面16行，每行60至66字不等。经文大字书写，注文双行小字，经注虽有部分残泐，但绝大部分保存完好，内容正是唐玄宗《御注金刚般若经并序》。房山本《御注金刚经》现存经注文10033字，其中经文约4140字，注文含序言和尾题约5893字，为我们提供了已经亡佚的御注文本，价值弥足珍贵。

敦煌文书中，英国国家图书馆藏S.2068号写经内容即为《御注金刚经》，文书首尾均有残缺，中间文字存有304行，前28行下半有所残损，从文字篇幅来看，约相当于房山本《御注金刚经》的80％，从字体风格推断书写时间大概在天宝年间。吐鲁番出土文书中，《御注金刚经》残片有三种，分别是德国国家图书馆藏307号和1037号写经、日本京都国立

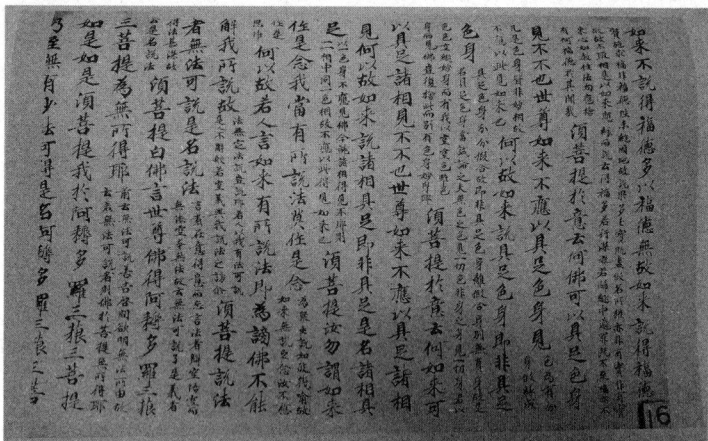

S.2068《御注金刚经》

博物馆藏残片。德藏307号写经只存有3行文字；德藏1037号写经存有11行，前9行上部文字有残缺，后2行下部文字有残损，书写时代待考；日藏残片存4行，上部文字有所残缺，书写时间在8世纪左右。另，旅顺博物馆保存有4件《御注金刚经》残片，均为双行小字挟注形式。

《御注金刚经》的几个存世文本以房山石经本内容最多，不过石经中部多有残缺文字，但是残缺的内容多数在敦煌写经英藏S.2068中可以补充完善，吐鲁番出土三种残片则提供了前面二者缺少的御注开头的部分文字，至此可以大致恢复《御注金刚经》的原始书写面貌。从大安国寺般若经台、房山石经、敦煌吐鲁番写经的情况来看，《御注金刚经》在唐王朝的统治地域内得到了有效地传播和流行，从中亦可以窥视盛唐时期帝王权威在佛教知识领域中的影响力。

唐玄宗《御注金刚经》完成后，又命道氤法师续作《御注金刚般若波罗蜜经宣演》，又可称为《御注金刚经宣演》《金刚经宣演》《注金刚经疏》《金刚宣演疏》或《道氤疏》等，原著分上中下三卷，君唱臣和，丝发纶行。英藏敦煌写经保留有S.588、S.4052等四个编号，法藏敦煌写经保留有P.2113、P.2132、P.2173等六个编号，中国国家图书馆保留有一件写经，加上其他的残本总共有15件《金刚经宣演》写本。英藏S.4052号《金刚经宣演》写经卷末题记为："大历九年六月卅日，于沙州龙兴寺讲必记之。"龙兴寺是敦煌地区佛教僧团的最高管理机构都僧统司的所在地，负责中央和沙州僧侣教务的相关联络事宜，以此来看，此次宣讲活动很可能是官方组织的一次重要的佛教活动。法藏P.2132号《金刚经宣演》写经卷末题记较多，尤其是朱笔题记提供了特别的信息，其文字如下：

> 金刚般若宣演卷下
> 建中四年正月廿日僧义琳写勘记
> （朱）贞元十九年听得一遍
> 又至癸未年十二月一日听第二遍讫
> 庚寅年十一月廿八日听第三遍了
> 义琳听
> 常大德法师说

癸未年即贞元十九年（803），庚寅年即元和五年（810）。P.2132写经约书写于唐代西州（今吐鲁番），文书中的义琳是一个西州僧人，这件《金刚经宣演》写经应该是他从西州带到敦煌去的。义琳在建中四年（783）抄写了道氤

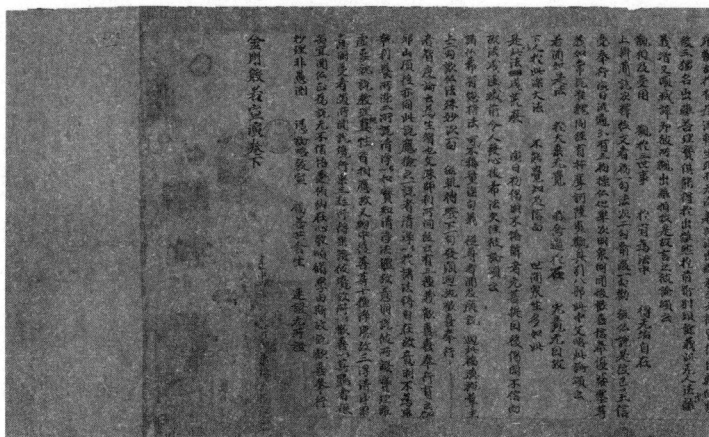

P.2132《金刚经宣演》

《御注金刚经宣演》并进行了校勘，之后他在敦煌每次听讲之后都在卷末增写一条记录，说明在敦煌地区道氤的《金刚经宣演》经常被用来讲说。在英藏和法藏《金刚经宣演》写经中，留下了当时抄写者姓名和时间的题记，有大历九年、建中四年、贞元十九年等不同的年款，从中可以看出道氤《金刚经宣演》在敦煌、吐鲁番等地的流行程度。另外，在《赵城金藏》收录有由三卷本演化而来的六卷本《金刚经宣演》，不过遗憾的是，现在只残留下了第五卷的内容。

《金刚经宣演》，道氤以法相唯识论的观点注疏《御注

135

金刚经》，释文力求详备，逐句进行解说，引用了当时的许多重要经论，保留了大量散佚的重要资料。道氤首先说明了注疏的缘由，并介绍了印度诸多唯识大师的情况，在学术史上颇有意义。他主张以"识心"为体，用"圆成实"来分析识心的属性，进而从各个方面辨析《金刚经》在经藏中的归属问题。道氤在详细解释鸠摩罗什本之后，同时梳理了与其他译本的差异情况，进而说明了《御注金刚经》为何采用鸠摩罗什本的原因。道氤注疏完成后在长安青龙寺宣讲，时称"四海向风，学徒鳞萃，于青龙寺执新《疏》，听者数盈千计，至于西明、崇福二寺。讲堂悉用香泥，筑自水际至于土面，庄严之盛，京中甲焉"，可谓盛况空前。

道氤，长安青龙寺高僧，本为长安人，俗姓长孙，父亲长孙容，母亲马氏。曾应进士科，一举擢第，名喧日下，才调清奇，荣耀亲里。后有一梵僧扣门与道氤辩论，遂生出家之念，乃礼京招福寺慎言律师为师，请益无替。及登戒法，旋学律科，又隶经论，如是内外偕通，供奉于朝廷。后来唐玄宗驾幸洛阳，敕道氤和良秀、法修随驾东都。到洛阳后，召集天下博学之士汇集于东都福先寺，大建论场，道氤被众人推举为首座，于瑜伽、唯识、因明、百法等论，竖立大义六科，与之辩论者茫然不可匹敌。等回到长安后，一行迁神，敕令东宫以下京官九品以上并送至铜人原设斋，大家推举道氤表白，宰相张说看其文章后赞叹说："释门俊彦，宇内罕匹。幸附口录向所导文一本，置于箧筒。"由是道氤的才名与这篇文章流行天下，引起僧俗界的广泛赞扬。开元十八年，唐玄宗在兴庆宫内的花萼相辉楼召集高道大德讨论佛道二教的优劣问题，佛教以道氤为代表，道教以尹谦为代表，道氤引经据典滔滔不绝，尹谦往往词穷疲于应对，玄宗感叹再三赐予道氤绢五百匹，用充法施。唐玄宗在御注《金刚经》过程中有时遇到难以判断之处，也会听取道氤的建议择善而从。有一次他注释到"若有人先世罪业应堕恶道，乃至罪业则为消灭"，文句前后颇有矛盾难解的地方，遂派人召唤道氤入宫提供参考建议，道氤听后对唐玄宗说："佛力经力，十圣三贤，亦不可测。陛下曩于般若会中，闻熏不一，更沈注想，自发现行。"于是玄宗豁然开朗，下笔如神，很快就完成了御注的工作。开元二十八年，道氤病重，唐玄宗遣使问疾送药，倍加关怀，惜医药无效，于八月十二日葬于终南山阴逍遥园侧。

唐玄宗御注三经是国家推进三教合一的最强烈信号，儒释道兼习是隋唐时期士人及其家族的普遍趋向。在三教鼎立的长安社会，僧人和道士之间既有争论教理，也有作诗唱酬的情况。当时僧人和道士的文学修养都很高，他们与文人士大夫诗文会友，品茗话禅，谈仙论道，甚至出现了法云《辩量三教论》、道氤《定三教论衡》一类的著作。许多高官显贵既崇尚道教，也支持佛教的事业发展，其中就以金仙公主为代表。她是一名虔诚的道教信仰者，入道求仙，修建宫观，并以其名号为宫观名称，同时亦支持房山云居寺的刻经活动。长安寺观不仅是僧人、道士的修习之所，还是面向一般民众的公共活动空间，所以汇通三教的思想教化模式，无疑促进了大唐社会的繁荣昌盛，正如张九龄所言："道契无为，思该玄妙，考六经之同异，筌三教之幽赜。将以降照群疑，敷化率土，屏浮词于玉殿，辑精义于金门。一变儒风，再扬道要，凡百士庶，罔不知归。"

唐玄宗分别给儒家、道教和佛教的一部最基本经典做注，然后以皇帝行为颁布天下的做法，无疑是官方意识的表现和指示，以国家名义对经典注释做出选择是学术政治的产物，这是一种权威化和标准化的宣言，其目的是国家想实现思想信仰的重新整合，为大唐社会提供一个稳定的文化建构。御注三经实现了国家权力在学术、文化和知识领域的整合，为政治和现实社会提供了多向互动和融通，为营造一个强大而辉煌的开天盛世提供了思想信仰的关照。

从御注三经本身来看，《御注孝经》是玄宗经过前后两次修改完善注成的，在汲取前人研究的基础上，择其精要，注释得当，是三经注释中水平最高的，最终成为十三经注疏中唯一一部帝王训注的经典。《御注道德经》完成后，玄宗下发群臣广泛听取意见，希望加以补充修订，可以看出这部御注本质上还是一个征求意见稿，其实玄宗本人还是不满意的，不过限于精力和能力问题，最后也没有再进一步的订正文本。《御注金刚经》是在僧侣的请托下花了几个月的时间匆匆而就，在御注三经中是水平最低的一部，可能只是唐玄宗个人读经的一些心得感受，在知识学术上并没有大的建树和发明，所以在安史乱后就很快亡佚了。《孝经》《道德经》和《金刚经》是儒释道三教中文字最简约的经典，却也是从根本上追寻宇宙观念和心灵思想的经典代表，玄宗分别为其训注，是否暗示着整个中国思想史和学术史都将在这个时期发生一个划时代的变化呢？我想，这可能也是后代学者把安史之乱作为中国历史发生转折改变的一个重要原因所在吧。

第三章

石台孝经

SHITAIXIAOJING

孝治天下：修身齐家治国平天下

德之本也：《孝经》的作者、文本与流传

不管何时何地，孝都是一个永恒的主题，根植在每个人的心灵深处。"慈母手中线，游子身上衣。临行密密缝，意恐迟迟归。谁言寸草心，报得三春晖。"孟郊一首《游子吟》流传千古，道出了母爱的无私和伟大，同时也表现出了唐代士人对双亲的孝敬之情。

《孝经》和《论语》，作为儿童启蒙读物，具有塑造士人最基本道德的作用。在历朝历代帝王的推动下，《孝经》在十三经中有着其他经书无法比拟的独特地位，既是儒学的基本经典，也是仕宦科举的必读作品，既是规范人伦纲常的要籍，也是流行最广的教化读本。《孝经》在东亚文化圈内，不断地传播光大，大约在汉武帝时期传入朝鲜半岛，在梁武帝时传到了日本列岛，后来大约在十八世纪初年传到了欧洲，是中国古代典籍在世界范围内流布最广的一部。

那么，《孝经》的作者到底是何人呢？关于这个似乎不是问题的问题，历史上争论纷纭，众多学者各持己见，一直

延续到了今天。纵观大家的意见，总共有八种不同的说法：

一、班固在《汉书·艺文志》中说《孝经》乃孔子所作。

二、司马迁在《史记》里主张《孝经》作者是曾子。

三、宋儒认为《孝经》作者是曾子的门人。

四、宋儒还有坚持《孝经》是子思所作的意见，当今持这种观点者不乏少数。

五、司马光指出《孝经》作者是孔子的门人，当然曾子的门人也可以算是孔子广义的门徒。

六、朱熹则以为《孝经》具体作者不明，可能是齐鲁之地的儒生所作。

七、在古史辩派兴起后，近代学者说《孝经》是孟子的门人所作。

八、有清人认为《孝经》并不是先秦典籍，而是汉儒所作。

从历代文献记载和出土简帛情况来看，《孝经》无疑是先秦典籍，在《吕氏春秋·察微篇》中引到："《孝经》曰：'高而不危，所以长守贵也。满而不溢，所以长守富也。富贵不离其身，然后能保其社稷，而和其民人。'"这是《孝经》诸侯章第三篇中的原文，同时《吕氏春秋》还有

孔子像

未明确注明引自《孝经》的文字，这些都证明最迟在《吕氏春秋》成书时，《孝经》已经正式成书并流布开了，其正式形成时间当不晚于战国公元前241年。

作者的概念是从魏晋以来才形成的，先秦时期"古书不题撰人"，就是说《汉书·艺文志》书题中的人名多以姓氏称，这种做法主要是解释不同书籍的家法情况，题目之下才开始对其名字、时地等信息进行说明。在轴心时代作者指的是思想的创造者，"作"主要是思考和阐发；述者则是指继承发展这些思想的人，"述"主要是解释记录和编辑，可以口述也可以是笔述，所以孔子有言"述而不作"，这是中国古代"作者"词义的基本内涵。在古代士人的观念中，道胜于言，人胜于书，作胜于述，从我们今天的理解来落实著作权的话，作者编者经常是混同不分的，不过要是从先秦时期知识结构来看的话，《孝经》的作者问题就很明确了。《论语》并非孔子书写，而是其弟子门人所整理的孔子言论，但《论语》出于孔子是古今一致的观点，这正是先秦典籍中师弟相传的特征，并非由某个人具体完成的。与《论语》类似，《孝经》记载了孔子向弟子曾参讲述孝道的言论，最早孔子的讲述可能比较口语化，系统性较差，经过曾参弟子等人的记录和整理，甚至还会对文字进行一定的加工和润色，从这个意义上来讲，孔子、曾参和他的弟子都应该是《孝经》一书的"作者"，当然孔子的作用是第一位的，所以汉唐知识人皆说《孝经》为孔子所作。

《孝经》称"经"，这和一般习惯上的"六经"不同。在春秋战国时代，"经"指的是常道、原则和方法的意思，当时有许多种不同的经，如《山海经》《墨经》等，而《孝经》就是阐释"关于孝的道理"和"实行孝的方法"的书籍。而《诗》《书》《礼》《易》《乐》《春秋》称为六经，则是汉人把儒家著作奉为经典后加上去的说法，以致后来提起"经"来，人们首先想到的就是这六经。《孝经》在战国时期成书时就叫作"经"了，这和后来儒家其他经有性质上的差异，汉武帝立五经博士后，五经独称"经"，后来复有七经、九经等名称，佛道经典亦以经名，其实都是从《孝经》之名沿袭而来。

战国时期，秦用籀文六国用古文，而先秦典籍多以古文书写。在秦朝禁绝经典之后，到了汉代重新发现了古文经典，称之为"古文本"；而当时人们多不认识古文，所以就出现了用小篆或隶书书写经典的文本，这就是"今文本"。在汉代没有统一的经典文本，大家根据自己的情况来选择古文本或今文本来学习传承，从而形成了今古文之别。《孝经》也是如此，最后今文以郑玄注最为著名，古文以孔安国传最具代表，形成了《孝经》学史上的大论争。从汉代到南北朝，《孝经》的今古文之争一直存在，二者经文各异，注解大为不同。到了唐玄宗开元七年终于发生了激烈的辩论，最后玄宗以今文十八章为本，采《古文孝经》之言，参用孔传和郑注，杂糅汉唐之间的诸家旧注，又加己意重新注疏，前后两次修订完善，最终形成了归于一统的《御注孝经》文本。宋代以后，《孝经》以今文本占据了主导地位，但古文本一直还有流传。

　　《孝经》今文十八章，按照思想内容可以分成三个部分：第一章到第六章是孝道理论部分的阐释；第十章、第十五章和第十八章是孝道实践的内容；第七章到第九章、第十一章到第十四章、第十六章和第十七章属于孝治天下的内容，主要论述孝与政治的关系，是全书核心思想的一个体现。孔子志在《春秋》，行在《孝经》。《孝经》一开始就不是单纯的个人行为，而是作为孔子为后世立法的一种规范，孔子不想具体地教导人们怎么行孝，而是要以孝道为道德准则，构建起一个联系上下不同等级之人群的政治秩序，进而达到天下大治的目的。

　　唐玄宗前后两次御注《孝经》，从文字上来看变化并不

曰夫孝德之本也　人之行莫大於　教之

孝故為德本也

所由生也　言教從孝　復坐吾語汝　曾參　起對

故使　身體髮膚受之父母不敢毀傷孝

復坐

之始也　父母全而生之已當全　而歸之故不敢毀傷也　立身行

道揚名於後世以顯父母孝之終也　言　能

立身行此孝道自然光榮其親故

行孝以不毀為先以揚名為後也　夫孝

開元注孝経

开元本《御注孝经》

是很大，但是一字一词的改动都深刻地影响着对《孝经》的理解。古代经书的训注，个别文字的差异，可能就表达着不同的含义，可以说每个注文都十分重要，开元本《御注孝经》流传不广，为了更好地理解唐玄宗《御注孝经》的文本变化及其影响，兹以《古逸丛书》和石台孝经为据，把两次注本整理如下，以便阅读感悟，其中唐玄宗的御注在括号内表示。

开宗明义章第一

[开元本] 仲尼居，（仲尼，孔子字。居，谓闲居也。）曾子侍。（曾子，孔子弟子。侍，谓侍坐也。）子曰："先王有至德要道，以顺天下，民由和睦，上下无怨。（孝者，德之至、道之要也。言先代圣德之王，能顺天下人心，行此至要之化，则上下臣人，和睦无怨也。）汝知之乎？"曾子避席曰："参不敏，何足以知之？"（参，曾子名也。礼：师有问，避席起答也。敏，达也。言参不达也，何以足知此至要之义也。）子曰："夫孝，德之本也，（人之行，莫大于孝，故为德本也。）教之所由生也。（言教从孝而生也。）复坐，吾语汝。（曾参起对，故使复坐。）身体发肤，受之父母，不敢毁伤，孝之始也。（父母全而生之，己当

全而归之，故不敢毁伤也。）立身行道，扬名于后世，以显父母，孝之终也。（言能立身行此孝道，自然光荣其亲，故行孝以不毁为先，以扬名为后也。）夫孝，始于事亲，中于事君，终于立身。（言行孝以事亲为始，事君为中，孝道著，乃能扬名荣亲，故曰"终于立身"也。）《大雅》云："无念尔祖，聿循厥德。"（《诗·大雅》也。无念，念也。聿，述也。厥，其也。义取恒念先祖，述循其德也。）

[天宝本]　仲尼居，（仲尼，孔子字。居，谓闲居。）曾子侍。（曾子，孔子弟子。侍，谓侍坐。）子曰："先王有至德要道，以顺天下，民用和睦，上下无怨。（孝者，德之至、道之要也。言先代圣德之主，能顺天下人心，行此至要之化，则上下臣人，和睦无怨。）汝知之乎？"曾子避席曰："参不敏，何足以知之？"（参，曾子名也。礼：师有问，避席起答。敏，达也。言参不达，何足知此至要之义。）子曰："夫孝，德之本也，（人之行，莫大于孝，故为德本。）教之所由生也。（言教从孝而生。）复坐，吾语汝。（曾参起对，故使复

石台孝经南面

非先王之法服不敢服，非先王之法言不敢道，非先王之德行不敢行。是故非法不言，非道不行，口无择言，身无择行。言满天下无口过，行满天下无怨恶，三者备矣，然后能守其宗庙，盖卿大夫之孝也。诗云：夙夜匪懈，以事一人。

士章第五

资于事父以事母，而爱同；资于事父以事君，而敬同。故母取其爱，而君取其敬，兼之者父也。故以孝事君则忠，以敬事长则顺。忠顺不失，以事其上，然后能保其禄位，而守其祭祀，盖士之孝也。诗云：夙兴夜寐，无忝尔所生。

庶人章第六

用天之道，分地之利，谨身节用，以养父母，此庶人之孝也。故自天子至于庶人，孝无终始，而患不及者，未之有也。

三才章第七

曾子曰：甚哉，孝之大也。子曰：夫孝，天之经也，地之义也，民之行也。天地之经，而民是则之。则天之明，因地之利，以顺天下，是以其教不肃而成，其政不严而治。先王见教之可以化民也，是故先之以博爱，而民莫遗其亲；陈之以德义，而民兴行；先之以敬让，而民不争；导之以礼乐，而民和睦；示之以好恶，而民知禁。诗云：赫赫师尹，民具尔瞻。

孝治章第八

子曰：昔者明王之以孝治天下也，不敢遗小国之臣，而况于公、侯、伯、子、男乎，故得万国之欢心，以事其先王。治国者，不敢侮于鳏寡，而况于士民乎，故得百姓之欢心，以事其先君。治家者，不敢失于臣妾，而况于妻子乎，故得人之欢心，以事其亲。夫然，故生则亲安之，祭则鬼享之，是以天下和平，灾害不生，祸乱不作。故明王之以孝治天下也如此。诗云：有觉德行，四国顺之。

圣治章第九

曾子曰：敢问圣人之德，无以加于孝乎？子曰：天地之性，人为贵。人之行，莫大于孝。孝莫大于严父，严父莫大于配天，则周公其人也。昔者周公郊祀后稷以配天，宗祀文王于明堂以配上帝。是以四海之内，各以其职来祭。夫圣人之德，又何以加于孝乎？

石台孝经西面

151

石台孝经北面

石台孝经东面

坐。）身体发肤，受之父母，不敢毁伤，孝之始
也。（父母全而生之，已当全而归之，故不敢毁
伤。）立身行道，扬名于后世，以显父母，孝之终
也。（言能立身行此孝道，自然名扬后世，光荣其
亲。故行孝以不毁为先，扬名为后。）夫孝，始于
事亲，中于事君，终于立身。（言行孝以事亲为
始，事君为中，忠孝道著，乃能扬名荣亲，故曰"终
于立身"也。）《大雅》云："无念尔祖，聿修厥
德。"（《诗·大雅》也。无念，念也。聿，述
也。厥，其也。义取恒念先祖，述修其德。）

按：本章主要是阐释孝的宗旨和根本大义，在宏观上对
孝进行解释和规范。孝之为孝，教化之本，从侍亲、事君到
立身，说明了孝在不同阶段的主要表现及其特征。天宝本与
开元本相比，主要删去了一些虚词，同时加重了对"名扬后
世"的强调。

天子章第二

[开元本]　子曰："爱亲者，不敢恶于人；（博
爱也。）敬亲者，不敢慢于人。（广敬也。）爱敬
尽于事亲，而德教加于百姓，刑于四海。（刑，法

也。若行博爱广敬之道，使人皆不慢恶其亲，则德教加被天下，当为四夷之所法则也。）盖天子之孝也。（盖，犹略。孝道广大，此略言也。）《甫刑》云：'一人有庆，兆民赖之。'"（《甫刑》，即《尚书·吕刑》也。一人，天子也。庆，善也。十亿曰兆也。义取也天子行孝，兆人皆赖其善也。）

[天宝本] 子曰："爱亲者，不敢恶于人；（博爱也。）敬亲者，不敢慢于人。（广敬也。）爱敬尽于事亲，而德教加于百姓，刑于四海。（刑，法也。君行博爱广敬之道，使人皆不慢恶其亲，则德教加被天下，当为四夷之所法则也。）盖天子之孝也。（盖，犹略也。孝道广大，此略言之。）《甫刑》云：'一人有庆，兆民赖之。'"（《甫刑》，即《尚书·吕刑》也。一人，天子也。庆，善也。十亿曰兆。义取天子行孝，兆人皆赖其善。）

按：孝对于所有人而言，既有共同的要求，也根据等级的差异而分为五种，即天子之孝、诸侯之孝、卿大夫之孝、士人之孝和庶人之孝。本章主要论述天子之孝的基本表现，博爱、关怀天下万民，是四夷民众的榜样和典范。天宝本与

155

开元本相比，主要删去了一些虚词"也"，同时修改了个别文字加大了对君的强调。

诸侯章第三

[开元本] 在上不骄，高而不危；（诸侯，列国之君，贵在人上，可谓高矣。而能不骄，则免危矣。）制节谨度，满而不溢。（费用约俭，谓之制节。慎行礼法，谓之谨度。无礼为骄，奢泰为溢矣。）高而不危，所以长守贵也。满而不溢，所以长守富也。富贵不离其身，然后能保其社稷，而和其民人。（列国皆有社稷，其君主而祭之。言富贵常在其身，则长为社稷之主，而人自和平矣。）盖诸侯之孝也。《诗》云："战战兢兢，如临深渊，如履薄冰。"（战战，恐惧也。兢兢，戒慎也。临深恐坠也，履薄恐陷也，义取为君恒慎戒惧也。）

[天宝本] 在上不骄，高而不危；（诸侯，列国之君，贵在人上，可谓高矣。而能不骄，则免危也。）制节谨度，满而不溢。（费用约俭，谓之制节。慎行礼法，谓之谨度。无礼为骄，奢泰为溢。）高而不危，所以长守贵也。满而不溢，所以长守富也。富贵不离其身，然后能保其社稷，而和

其民人。（列国皆有社稷，其君主而祭之。言富贵常在其身，则长为社稷之主，而人自和平也。）盖诸侯之孝也。《诗》云："战战兢兢，如临深渊，如履薄冰。"（战战，恐惧。兢兢，戒慎。临深恐坠，履薄恐陷，义取为君恒须戒慎。）

按：周代实行分封政策，诸侯为封国之君，具有很强的独立性。正因如此，诸侯之孝更要戒骄戒躁，常怀敬畏之心，安心守民，和悦百姓，永保社稷长久安泰。天宝本与开元本相比，主要删去了语气词"也"，另外还有把"矣"改做"也"的现象，主要是对最后一句的注解文字有所修正。

卿大夫章第四

[开元本]　非先王之法服不敢服，（服者，身之表也。先王制五服，各有等差。言卿大夫遵守礼法，不敢僭上逼下也。）非先王之法言不敢道，非先王之德行不敢行。（法言，谓礼法之言。德行，谓道德之行。若言非法、行非德，则亏孝道，故不敢为也。）是故非法不言，非道不行；（言必合法，行必顺道。）口无择言，身无择行。（言行皆合于法道，所以无可择。）言满天下无口过，行满

天下无怨恶。（礼法之言，焉有口过。道德之行，
自无怨恶。）三者备矣，然后能守其宗庙。（三
者，服言行也。礼：卿大夫立三庙，以奉先祖。言
能备此三者，则能长守宗庙之祭也。）盖卿、大夫
之孝也。《诗》云："夙夜匪懈，以事一人。"（夙，
早也。懈，惰也。义取为卿大夫能早夜不惰，敬事
其君也。）

[天宝本]　非先王之法服不敢服，（服者，身之
表也。先王制五服，各有等差。言卿大夫遵守礼
法，不敢僭上逼下。）非先王之法言不敢道，非先
王之德行不敢行。（法言，谓礼法之言。德行，谓
道德之行。若言非法、行非德，则亏孝道，故不敢
也。）是故非法不言，非道不行；（言必合法，行
必顺道。）口无择言，身无择行。（言行皆遵法
道，所以无可择也。）言满天下无口过，行满天下
无怨恶。（礼法之言，焉有口过。道德之行，自无
怨恶。）三者备矣，然后能守其宗庙。（三者，服
言行也。礼：卿大夫立三庙，以奉先祖。言能备此
三者，则能长守宗庙之祀。）盖卿、大夫之孝也。
《诗》云："夙夜匪懈，以事一人。"（夙，早也。

懈，惰也。义取为卿大夫能早夜不惰，敬事其君也。）

按：卿、大夫是治理国家的具体执行者，卿一般指上大夫，大夫指的是下大夫，统称表示国家的高低级官员。正因为卿大夫是各种政策方针的实施人员，需要和不同等级的人群打交道，所以对于他们而言，行为规范、言行衣冠都需要符合礼仪要求，为民众做表率，所以卿大夫之孝以合乎礼制为先。天宝本注文中，玄宗改"合"为"遵"，暗示着他孝道观的某些改变。

士章第五

[开元本] 资于事父以事母，而爱同；资于事父以事君，而敬同。（资，取也。言爱父与母同，敬父与君同也。）故母取其爱，而君取其敬，兼之者父也。（兼谓有母之爱，有君之敬。）故以孝事君则忠，（移事父孝以事君，则为忠矣。）以敬事长则顺。（移事兄敬以事于长，则为顺矣。）忠顺不失，以事其上，然后能保其禄位，而守其祭祀。（能尽忠顺以事君长，则常安禄位，永守祭祀也。）盖士之孝也。《诗》云："夙兴夜寐，无忝尔所生。"（忝，

辱也。所生，谓父母也。义取早起夜寐，无辱其亲也。）

[天宝本] 资于事父以事母，而爱同；资于事父以事君，而敬同。（资，取也。言爱父与母同，敬父与君同。）故母取其爱，而君取其敬，兼之者父也。（言事父兼爱与敬也。）故以孝事君则忠，（移事父孝以事于君，则为忠矣。）以敬事长则顺。（移事兄敬以事于长，则为顺矣。）忠顺不失，以事其上，然后能保其禄位，而守其祭祀。（能尽忠顺以事君长，则常安禄位，永守祭祀。）盖士之孝也。《诗》云："夙兴夜寐，无忝尔所生。"（忝，辱也。所生，谓父母也。义取早起夜寐，无辱其亲也。）

按：士人，既包含有低级官吏，更多的是指各种知识分子和特殊技能者，是社会上最活跃、最庞大的一类人群。他们游走列国，深入民间，对于他们而言，亲族和国家的归属感极为重要，所以对于士人之孝以忠顺为要。天宝本与开元本相比，注文中虚词有所删除，主要是对"兼"字一句修改文本较大，体现了迥异的思想倾向。

庶人章第六

[开元本]　用天之道，（春生、夏长、秋收、冬藏，举事顺时，此用天道也。）分地之利，（分别五土，视其高下，各尽所宜，此分地利也。）谨身节用，以养父母。（身恭谨，则远耻辱。用节省，免饥寒。公赋既免，则私养不阙也。）此庶人之孝也。（庶人为孝，唯此而已也。）故自天子至于庶人，孝无终始，而患不及者，未有也。（始自天子，终于庶人，尊卑虽殊，孝道同致，而患不能及者，未有也。言无此理，故曰"未有"也。）

[天宝本]　用天之道，（春生、夏长、秋收、冬藏，举事顺时，此用天道也。）分地之利，（分别五土，视其高下，各尽所宜，此分地利也。）谨身节用，以养父母。（身恭谨，则远耻辱。用节省，则免饥寒。公赋既充，则私养不阙。）此庶人之孝也。（庶人为孝，唯此而已。）故自天子至于庶人，孝无终始，而患不及者，未之有也。（始自天子，终于庶人，尊卑虽殊，孝道同致，而患不能及者，未之有也。言无此理，故曰"未有"。）

按：庶人指的是国家的自由民，主要人群是自耕农，不包含奴婢等。庶民是国家的被统治者，也是国家的主要生产者，对于他们来说，孝道之重就在于遵守国家法律制度，赡养父母，为家庭和国家提供供养、赋税等责任和义务。天宝本与开元本相比，删去了一些语气词，主要是对公赋之解，天宝本改"免"为"充"，注文意义有所不同。

三才章第七

[开元本] 曾子曰："甚哉，孝之大也。"（参闻行孝，无限高卑，始知孝之为大也。）子曰："夫孝，天之经也，地之义也，民之行也。（经，常也。利物为义。孝为百行之首，人之恒德，若三辰运天而有常，五土分地而为义也。）天地之经，而民是则之。（天有常明，地有常利，言人法则天地，亦以孝为常行也。）则天之明，因地之利，以顺天下。是以其教不肃而成，其政不严而治。（法天明以为常，因地利以行义。顺此以施政教，则不待严肃而成理也。）先王见教之可以化民也，（见因天地教化人之易也。）是故先之以博爱，而民莫遗其亲。（君爱其亲，则人化之，无有遗其亲者也。）陈之以德义，而民兴行。（陈说德义之美，

为众所慕，则人起心之行也。）先之以敬让，而民不争；（君行敬让，则人化而不争。）导之以礼乐，而民和睦；（礼以检其迹，乐以正其心，则人和睦也。）示之以好恶，而民知禁。（示好以引之，示恶以止之，则人知有禁令，不敢犯。）《诗》云：'赫赫师尹，民具尔瞻。'"（赫赫，明盛貌也。尹氏为大师，周之三公也。义取大臣助君行化，人皆瞻之也。）

[天宝本] 曾子曰："甚哉，孝之大也。"（参闻行孝，无限高卑，始知孝之为大也。）子曰："夫孝，天之经也，地之义也，民之行也。（经，常也。利物为义。孝为百行之首，人之恒德，若三辰运天而有常，五土分地而为义也。）天地之经，而民是则之。（天有常明，地有常利，言人法则天地，亦以孝为常行也。）则天之明，因地之利，以顺天下。是以其教不肃而成，其政不严而治。（法天明以为常，因地利以行义。顺此以施政教，则不待严肃而成理也。）先王见教之可以化民也，（见因天地教化人之易也。）是故先之以博爱，而民莫遗其亲。（君爱其亲，则人化之，无有遗其亲

者。）陈之以德义，而民兴行。（陈说德义之美，为众所慕，则人起心而行之。）先之以敬让，而民不争；（君行敬让，则人化而不争。）导之以礼乐，而民和睦；（礼以检其迹，乐以正其心，则和睦矣。）示之以好恶，而民知禁。（示好以引之，示恶以止之，则人知有禁令，不敢犯也。）《诗》云：'赫赫师尹，民具尔瞻。'"（赫赫，明盛貌也。尹氏为太师，周之三公也。义取大臣助君行化，人皆瞻之也。）

按：三才，天地人之称。孔子以为孝合乎天道，符合天地的运行规律和人类本身的行为准则，以孝治来处理国家和个人之间的关系，以德教感化民众，达到不治而治的治理效果，形成了后来历史上孝治天下的基本观念。两个文本比较，语气虚词既有删减，也有增加，其他注文变化不大。

孝治章第八

[开元本] 子曰："昔者明王之以孝治天下也，（言先代圣明之主，以至德要道化人，是为孝理也。）不敢遗小国之臣，而况于公、侯、伯、子、男乎？（小国之臣，至卑者耳。主尚接之以

礼，况于五等诸侯，是广教也。）故得万国之欢心，以事其先王。（万国，举其多也。言行孝道以理天下，皆得欢心，则各以其职来助祭也。）治国者，不敢侮于鳏寡，而况于士民乎？（理国，谓诸侯也。鳏寡，国之微者，君尚又不敢轻侮，无知礼义之士乎也？）故得百姓之欢心，以事其先王。（诸侯能行孝理，得所统之欢心，则皆恭事助其祭享也。）治家者，不敢失于臣妾之心，而况于妻子乎？（理家，谓卿大夫。臣妾，家之贱者。妻子，家之贵者也。）故得人之欢心，以事其亲。（卿大夫位以材进，受禄养亲者，若能孝理其家，则得小大人之欢心，助其奉养也。）夫然，故生则亲安之，祭则鬼享之，（夫然者，然上孝理皆得欢心，则存安其荣，没享其祭也。）是以天下和平，灾害不生，祸乱不作。（上敬下欢，存安没享，人由和睦，以致太平，则灾害祸乱无因而起也。）故明王之以孝治天下也如此。（言明王以孝为理，则诸臣以下化而行之，故致如此福应也。）《诗》云：'有觉德行，四国顺之。'"（觉，大也。义取天子有大德行，则四方之国顺之行也。）

[天宝本] 子曰："昔者明王之以孝治天下也，（言先代圣明之王，以至德要道化人，是为孝理。）不敢遗小国之臣，而况于公、侯、伯、子、男乎？（小国之臣，至卑者耳。主尚接之以礼，况于五等诸侯，是广敬也。）故得万国之欢心，以事其先王。（万国，举其多也。言行孝道以理天下，皆得欢心，则各以其职来助祭也。）治国者，不敢侮于鳏寡，而况于士民乎？（理国，谓诸侯也。鳏寡，国之微者，君尚又不敢轻侮，况知礼义之士乎？）故得百姓之欢心，以事其先君。（诸侯能行孝理，得所统之欢心，则皆恭事助其祭亨也。）治家者，不敢失于臣妾，而况于妻子乎？（理家，谓卿大夫。臣妾，家之贱者。妻子，家之贵者。）故得人之欢心，以事其亲。（卿大夫位以材进，受禄养亲，若能孝理其家，则得小大之欢心，助其奉养。）夫然，故生则亲安之，祭则鬼亨之，（夫然者，然上孝理皆得欢心，则存安其荣，没亨其祭。）是以天下和平，灾害不生，祸乱不作。（上敬下欢，存安没亨，人用和睦，以致太平，则灾害祸乱无因而起。）故明王之以孝治天下也如此。（言

明王以孝为理，则诸臣以下化而行之，故致如此福应。）《诗》云：'有觉德行，四国顺之。'"（觉，大也。义取天子有大德行，则四方之国顺而行之。）

按：本章是上一章孝治天下的具体说明和论述，从治国、治家两个大的层面做出规范，把五等之孝和家、国结合起来，最后达到天下治理的效果。天宝本比开元本，删去了一些语气虚词，个别文字有所调整，行文更简洁明快。天宝本之"亨"字，当为"享"字之异体。

圣治章第九

[开元本] 曾子曰："敢问圣人德，无以加于孝乎？"（参闻孝理以致和平，又问德教更有大于孝否也。）子曰："天地之性，人为贵。（贵其异于万物也。）人之行，莫大于孝。（孝者，德之本也。）孝莫大于严父，（万物资始于乾，人伦资父为天，故孝行之大莫过尊严其父也。）严父莫大于配天，则周公其人也。（谓父为天，虽无贵贱，然以父配天之礼始自周公，故曰"其人"也。）昔者，周公郊祀后稷以配天，（后稷，周之始祖也。

167

郊，谓圆丘祀天也。周公摄政，因行郊天之祭，乃尊始祖以配之也。）宗祀文王于明堂，以配上帝。（明皇，天子布政之宫也。周公因祭五方上帝于明堂，乃尊文王祖以配之也。）是以四海之内，各以其职来祭。（君行严配之礼，则德教刑于四海，四海内诸侯各修其职来助祭也。）夫圣人之德，又何以加于孝乎？（言无大于孝者也。）故亲生之膝下，以养父母曰严。（言子孩幼养于父母膝下，即须教之，使为则为止，则止视无，谁听不倾，提则捧手，对则掩口，故曰渐加严敬也。）圣人因严以教敬，因亲以教爱。（父子之道，简则慈孝。不接狎则，怠慢生焉。故出以就传，趋而过庭，以教敬也。抑搔痒痛、悬衾簇枕以教爱也。）圣人之教，不肃而成，其政不严而治，（圣人顺群心以行爱敬，制礼则以施政教，故亦不待严肃而成理也。）其所因者本也。（本谓孝也。）父子之道，天性也，君臣之义也。（父子之道，自然孝慈，本于天性，生爱敬之心，加以尊严，又有君臣之义也。）父母生之，续莫大焉。（父母生子，传体相续，人伦之道，莫大于斯也。）君亲临之，厚无重焉。（谓父为君，以临于己，恩义之厚，莫重于斯也。）故不爱其亲而爱他人者，谓之悖德；不敬其亲而敬他人者，谓之悖礼。（言尽爱敬之道，然后施教于人，违此则于德礼为悖也。）以顺则逆，民无则焉。（行教以顺民心，今自逆之，则下无所法则之也。）不在于善，而皆在凶德，（善，谓身行爱敬也。凶，谓悖其德礼也。）虽得志之，君子不贵。（言悖其德礼，虽得志于人上，君子不贵也。）君子则不然，（不悖德礼也。）言思可道，行思可乐，（思可道而后言，人必信也。思可乐而后行，人必悦也。）德义可尊，作事可法，（立德行义，不违道正，故可尊也。制作事业，动得物宜，故可法之也。）容止可观，进退可度，（容止，威仪也。必合规矩，则可观也。进退，动静也。不越礼法，故可度也。）以临其民。是以其民畏而爱之，则而象之。（君行六事，临莅其人，则下畏其威、爱其德，皆放象于君也。）故能成其德教，而行其政令。（上正身以率下，下顺上而法之，则德教成，政令行也。）《诗》云：'淑人君子，其仪不忒。'"（淑，善也。忒，差也。义取君子威仪不差，为人法则也。）

[天宝本] 曾子曰："敢问圣人之德，无以加于孝乎？"（参闻明王孝理以致和平，又问圣人德教更有大于孝不。）子曰："天地之性，人为贵。（贵其异于万物也。）人之行，莫大于孝。（孝者，德之本也。）孝莫大于严父，（万物资始于乾，人伦资父为天，故孝行之大莫过尊严其父也。）严父莫大于配天，则周公其人也。（谓父为天，虽无贵贱，然以父配天之礼始自周公，故曰"其人"也。）昔者，周公郊祀后稷以配天，（后稷，周之始祖也。郊，谓圆丘祀天也。周公摄政，因行郊天之祭，乃尊始祖以配之也。）宗祀文王于明堂，以配上帝。（明堂，天子布政之宫也。周公因祀五方上帝于明堂，乃尊文王以配之也。）是以四海之内，各以其职来祭。（君行严配之礼，则德教刑于四海。海内诸侯，各修其职来助祭也。）夫圣人之德，又何以加于孝乎？（言无大于孝者。）故亲生之膝下，以养父母日严。（亲，犹爱也。膝下，谓孩幼之时也。言亲爱之心，生于孩幼。比及年长，渐识义方，则日加尊严，能致敬于父母也。）圣人

因严以教敬，因亲以教爱。（圣人因其亲严之心，敦以爱敬之教，故出以就传，趋而过庭，以教敬也。抑搔痒痛、悬衾箧枕以教爱也。）圣人之教，不肃而成，其政不严而治，（圣人顺群心以行爱敬，制礼则以施政教，亦不待严肃而成理也。）其所因者本也。（本谓孝也。）父子之道，天性也，君臣之义也。（父子之道，天性之常，加以尊严，又有君臣之义。）父母生之，续莫大焉。（父母生子，传体相续，人伦之道，莫大于斯。）君亲临之，厚莫重焉。（谓父为君，以临于己，恩义之厚，莫重于斯。）故不爱其亲而爱他人者，谓之悖德；不敬其亲而敬他人者，谓之悖礼。（言尽爱敬之道，然后施教于人，违此则于德礼为悖也。）以顺则逆，民无则焉。（行教以顺人心，今自逆之，则下无所法则也。）不在于善，而皆在于凶德，（善，谓身行爱敬也。凶，谓悖其德礼也。）虽得之，君子不贵也。（言悖其德礼，虽得志于人上，君子之不贵也。）君子则不然，（不悖德礼也。）言思可道，行思可乐，（思可道而后言，人必信也。思可乐而后行，人必悦也。）德义可尊，作事可法，（立

171

德行义，不违道正，故可尊也。制作事业，动得物宜，故可法也。）容止可观，进退可度，（容止，威仪也。必合规矩，则可观也。进退，动静也。不越礼法，故可度也。）以临其民。是以其民畏而爱之，则而象之。（君行六事，临抚其人，则下畏其威、爱其德，皆放象于君也。）故能成其德教，而行其政令。（上正身以率下，下顺上而法之，则德教成，政令行也。）《诗》云：'淑人君子，其仪不忒。'"（淑，善也。忒，差也。义取君子威仪不差，为人法则。）

按：在讲述如何利用孝道使国家治理的时候，本章通过对周公所作所为的分析，指出人之所以为人在于孝，孝顺父母，合乎天道，进而延伸到国家治理的层面，隐含着忠君观念的培养，从而让君子能够在道德教化中推行国家的政令和措施。圣治章是《孝经》文字最长的几章之一，注解亦较多，集中体现了唐玄宗孝治天下的观念，尤其对于几句注文的大幅度修改，体现了他在开元和天宝时期不同的思想倾向。开元本之"皇"字，乃"堂"字之误；"惑"字，乃"忒"字之误。开元本保留了较多古文《孝经》之文字，值得引起注意。

纪孝行章第十

[开元本]　子曰："孝子之事亲也，居则致其敬，（平居必尽其敬也。）养则致其乐，（就养能致其欢。）病则致其忧，（色不溢容，行不正履也。）丧则致其哀，（擗踊哭泣，尽其哀情也。）祭则致其严，（斋戒沐浴，明发不寐也。）五者备矣，然后能事亲。（五者阙一，则未为能也。）事亲者，居上不骄，为下不乱，在丑不争。（丑，众也。争，兢也。）居上而骄则亡，为下而乱则刑，在丑争则兵。（将为兵刃所及也。）三者不除，虽日用三牲之养，犹为不孝也。"（三牲，太牢也。孝以不毁为先，言上三事皆可亡身，而不除，虽之日致太牢之养，固非孝。）

[天宝本]　子曰："孝子之事亲也，居则致其敬，（平居必尽其敬。）养则致其乐，（就养能致其欢。）病则致其忧，（色不满容，行不正履。）丧则致其哀，（擗踊哭泣，尽其哀情。）祭则致其严，（斋戒沐浴，明发不寐。）五者备矣，然后能事亲。（五者阙一，则未为能。）事亲者，居上不骄，（当庄敬以临下也。）为下不乱，（当恭谨以

173

奉上也。）在丑不争。（丑，众也。争，兢也。当和顺以从众也。）居上而骄则亡，为下而乱则刑，在丑而争则兵。（谓以兵刃相加。）三者不除，虽日用三牲之养，犹为不孝也。"（三牲，太牢也。孝以不毁为先，言上三事皆可亡身，而不除之，虽日致太牢之养，固非孝也。）

按：百行孝为先，尤其对于子女而言，何为孝，怎么做才是真正的孝？本章从五要三戒来说明子女之孝的各种要求和规范，基本的生活保障、符合环境的心情、精神思想的状态，从物质到精神层面都是需要我们认真考虑到的。天宝本增加了几条注文，同时对开元本文字有所修订，读起来更为通畅顺达。

五刑章第十一

[开元本] 子曰："五刑之属三千，而罪莫大于不孝。（五刑，谓墨、劓、剕、宫、大辟也。条有三千，而罪之大者，莫过不孝也。）要君者无上，（君者，臣之所禀教命也。而敢要君，是无上也。）非圣人者无法，（圣人制作礼法之是。）非孝者无亲。（善事父母为孝，而敢非之，是无亲

也。）此大乱之道也。"（言人有上三恶，皆为不孝，乃是大乱之道也。）

[天宝本] 子曰："五刑之属三千，而罪莫大于不孝。（五刑，谓墨、劓、刖、宫、大辟也。条有三千，而罪之大者，莫过不孝。）要君者无上，（君者，臣之禀命也。而敢要之，是无上也。）非圣人者无法，（圣人制作礼乐，而敢非之，是无法也。）非孝者无亲。（善事父母为孝，而敢非之，是无亲也。）此大乱之道也。"（言人有上三恶，岂唯不孝，乃是大乱之道。）

按：上一章说了什么是孝的行为，那么什么又是不孝的举动呢？本章指出最大的罪行是不孝，不孝会导致国家败乱，社会不宁，只有按照孝道行为才可以维护社会的稳定和国家的强盛。开元本"非圣人者无法（圣人制作礼乐，而敢非之，是无法也。）"在覆刻时缺失，后人增补部分文字于天头，此句天宝本注解变化较大，需要引起关注。

广要道章第十二

[开元本] 子曰："教民亲爱，莫善于孝。教民礼顺，莫善于悌。（言教民亲爱礼顺，无加于孝

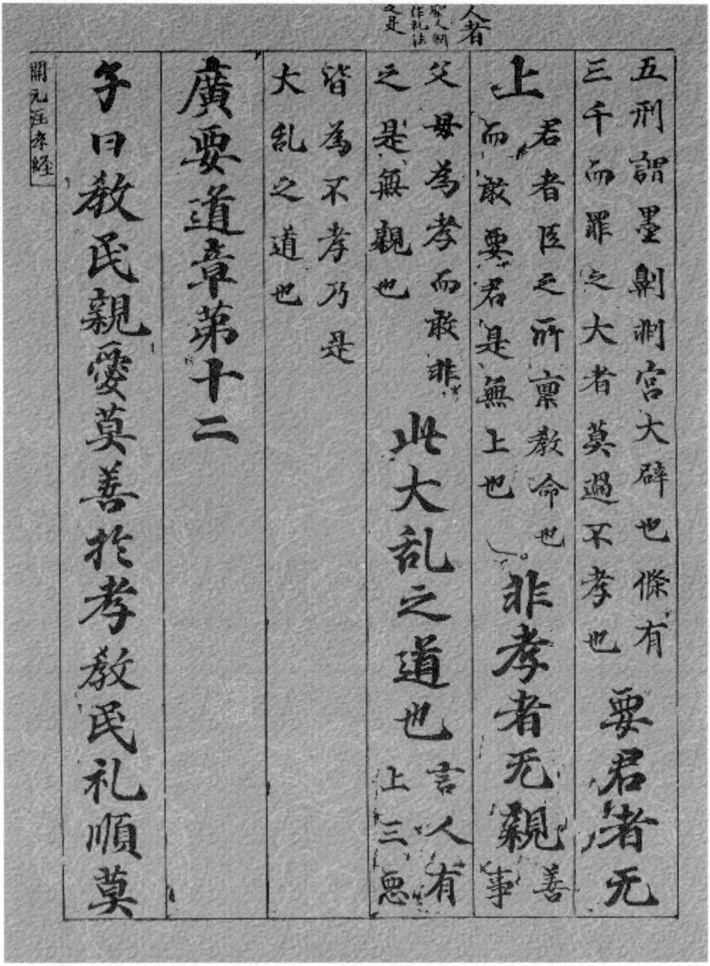

五刑韻墨劓刖宫大辟也傑有
三千而罪之大者莫過不孝也 要君者无
君者臣之所稟教命也
上而敢要君是无上也 善
父母為孝而敢非 此大乱之道也 非孝者无親事
之是無親也 言人有
浴為不孝乃是 大乱之道也 上三愚
大乱之道也
廣要道章第十二
子曰教民親愛莫善於孝教民礼順莫

開元注孝經

开元本《御注孝经》

悌。）移风易俗，莫善于乐。（移风易俗，先入乐声，变随人心，正由君德，正之与变，因乐而彰，故曰"莫善于乐"。）安上治民，莫善于礼。（礼所以正君臣、父子之别，期男女、长幼之序，故可以安上化下之也。）礼者，敬而已矣。（敬者，礼之本也。）故敬其父，则子悦；敬其兄，则弟悦；敬其君，则臣悦；（居上敬下，尽得欢心，故皆悦之。）敬一人，而千万人悦。（一人，谓父兄君也。千万人，谓子弟臣也。）所敬者寡，而悦者众。此之谓要道也。"

[天宝本] 子曰："教民亲爱，莫善于孝。教民礼顺，莫善于悌。（言教人亲爱礼顺，无加于孝悌也。）移风易俗，莫善于乐。（风俗移易，先入乐声，变随人心，正由君德，正之与变，因乐而彰，故曰"莫善于乐"。）安上治民，莫善于礼。（礼所以正君臣、父子之别，明男女、长幼之序，故可以安上化下也。）礼者，敬而已矣。（敬者，礼之本也。）故敬其父，则子悦；敬其兄，则弟悦；敬其君，则臣悦；敬一人，而千万人悦。（居上敬下，尽得欢心，故曰悦也。）所敬者寡，而悦者

众。此之谓要道也。"

按：本章主要是对第一章的延伸解释和说明，孝道行，国家宁，站在君王的立场对孝的行为进行阐释，从孝道、悌道、乐治和礼制四个角度来说明了孝道为什么是天下最重要的道德之缘由。开元本"千万人悦"后注文"一人，谓父兄君也。千万人，谓子弟臣也"在天宝本中删除了，而把前面"臣悦"注释移到此处，各中缘由值得深思。

广至德章第十三

[开元本] 子曰："君子之教以孝，非家至而日见之。（言教不必门到户至，日见而谈之，但行孝于内，其化自流于外也。）教以孝，所以敬天下之为人父者也。教以悌，所以敬天下之为人兄者也。（举孝悌以为教，则天下之为人子弟者，无不致其父兄也。）教以臣，所以敬天下之为人君者也。（举臣道以敬为教，则天下之为人臣者，无不敬其君也。）《诗》云：'恺悌君子，民之父母。'（恺，乐也。悌，易也。义取君以乐易之道化人，之则为天下苍生之父母也。）非至德，其孰能顺民，如此其大者乎！"

[天宝本] 子曰："君子之教以孝也，非家至而

日见之也。（言教不必家到户至，日见而语之，但行孝于内，其化自流于外。）教以孝，所以敬天下之为人父者也。教以悌，所以敬天下之为人兄者也。（举孝悌以为教，则天下之为人子弟者，无不敬其父兄也。）教以臣，所以敬天下之为人君者也。（举臣道以为教，则天下之为人臣者，无不敬其君也。）《诗》云：'恺悌君子，民之父母。'（恺，乐也。悌，易也。义取君以乐易之道化人，则为天下苍生之父母也。）非至德，其孰能顺民，如此其大者乎！"

按：广至德，就是要进一步论述何谓至高地位的道德，认为君王行孝道教化万民，从孝、悌和臣三方面做出榜样，就可以达到无为而治的效果。本章核心依然是讨论君王孝治天下的方式方法等。

广扬名章第十四

［开元本］子曰："君子之事亲孝，故忠可移于君；（以孝事君则忠也。）事兄悌，故顺可移于长；（以敬事长则顺也。）居家理，故治可移于官。（君子所居则化，故可移于官也。）是以行成

于内，而名立后世矣。"（修上三德于内，名自传
于后代也。）

[天宝本] 子曰："君子之事亲孝，故忠可移于
君；（以孝事君则忠。）事兄悌，故顺可移于
长；（以敬事长则顺。）居家理，故治可移于
官。（君子所居则化，故可移于官也。）是以行成
于内，而名立于后世矣。"（修上三德于内，名自
传于后代。）

按：在《孝经》中把扬名后世作为孝道的终极要求，本
章就是对此展开论述，其实本质上是以扬名后世作为规范君
臣之道的，宣传人们在国家社会上得到名声才是孝道的根
本，那么如此一来就要求士大夫事亲忠君，以追求不朽的名望。

谏争章第十五

[开元本] 曾子曰："若夫慈爱、恭敬、安亲、
扬名，则闻命矣。敢问子从父之命，可谓孝
乎？"（事父有阴无犯，又敬不违，故疑而问
也。）子曰："是何言与，是何言与。（有非而
从，成父不义，理所不可，故再言也。）昔者，天
子有争臣七人，虽无道，不失天下；诸侯有争臣五

人，虽无道，不失其国；大夫有争臣三人，虽无道，不失其家；（降杀以两，尊卑之差。争，谓谏也。言上虽无道，为有争臣，则终不至失天下、亡国家也。）士有争友，则身不离于令名；（令，善也。益者三友，言爱忠告，故不失其善名也。）父有争子，则不陷于不义。（父失则谏，故免陷不义。）故当不义，则子不可以不争于父，臣不可以不争于君，（不争，则非忠孝。）故当不义则争之。从父之令，又焉得为孝乎。”

[天宝本] 曾子曰：“若夫慈爱、恭敬、安亲、扬名，则闻命矣。敢问子从父之令，可谓孝乎？”（事父有隐无犯，又敬不违，故疑而问之。）子曰：“是何言与，是何言与。（有非而从，成父不义，理所不可，故再言之。）昔者，天子有争臣七人，虽无道，不失天下；诸侯有争臣五人，虽无道，不失其国；大夫有争臣三人，虽无道，不失其家；（降杀以两，尊卑之差。争，谓谏也。言虽无道，为有争臣，则终不至失天下、亡家国也。）士有争友，则身不离于令名；（令，善也。益者三友，言受忠告，故不失其善名。）父有

争子，则身不陷于不义。（父失则谏，故免陷于不义。）故当不义，则子不可以不争于父，臣不可以不争于君，（不争，则非忠孝。）故当不义则争之。从父之令，又焉得为孝乎。"

按：身份低的人对地位高的人提出谏言是谓谏诤。子女孝顺父母，臣子忠于君王，但是对于父母君王的不义行为，不能全面顺从，而是要努力进言，匡正错误。本章包含着朴素的辩证法思想，孝既是由上而下，也是从下至上的，可以看出先秦时期儒家思想的先进合理之处，而后来的三纲五常教条，则是儒家在发展变化中的歪曲之举。事父从阴到隐，一字之别差之千里，可谓态度之大变。

应感章第十六

[开元本]　子曰："昔者，明王事父孝，故事天明；事母孝，故事地察；（王者父事天，母事地，言能敬事宗庙，则事天地能明察也。）长幼顺，故上下治。（君能顺于长幼，则下皆效上，无不理也。）天地明察，神明彰矣。（事天地能明察，则神感至诚，而降福祐故曰彰也。）故虽天子，必有尊也，言有父也；必有先也，言有兄也。宗庙致

敬，不忘亲也；（父谓诸父，兄谓诸兄，皆祖考之胤也。礼：君宴族人，与父兄齿，言能敬事宗庙，则不敢忘其亲也。）修身慎行，恐辱先也。（天子虽无上于天下，犹修持其身，谨其行，恐辱先祖而毁盛业也。）宗庙致敬，鬼神著矣。（事宗庙能尽敬，则祖考来格，享于克诚，故曰著矣。）孝悌之至，通于神明，光于四海，无所不通。（能敬宗庙，顺长幼，以极孝悌之心，则至性通于神明，充于四海，故曰"无所不通"之也。）《诗》云：'自西自东，自南自北，无思不服。'"（义取德教流行，莫不服义，义从化也。）

　　[天宝本]　子曰："昔者，明王事父孝，故事天明；事母孝，故事地察；（王者父事天，母事地，言能敬事宗庙，则事天地能明察也。）长幼顺，故上下治。（君能尊诸父，先诸兄，则长幼之道顺，君人之化理。）天地明察，神明彰矣。（事天地能明察，则神感至诚而降福祐，故曰彰也。）故虽天子，必有尊也，言有父也；必有先也，言有兄也。（父谓诸父，兄谓诸兄，皆祖考之胤也。礼：君宴族人，与父兄齿也。）宗庙致敬，不忘亲也；（言

能敬事宗庙，则不敢忘其亲也。）修身慎行，恐辱先也。（天子虽无上于天下，犹修持其身，谨慎其行，恐辱先祖而毁盛业也。）宗庙致敬，鬼神著矣。（事宗庙能尽敬，则祖考来格，亨于克诚，故曰著也。）孝悌之至，通于神明，光于四海，无所不通。（能敬宗庙，顺长幼，以极孝悌之心，则至性通于神明，光于四海，故曰"无所不通"。）《诗》云：'自西自东，自南自北，无思不服。'"（义取德教流行，莫不服义，从化也。）

按：天人感应、五行思想是早期人们认识世界的朴素知识，而孝道则是关联生与死、人与神的无上法门，天地人互为有机的组合，只有顺应孝道才能够国家大化、民生康宁。当然，天人迷信思想是不对的，辩证唯物观念才是今天我们认识世界本质的正确途径。

事君章第十七

[开元本]　子曰："君子之事上也，进思尽忠，（进见于君，则思尽忠节之也。）退思补过，（退归私室，则思补身过也。）将顺其美，（将，行也。君有美，则顺而行之。）匡救其恶，（匡，

正也。救，止也。君有过，则正而止也。）故上下
能相亲也。（下以忠事上，上以义接下，故能相亲
也。）《诗》云："心乎爱矣，遐不谓矣。中心藏
之，何日忘之。'"（遐，远也。义取臣心爱君，虽
离左右，不谓为远。爱君之志，恒藏心中，无日惭
也。）

　　[天宝本]　子曰："君子之事上也，（上，谓君
也。）进思尽忠，（进见于君，则思尽忠节。）退
思补过，（君有过失，则思补益。）将顺其美，（将，
行也。君有美善，则顺而行之。）匡救其恶，（匡，
正也。救，止也。君有过恶，则正而止之。）故上
下能相亲也。（下以忠事上，上以义接下，君臣同
德，故能相亲。）《诗》云："心乎爱矣，遐不谓
矣。中心藏之，何日忘之。'"（遐，远也。义取臣
心爱君，虽离左右，不谓为远。爱君之志，恒藏心
中，无日暂忘也。）

　　按：《孝经》本质是要人们从孝亲到忠君的，在古代社
会君王就代表着国家，那么个人的建功立业、扬名后世都和
事君事宜息息相关。尽忠职守，克己奉公，一心为国是事君
的重要行为，只有忠君爱国才能够得到广大民众的赞扬和拥

护，进而获得巨大的名声。天宝本比开元本，文字略有修饰，表达含义更为准确，更强调了为臣之道。

丧亲章第十八

[开元本] 子曰："孝子之丧亲，（生事已毕，死事未见，故发此章也。）哭不偯，（气竭而息，声不委曲也。）礼无容，（触地无容。）言不文，（不为文饰也。）服美不安，（不安美饰，故服缞麻。）闻乐不乐，（志在悲哀，故不乐也。）食旨不甘，（旨，美也。不甘美味，故去酸碱也。）此哀戚之情也。三日而食，教民无以死伤生。毁不灭性，此圣人之政也。（不食三日，哀毁过情，有致危弊，皆亏孝道，故圣人制礼施教，不令至于陨灭也。）丧不过三年，示民有终也。（三年之丧，天下之达礼也。使不肖者企及，贤者俯从，虽以三年，为父其实廿五月。）为棺椁衣衾而举，（周尸为棺，周棺为椁，衣谓殓衣。衾，被也。举，谓举尸内于棺也。）陈其簠簋而哀戚之；（簠簋，祭器也。陈尊，素器也。而不见亲，故哀戚也。）擗踊哭泣，哀以送之；（男踊女擗，祖载送之也。）卜其宅兆，而安措；（宅，墓穴也。兆，茔域也。葬

186

事大，故卜之。）为之宗庙，以鬼享之；春秋祭祀，以时思之。（立庙，祔宗祖之后，则以鬼礼享之。寒暑变移，以时祭祀，展其孝思之也。）生事爱敬，死事哀戚，生民之本尽矣，死生之仪备矣，孝子之事亲终矣。"（爱敬哀戚，孝行之始终也。备陈死生之义，以尽孝子之情也。）

[天宝本] 子曰："孝子之丧亲也，（生事已毕，死事未见，故发此章。）哭不偯，（气竭而息，声不委曲。）礼无容，（触地无容。）言不文，（不为文饰。）服美不安，（不安美饰，故服缞麻。）闻乐不乐，（悲哀在心，故不乐也。）食旨不甘，（旨，美也。不甘美味，故蔬食水饮。）此哀戚之情也。（谓上六句。）三日而食，教民无以死伤生。毁不灭性，此圣人之政也。（不食三日，哀毁过情，灭性而死，皆亏孝道，故圣人制礼施教，不令至于陨灭。）丧不过三年，示民有终也。（三年之丧，天下达礼。使不肖企及，贤者俯从。夫孝子有终身之忧，圣人以三年为制者，使人知有终竟之限也。）为之棺椁衣衾而举之，（周尸为棺，周棺为椁，衣谓敛衣。衾，被也。举，谓举

尸内于棺也。）陈其簠簋而哀戚之；（簠簋，祭器也。陈奠素器而不见亲，故哀戚也。）擗踊哭泣，哀以送之；（男踊女擗，祖载送之。）卜其宅兆，而安措之；（宅，墓穴也。兆，茔域也。葬事大，故卜之。）为之宗庙，以鬼亨之；（立庙，祔祖之后，则以鬼礼亨之。）春秋祭祀，以时思之。（寒暑变移，益用增感，以时祭祀，展其孝思也。）生事爱敬，死事哀戚，生民之本尽矣，死生之义备矣，孝子之事亲终矣。"（爱敬哀戚，孝行之始终也。备陈死生之义，以尽孝子之情。）

按：人有生死，孝有始终，在父母过世之后子女需要承担自己最后的责任和义务，但是要符合礼制规范，表现了儒家对生死关怀的重视，所以有重死厚葬的思想观念。天宝本比开元本颇有增益，尤其是对于三年之丧，前后御注差异较大，其他文字主要是删除了语气虚词，注文基本保持了开元御注的风格。天宝本之"亨"字，当是"享"字之异体。

比较开元本和天宝本御注的文字情况，可以看出唐玄宗在天宝时期第二次御注之时，为了更准确地表达注释词义，对开元注本做了细致的加工和完善，语言上更为通顺和凝练。另外，随着唐王朝国家政治的发展变化，玄宗本人思想也有着很大改变，所以在第二次御注时做了不少修改和补充，对于一些关键字词进行了更改，调整了主导观念，最终形成了一部注释简洁、行文合理的《孝经》注本。但是，唐玄宗在御注过程中，或据古文改今文，或以己意改经文，明显带有施行政教的目的，一举把《孝经》从孔子为后世制定政治秩序的经书，变成了一部时王教诲百姓的伦理书，以至于深刻影响了后世《孝经》学史流传的方方面面。到了北宋，邢昺又以元行冲《御注孝经疏》为蓝本，加上唐玄宗的《孝经制旨》，补充了他个人的整理心得，形成了今天较为通行的《孝经注疏》。

孝治天下：唐代的孝文化与社会

　　大唐，一个诗歌的时代，群星璀璨，名家荟萃。李白给我们描绘了一幅天上人间的仙之世界，留下了一个仰天大笑出门去的孤傲背影；杜甫给我们书写了一段盛世悲歌的现实生活，塑造了一个致君尧禹却难用的万里悲客；而诗风平易的白香山，成为士人践行孝道的集中代表，孝悌忠君扬名千载，在乐天诗中融经世致用和出世自处于一体，成为诗唐的一个特殊符号。《长恨歌》《琵琶行》《赋得古原草送别》，在一度思卿一怆然的时候，我们还看到了传为白居易所作的敦煌本《十二时行孝文》，全篇内容劝人行孝奉亲，属于民间的俗曲作品。其文如下：

　　　　平旦寅，早起堂前参二亲。处分家中送梳水，莫交父母唤频声。

　　　　日出卯，立身之本须行孝。甘饴盘中莫使空，时时奉上知饥饱。

　　　　食时辰，居家治务最须勤。无事等闲莫外宿，

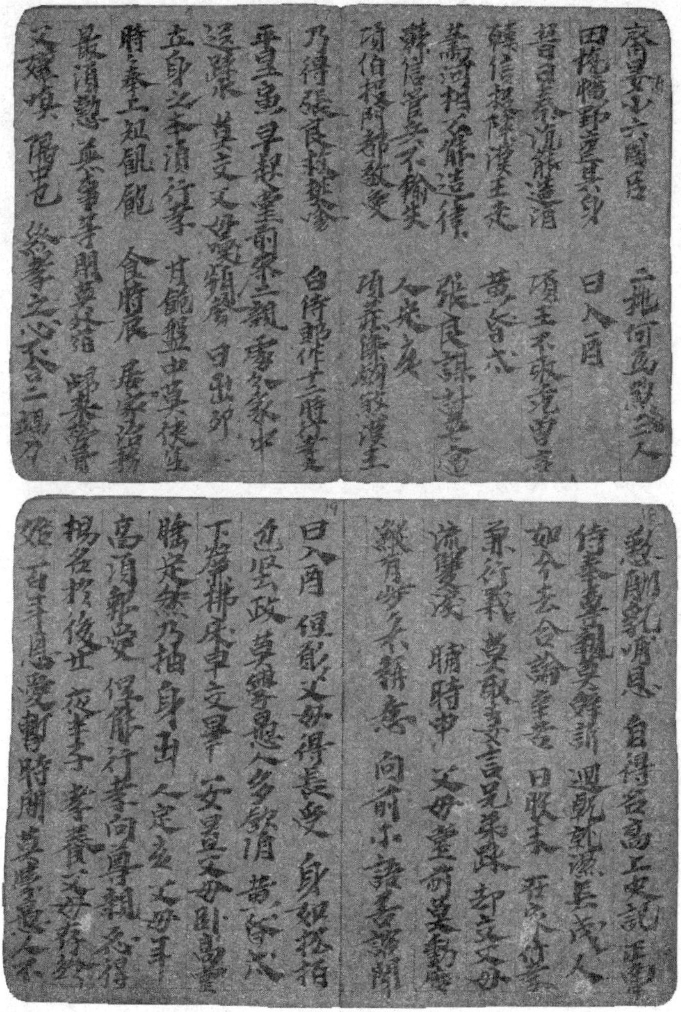

P.3821《十二时行孝文》

归来劳费父娘嗔。

隅中巳，终孝之心不合二。竭力勤酬乳哺恩，自得名高上《史记》。

正南午，侍奉尊亲莫辞诉。迴乾就湿长成人，如今去合论辛苦。

日昳未，在家行孝兼行义。莫取妻言兄弟疏，却交父母流双泪。

晡时申，父母堂前莫动尘。纵有些些不称意，向前少语善咨闻。

日入酉，但愿父母得长受。身如松柏色坚政，莫学愚人多饮酒。

黄昏戌，下帘拂床早交毕。安置父母卧高堂，睡定然乃抽身出。

人定亥，父母年高须报爱。但能行孝向尊亲，必得扬名于后世。

夜半子，孝养父母存终始。百年恩爱暂时间，莫学愚人不欢喜。

鸡鸣丑，高楼大宅得安久。常劝父母发慈心，孝传题名终不朽。

《十二时行孝文》其实是对《孝经》纪孝行章第十的进

一步诠释，全面讲述了一般人们对于父母孝道的所作所为，儿女既要给父母提供充足的物质生活，也要考虑父母精神上的愉悦，在此基础上建功立业，扬名显亲为父母争得荣耀。这篇行孝文正是《孝经》精神的体现，法藏P.3821号敦煌文书题为"白侍郎作"，白侍郎无疑指的是白居易，不过从白居易的诗歌面貌和文书的流传情况来看，这首《十二时行孝文》约为托名白居易之作，不过这也说明了香山居士作为孝道楷模的社会影响力。

在古代社会，士人被看作是精英分子存在的，唐代社会中一般以入仕为官作为士人的基本定义，以禄代耕、以禄养亲是士人基本的生活方式。经过南北朝至隋代的发展，唐代官员有完善的俸禄制度，大体有俸钱、禄米、职田和禄力等几种，尤其是月俸更是重中之重。优越的俸禄制度提供了家庭生活的物质保证，唐代士人的经济生活越发依赖国家供给和任官所得，所以从现实出发求取俸禄就成为唐代士人的最基本动力。对于唐代士人来说，为了入仕的目标需要离开乡里前往帝国的中心城市，或应试科举，或学习荫任，或出入幕府，由于唐代官员必须回避本籍，这样一来就促成了唐代士人的宦游之风。不过也因此带来了很多实际性问题，比如士人家庭的生活负担、家庭成员的两地分离等家庭伦理，都不同程度上受到了影响，正所谓"千里宦游成底事，每年风景是他乡"。大量士人离开了故土，也就脱离了生产活动，家乡逐渐变成了回不去的异乡，所以追求入仕求取俸禄就成为士人们的共同生存方法，这种生活模式极大地影响了唐代孝道的实现途径。仕宦需要离家，养亲提倡在室，二者间的矛盾使每个士人需要权衡左右，从而做出不同抉择。

自古以来京官因靠近权力中心，升迁机会众多容易得到提拔而受到士人的青睐，但是在唐代前期六品以下京官的俸禄普遍低于地方的同级官员，所以经常可以看到有些士人为了奉养家人，主动放弃清贵京官要求到地方任职的情况。这种现象一直延续到了中唐时期，由于外官俸禄优厚，吸引了大量京官求取外任，以致连宰相都给皇帝上书请求提高京官的待遇。元和年间，白居易从左拾遗充翰林学士，在官职变化之时，皇帝给了白居易特别待遇可以满足他的一些要求，翰林学士负责起草诏令贵重无比，不过不是正式的官职而是差遣职务，而官员俸禄是按照本官发放的，所以当时白居易就说"家素贫，甘旨或亏，无以为养"，请求本官任俸禄较高的地方官职。类似白居易的情况不在少数，从中可以看出士人追求俸禄养家的现实状态。

士人任官多在外乡，那么事亲到底怎么解决的呢？父母是随子女同赴外地生活，还是选择在老家独处，都是需要仔细考量的问题。古代社会交通不像今天这么方便快捷，路途的颠簸遥远，花费的极大增加，都给士人奉养父母添加了难度，以致陈子昂感叹而言："委别高堂爱，窥觎明主恩。今成转蓬去，叹息复何言。"仕宦与养亲的冲突，在低级官员中表现得比较显著，毕竟他们官职俸禄还不算高，而这在高级官员中就不太明显了。离家远行的情景仿佛还是昨日，"青青杨柳陌，陌上别离人。爱子游燕赵，高堂有老亲。不行无可养，行去百忧新。切切委兄弟，依依向四邻。都门帐饮毕，从此谢亲宾。挥泪逐前侣，含悽动征轮。车从望不见，时时起行尘。余亦辞家久，看之泪满巾"。不如归去，不如归去，思念着家中的老母亲和妻儿殷盼的目光，那就趁着假期还有几天赶紧启程吧。回首望去，在唐帝国的官道上，匆匆奔波着的不仅有大量求取功名的读书人，还有不少利用假期省亲的朝廷官员，不管是炎炎夏日还是茫茫冬寒，都挡不住每个人回家看望父母家人的迫切和匆忙，正因如此，反而给唐代的文学作品平添了无数的话题和传奇。当然中途染病卒在路上的亦不乏其人，孝子义士的故事在唐帝国的天空下一幕幕上演，成为唐代士人生活的真实映现。

　　蟾宫折桂的人毕竟少部分，科举落第的读书人更是大多数，蹉跎岁月，消瘦人生，带给他们的奉养之路则更加艰难和困顿。凄凄惨惨戚戚，仕途无望，奉养煎熬，更不用再说扬名天下带给父母家人之荣光，一次次咬牙应试，又有多少举子穷困潦倒在他乡，又有多少读书人最后零落异地，与家人生死两茫茫。少有所依，老有所养，只希望不再有"家书十年绝，归去知谁荣"的伤悲，多一些春秋伏腊长在家的温情和美好。子欲养而亲不待，午夜梦回，少些许遗憾少一分愧疚，作为人子，多回家看看吧，别让那双日夜期盼的双眼等待的太久。

从科举入仕，一步步成为开元名相的一代文宗张九龄，同样饱受思亲之苦。长安虽然繁华但毕竟是他乡，习惯了海上生明月的故土风情，张母一直没有跟随张九龄起居，而是依旧生活在岭南。政治风云突变，张九龄因宰相张说之故，先被贬官为太常少卿，不久又被外放任冀州刺史。当时张九龄给唐玄宗上书说，我的老母亲还在老家生活，河北道离我家路途太远了，恳请圣上眷念为臣的孝敬之心，可否把我外放到江南离家近的地方任职，让我能够就近知道母亲的音信呢。唐玄宗心有所感，就让张九龄去做洪州都督，不久又任桂州都督，以便张九龄就近奉养母亲。不仅如此，唐玄宗还把张九龄的弟弟张九章和张九皋派到了岭南道任职，方便他们兄弟在假期可以随时

张九龄墓志

回家看望母亲，以尽孝心。张九龄的例子在唐代并不常见，还有很多独子官员有时候为了养亲只能放弃仕途，不过这种现象多在低级官员身上出现，对于官品较高或特殊职位的官员，朝廷往往让他们以公家为先，不得解职归乡，而父母又因各种原因无法随儿子生活，如此一来就造成了唐代很多的"不孝子"

出现。孝与不孝，是先家还是先国，自古以来一直是争论不休的话题，不过在唐代孝治天下的观念里，忠君爱国无疑是第一位的选择。

唐代有追赠先世和父母的制度，子孙因官品升迁得以使亲长得到朝廷的封赐，唐中宗时期封赐对象主要是父亲，唐玄宗时扩大到母亲身上，之后进一步扩大了封赠范围，延泽到了祖辈，可以说这是孝道中提倡的扬名显亲的实际运作。当然，这种封赠只有官职、官品到了一定品阶才可以享受到，公与私、孝和仕有机结合为一体，成为唐代孝治天下的重要内容。根据子孙官品树立的神道碑，就是封赠制度的外化物，通过这种行为会提升家族在地方的影响力，强化家族的凝聚力，可以说中古士族社会下的孝道，深深烙印下了国家权力的痕迹，家国之间的联系进一步增强，也给孝道的实际行为提供了新的内容。

士族社会中，聚族而葬、归祔先茔是家族伦理的重要体现。不过在唐代，因为仕宦制度的实施，众多士人离开家族奔赴各地，独在异乡为异客，如此一来造成了大量亲人卒在外乡，葬事作为孝道最重要的一环，关系着一个家庭的地位和荣光，那么与身份等级关联的厚葬模式就成为士人沉重的

萧遇墓志

负担。有时候在亲人过世后先权窆于他处，等有了经济能力再改迁回旧茔安葬就成为当时社会的常态，甚至还出现了迁徙父母坟茔时误掘他人墓地的情况。

在唐代传奇中有这样一个故事，出身兰陵萧氏的萧遇在仕宦显达之后，想把早年母亲的权厝之所迁回旧茔，谁知误掘了卢会昌之墓，等知道不是母亲坟茔之时，悲伤痛苦无法自拔。偶然中他得知河阳方士道华善于和鬼神沟通，就重金请求道华为其寻找母亲的坟地。道华被萧遇孝心所感，召唤出了卢会昌的亡魂，卢会昌说萧遇母亲墓地不在他了解的区域之内，无法帮萧遇找到母亲的坟茔。之后，萧遇甚至辞官专心一意寻找母亲的坟茔，惜多方查找无果。突有一天，萧遇夜梦惊醒，隐隐听到窗外有人喊他的小名，他大惊失色出门一看原来是母亲的鬼魂。萧母现身给萧遇说："汝至孝动天，诚达星神，祇灵降鉴，今我与汝相见，悲怆盈怀。"最后萧母复云："吾家孝子，有闻于天。虽在泉壤，甚为众流所仰。然孝子之感天达神，非惟毁形灭性，所尚由哀耳。"最后萧母给儿子讲述了她坟茔的情况，原来萧母埋葬太久，后来又有人在她的墓穴上面修建了李五娘的新墓，如今坟茔已经被铲平了无法寻找，不过明天在她坟茔上空有乌鹊云集，萧遇可以按此征兆来寻找。第二天，萧遇果然看到在野外有乌鹊成团飞翔，顺利找到了母亲的坟茔，才得以完成心愿合祔父母。萧遇最后官至太仆少卿，他的孝心故事感动了上天，这个故事也成为当时在士大夫中广为流传的孝道传奇。无独有偶，此事在新出土的萧遇墓志中也有说明，其志文为：

妙万物而有感，必通之谓神；首百行而无思，
不服之谓孝。孝之至矣，则神其格。斯谁云窅冥，
实若影响。公之丞青城也，彭城公即世，纠北都
也。继母韦夫人弃养，公哭泣之哀，嗌不容粒，柴
毁之病，色不及苴，君子重为难也。公之太夫人曰
吴郡陆氏，生公三月而殁，殡于河南府小午桥之
衢。及公之志学也，防墓徒修，邹嫗所误。暨公之
返葬也，松柏则拱，铭志皆非，荒郊茫茫，故垄累
累，叩地奚诉，问天不知。公于是坠官礼闱，矢死
洛汭，且曰：若大隧莫启，则余生不归。行号三
年，异术斯得，粤有赵叟，实奉金仙，能于总持之
门，以现不思之力。秘印才结，冥符遂开，降我夫
人，托词婢子，指玄堂之处所，示黄泉之期约。既
具畚锸，不差毫牦，铭石妆奁，率如所告，幽显展
如初之感，日月获送终之时。呜呼，孝之诚，神之
明，何至至乎哉。则公事上之忠、莅下之敬、朋友
之信、居处之庄、断木之必时、临难之能勇，本
于孝也。

墓志大力宣扬了萧遇的孝道之举，可以说是孝道动天的完美结局，不过其过程之曲折和艰辛亦可窥一二。

唐代孝治天下的观念深入人心，从国家层面来看，首先是加强了孝道的宣传和教育，唐玄宗前后两次御注《孝经》，既作为蒙学读物，也是国家科举考试的重要标准。总体要求公私生活须配合官僚体制的运行模式，在不影响行政政务的前提下追求忠孝合一，要在朝廷体制下通过仕宦扬名显亲。其次，朝廷大力表彰孝子孝行，减免赋税、授官赐封、给予谥号、建祠树碑等，同时在律令礼典中规范了官员如何事亲，还对不孝行为进行制约和惩罚，从制度层面对孝治进行保证。第三，唐王朝奉行尊老养老的方针，为老年人赐杖或给予封号，供给一定的物质待遇。天宝七载（748）唐玄宗下诏曰："赐京城父老物人十段。七十以上版授本县令，妇人县君；六十以上县丞。天下侍老百岁以上上郡太守，妇人郡君；九十以上上郡司马，妇人县君；八十以上县令，妇人乡君。"地方民间社会对孝道也是大力褒扬，对于子女们的不孝之举进行严厉谴责和批判，在唐诗中还出现了大量与孝道相关的诗歌作品，如贯休《行路难四首》之四即是其中的代表作，其诗为："君不见道傍树有寄生枝，青青郁郁同荣衰。无情之物尚如此，为人不及还堪悲。父归坟兮未朝夕，已分黄金争田宅。高堂老母头似霜，心作数支泪常滴。我闻忽如负芒刺，不独为君空叹息。古人尺布犹可缝，浔阳义犬令人忆。寄言世上为人子，孝义团圆莫如此。若如此，不遄死兮更何俟。"父亲尸骨未寒，儿女就不管头发霜白的老母亲而互相争夺家产，这种行为无情悖孝之至，连草木动物都不如，真是痛哉惜哉。

孝治天下是唐王朝的重要统治措施之一，对于世俗之人的作用不言而喻。不仅如此，对于佛道两教的仪轨教化方式也产生了巨大的影响，尤其是深刻改变了僧道不敬君亲的传统宗教观念。在君权高于一切的古代社会，各个宗教为了自身的发展，积极地吸收儒家文化中核心思想的孝道文化，一方面丰富了孝文化的内涵，另一方面也使得不同宗教本身发生了变化。

佛教本来主张出家就意味着和世俗世界的脱离，出家而无家，这和中国传统观念中的孝道思想格格不入。国以家为基础，从爱护家庭延伸到为国尽忠，故此佛教的一些观念受到了士人们的猛烈批判和统治者的严厉指责，唐代帝王一次次通过政治权力规范佛教的信仰理念，在这种情况下出现的疑伪经《佛说父母恩重经》无疑是佛教僧众对皇权的妥协和追随。《佛说父母恩重经》大约产生于初唐时期，虽然并没

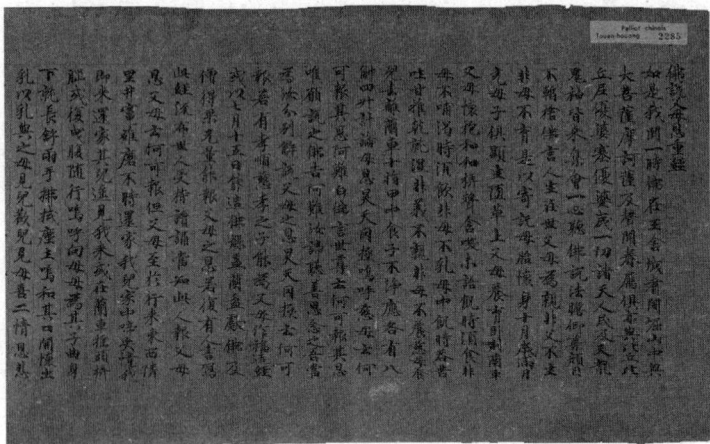

P.2285《佛说父母恩重经》

有入藏，但在民间流传甚广，该经站在佛教的立场宣传孝道，强调了要对父母养育之恩予以回报和孝养，主要讲述了母亲白天要紧张劳动，无法照顾年幼的孩子，只有在劳作之余才可以给孩子喂乳等，表现出了普通百姓真实的生活现状和朴素的父母之爱。《孝经》的着眼点在统治阶层，而《佛说父母恩重经》语言平实，贴近大众生活，更容易得到老百姓的支持和理解。佛教传入的轮回观念给中国传统文化提供了新的土壤，二者结合体的《佛说父母恩重经》讲述要报父母恩情的一个主要方法就是礼佛写经、供养三宝，利用中国古代二十四孝的故事谈论佛教的孝道观，主张僧尼要尽心供养父母，"不者得重罪"，父母之恩，昊天罔极。在敦煌文书中，不同版本的《佛说父母恩重经》数量极多，还衍生出了不同的变文种类，可见此经流传的深度和广度。

在高僧大德的引领下，出家人在父母过世后，依然不失其孝，不亡其哀，会返回旧家并按照儒家观念安葬父母亲人。就以玄奘为例，在他取经从印度回到长安后，便想方设法寻找故去父母的坟茔，然后迁葬入土，这种做法和萧遇的情况如出一辙，故在三藏法师塔铭中特别记载了此事，"法师早丧所天，因扈从还访故里，得张氏姊，问茔垄已平矣，乃奉遗枢改葬于西原。高宗敕所司公给，备葬礼，尽饰终之道。洛下道俗赴者万余人，释氏荣之"。许多僧尼是为亡父母祈福出家的，尤其以女性占据多数。另外在出土的大量僧尼碑志中，还可以看到在许多僧尼圆寂后，没有采取佛教火化之类的安葬习俗，而是归葬于家族的旧茔，完全实行的是中国传统意义上的丧葬礼俗，这无疑是儒佛二教孝道观念的融合和折中表现。

在唐玄宗推行孝道政策的时候，道教徒们也创造出了自己的父母恩重经，在《道藏》中收入的就有三种，分别是《太上真一报父母恩重经》《太上老君说报父母恩重经》和

《玄天上帝说报父母恩重经》，其中以第二部影响最大。《太上老君说报父母恩重经》重点讲述了孩子从受孕到年长不同阶段中父母抚养所付出的种种辛劳，谁知孩子长大成家后却不孝父母不尽孝道，年迈的双亲痛苦欲绝轻生人世，然后太上老君以地狱中的不孝子孙案例现身说法，教育子女必须孝养父母等事迹。李唐以老子为先祖，实际上把道教纳入了儒家孝道的伦理之中，唐玄宗实行的道举考试更是促进了道教儒家化的发展，这在后来道教的代表人物杜光庭身上体现的极为明显，他特意强调忠孝观念，对孝悌思想进行了道教化的解说，"六亲不和，则孝慈之名偏立。天下有道，则淳朴之化复行。淳素既行，人皆慈孝，可谓无私亲矣。斯则绝名迹之仁义，复玄同之孝慈。无私亲者，是不独亲其亲也"，反映了道教孝道思想的时代色彩。

　　唐玄宗诛杀太平公主，标志着唐代女权政治的基本结束，但也是在玄宗时期，把以前朝廷追赠的对象扩大到了母亲身上，而且佛道二教的《父母恩重经》中描写的对象都是以母亲为重点的，这种有趣的政治现象一直延续到了晚唐，以至出现了一部专门规范女子行为的《女孝经》，值得引起我们的注意和思考。

　　汉唐时期出现了几部规范女子品德和行为的女教书，分别有西汉刘向辑《列女传》、东汉班昭《女诫》、唐代宋若昭姐妹的《女论语》和侯莫陈邈妻郑氏之《女孝经》。从唐代文献保留的《进〈女孝经〉表》可知郑氏侄女为永王妃，此书即郑氏为其所作。该书大概形成于开元时期永王成亲之际，模仿了御注《孝经》的篇章结构，分为十八章，以班昭和诸女的对话方式，阐述了训诫后宫女子相关的各类事项，全书除了第一章《开宗明义章第一》讲述孝道思想之外，其他部分都是教育女子如何孝敬舅姑、照顾家庭、柔顺守节等内容，是一部主要"戒以为妇之道，申以执巾之礼"的教化书。永王，玄宗第十六子李璘，开元十三年得封永王，至德二年兵败被杀。唐玄宗两次御注《孝经》，以德礼思想孝治天下，对于皇子的教育尤为重视，而郑氏撰写《女孝经》也是在这种大环境下的产物，从其上表可知在一定程度上颇有迎合君王之意。

安史之乱发生后，唐玄宗以永王为江陵郡大都督，节制江南多道，待肃宗即位后，李璘不领自幼抚养他长大的肃宗诏命，有自立之心，后来在兵乱中被杀。与此关联，永王妃的下场就可想而知了，那么郑氏专门为永王妃所作的《女孝经》一书的命运也跟着受到了影响，成为乱臣逆乱的见证物，所以禁绝就成为它注定的下场。如此一来，在唐代后期的影响力就微乎其微甚少可以看到，不过随着时间的流逝，《女孝经》又重新出现在了人们的视野之内，并且延伸出了《女孝经图》等书籍，到了清代更是盛行一时。不仅如此，《女孝经》还辗转传入了日本，传入的时间有唐代、宋代、明永乐年间和明万历年间等说法，受其影响在日本还产生了模仿编译的《女训孝经》《女式目》等，尤其在明治维新后十分流行。《女训孝经》实际上是翻译成的日文版《女孝经》，《女式目》基本仿照了《女孝经》的结构撰写成书，而《女孝经》传入日本，为日本近代女子的教育做出了重要贡献。

唐代孝道思想还通过各种艺术形式予以表现，绘画、雕塑、音乐、书法等领域均有不同程度的渗透，有意思的是，在唐代长沙窑的瓷器上也有体现孝道的内容。瓷器，具有日常生活、艺术与商业交融的多元要素，长沙窑瓷器主要以日用品为主，产品不仅在国内有广泛的市场，还是外销贸易的重要品类。长沙窑瓷器产品中有独具特色的诗文题记内容，其诗歌属于唐诗民间书写的范畴，同时在各类题记中还有以孝为主题的文字，这些孝道题记表现出时代审美特征和文化传播功用，目前在瓷器上发现有三首表达孝道的题记，分别为"羊申跪乳之志""牛怀舐犊之恩"和"慈乌反哺之念"，其中前面两种同样题记内容的瓷器数量极多，分布在不同类型器物的身上，这些反映孝道思想的瓷器产品正是唐代孝文化多种表达形式中的一种。

唐玄宗御注《孝经》，成为唐代孝治天下的主导政治思想。对于《孝经》宗旨的理解，明代杨起元的认识可谓深刻，那么就让我们在阅读他的文字中结束本节的论述吧，其文为：

> 孝道之大，备著于《经》矣。贯三才，通神明，光四海。至贵之行，配天之德，圣人之至教也。以之事君则忠，以之事长则顺，以之事天地则仁。天子之所以保天下，诸侯之所以保其国，卿大夫、士之所以守宗庙、保禄位，庶人之所以保四体、养父母，未有离孝者也。万善未易全也，惟孝则全；百福未易备也，惟孝则备；令名未易享也，惟孝则享。至于还淳返朴，致和召顺，归荡平而跻浑噩，调雨旸而集灵贶，未有不由斯道者矣。

蓼蓼者莪：《孝经》思想的现代寓意

《蓼莪》

蓼蓼者莪，匪莪伊蒿。哀哀父母，生我劬劳。

蓼蓼者莪，匪莪伊蔚。哀哀父母，生我劳瘁。

瓶之罄矣，维罍之耻。鲜民之生，不如死之久矣。

无父何怙？无母何恃？出则衔恤，入则靡至。

父兮生我，母兮鞠我。拊我畜我，长我育我。

顾我复我，出入腹我。欲报之德，昊天罔极。

南山烈烈，飘风发发。民莫不谷，我独何害。

南山律律，飘风弗弗。民莫不谷，我独不卒。

一首《诗经·小雅》中的《蓼莪》，击中了我们内心最深沉的思念，即便泪盈满眶，依然在不停地吟诵着诗中的四字韵律，沧海月明，蓝田日暖，不尽的相思伴随着岁月走过了千山万水，依然在今天诉说着孝之为孝的继承和感动。

孝，至德要道之总名；经，出世礼教之大典；《孝经》，万流之汇归、国学之统宗。中国文化虽然没有西方式的那种信仰方式，却有着自己独特的信仰思想，而集中体现儒家信仰体系的安身立命之道就是孝。在汉唐时期孝治天下的观念中，《孝经》得到了国家统治者和儒家士人的高度推崇，一是其文字扼要，简明易懂，却包含着儒家至理；二是既有理论高度，也有实践的具体做法，知行合一；三是从最朴素的道德修养出发，将其提高到忠君的高度，满足了古代人们的思想诉求和荣辱观念，容易教化民众。《孝经》倡导子女对父母的孝道，作为自然人的血缘关系是不可分割的，亲情从而成为一个家庭里最重要的维系基础，可以说《孝经》对于社会组成分子的一个个具体家庭能够稳定健康的发展，提供了重要的智力支持和引导作用。

《诗》《书》《礼》《乐》《易》和《春秋》之六艺，在儒家经典中发挥着明性道陈德行的作用，而《孝经》则为儒家思想之总会和核心。汉帝国和唐帝国是实行孝治天下政策的主要朝代，《孝经》表达的理念成为治国理政的重要依托，对汉唐帝国的崛起和形成起到了重要的推进作用。到了宋代以后，孝道发展增添了新的内容和特点，直到今天依然深刻地影响着我们的生产生活，可以说《孝经》和孝道是中华文明优秀传统文化中的杰出代表之一。

《孝经》产生于古代的阶级社会，由于时代的局限性，不可避免地带有许多不合理的因素，对此我们需要一定的注意和批评。先秦儒家认为孝是天地神明掌管的，"天之经""地之义""民之行"，具有浓厚的唯心主义倾向，而忘记了社会伦理本是从人类社会实践的过程中逐渐形成的。在《孝经》中，把孝道分成了五等，根据不同人的等级身份制定了分别对应天子、诸侯、卿大夫、士人和庶人的孝道模式，这种等级和阶级意识在古代社会根深蒂固，和现代国家人人平等的观念完全对立，具有封建宗法社会的本质特征。《孝经》所称赞的大孝是忠于君扬名于后世，而把个人对父母之孝定义为初孝，极力宣扬道德为政治服务，而这种政治绑架因果完全忽视了人的天性，不管是孝敬父母还是忠于君主，并没有高下尊卑之别。《孝经》构建了一个等级化的政治体系，把孝道作为孝治天下的基本内涵，规范了不同人群的行为方式，把孝治天下提升到了一个极高的位置，并延伸出了三纲五常等政治伦理观念，同时将某些带有愚昧行为的古代孝道故事广泛宣扬，成为禁锢个人思想和能动性的精神枷锁。正因为《孝经》蕴含的孝道思想有一定的封建成分，所以我们在今天弘扬传统文化的过程中，需要批判性的接受，继承《孝经》表现出的合理成分，进一步完善发展，融入当今现代社会的时代文化，使之成为社会主义新形势下的核心价值观之一。

作为基本道德的孝道，敬老、尊老、爱老，不管在什么时代都是需要提倡的。敬老不仅包括父母亲人，也包含年长的其他老人，要关心爱护照顾他（她）们；尊老既要尊重每个长者的现实生活，也要尊重他（她）们的知识和经验；爱老，老吾老以及人之老、幼吾幼以及人之幼。在现代社会下，孝道的范围已经不局限于一家一族之内，而是扩大到了整个社会层面，从个人家庭内部出发，更要关照全社会的情况。《孝经》倡导的孝道，在保证家庭、家族的幸福生活之上，继续要为全民族的繁荣昌盛和全社会的和谐发展做出力所能及的奉献。

以《孝经》为代表的孝道观念，在五四时期受到了新文化人士的猛烈抨击，以陈独秀、鲁迅、胡适等人为代表先后撰写了大量文章对孝进行批判，他们主要针对的就是孝道中的等级思想和移孝为忠的政治秩序。封建社会中君主专制多利用了家族制度，而孝道作为消除犯上作乱的重要方法，成为数千年中国封建历史上家国一体的专政体制和家族制度的维系基础，尤其是忠于一人的孝道观更是五四文化批评的重点。孝道文化在五四时期受到了相当大的冲击，尤其是对封建腐朽因素的批判，引起了全社会对忠孝观念的新思考，但是也不可避免地舍弃了孝道中的一些合理成分，以至影响到了21世纪的今天。近几十年来，在经济大潮的汹涌下，实用主义盛行对传统文化的影响不可谓不大，产生了许多违背道德观念的行为和思想。在这种情况下我们要有一个较为清醒的认识，《孝经》思想虽然有不合理的成分，但它本身具有丰富的文化内涵涉及古代人们生活的诸多方面，既包括了许多高尚的优秀美德，也蕴含着理想化的道德追求，还是中国人血脉延续寄托生命终极关怀的重要一环，这些优秀的人伦道德思想并没有阶级等级的区别，都应该得到我们的重视、继承和发展。

我们从哪里来，要到哪里去。在儒家思想中，一直有报本反始、慎终追远和继志述事的精神，堪称个体生命在社会环境中体现生命价值的本位意识，因而构成了规范道德伦理的《孝经》一书的基本内容。在感悟孝道的基础上我们要逐渐理解每个人的个体生命、社会生命和文化生命的属性和价值，才能够在批判中发展中国传统孝道思想的内涵，从孝德、孝行出发，弘扬爱国、爱民族的人文情怀，在家国之间行仁践义而履行好自我的社会责任和个人担当，真正地做到对传统文化的理解和实践。

在西方文化信仰中，人神二分的世界模式是其社会思想的基础，是把自我生命的终极意义归向于上帝，归向于一个理想状态的想象体，而中国文化在寻找生命根源的时候，最后的归宿则是一个个具体的对象，或者是先祖、父母、圣贤，或者是国家、天地，这些归宿都是在现实中可见的能够感知的，可以说超越世界和现实世界是融合统一的。而孝道，正是追求现实世界到超越世界的一个路径，个人的行为或思想观念都会影响到所需路途的距离和时间，所以《孝经》中规范的某些要求是达到安身立命之道的不二法门，在这个过程中个人需要发挥自己的主观能动性，立足现实而超越现实，自我努力自我突破获得生命价值的最高体现。

为父母尽孝、为国家和民族尽忠、为社会尽责，正是现今和谐社会的基本要求，也是传统儒家文化中的重要思想。为父母尽孝，并不是一切以父母意见为是，对于父母的有些错误想法也要谏言相劝，这才是真正的孝道。多子多福、父母在不远游、不孝有三无后为大，生命是不能承受之轻和之重的，血脉文化的繁衍绵延需要代代传承，现代社会着眼于整个国家制度的进步，通过制度保障每个人的生活模式，所以优生优育、男女平等、提高人口素质、建立新型社会关系体现了传统孝道观的改进和完善。为国家和民族尽忠，并不是封建社会忠于一人的政治模式，而是需要把有限的生命投入无限的为人民服务当中去，才可以感受到有限生命的无限意义。在这一方面来说，古代孝道和马克思主义有着异曲同工之妙，都体现着小我融入大我之中的必要性。面向未来的中华传统优秀文化，正在一步步和马克思主义深度结合，让历久弥新的《孝经》孝道重新散发出时代的光芒和色彩。为社会尽责，是知识分子天然的责任和担当，尤其要关爱弱势群体，对不合理的现象奋起而呼，真正做到文以载道、文以化人。

《孝经》产生于先秦时期，不过孝道思想一直随着社会发展和时代前进不断变化，与时俱进具有长久的生命力。同时把个人教化和社会治理结合起来，达到相辅相成的目的。在当代社会下，孝敬父母的方式方法有了很大改变，脚步匆匆的现代人，很多都在为前途事业而努力，却恰恰把孝道放到了最后，所以2012年全国老龄委等机构发布了新二十四孝，提醒着每个你我多回家看看。新二十四孝行动标准为：

带着妻小常回家	共与父母度节假
生日宴会要举办	亲给父母做做饭
每周不忘打电话	长供父母零钱花
建立父母"关爱卡"	聆听父母往事拉

教会父母能上网	常为父母拍照玩
关爱父母说出口	沟通父母心结扣
支持父母之爱好	赞成单亲再婚好
定期父母做体检	购买父母适保险
新闻时事常交流	带着父母参活动
工作地方父母览	陪伴旅行故地逛
能和父母共锻炼	父母活动也露脸
陪着父母访老友	提供书报老电影

　　浅显明白的文字，把孝道和现代信息社会的生活模式结合了起来，当今每家每户的生活都在向小康迈进，物质条件的富裕带来了更多精神上的需求，父母更需要儿女们的陪伴和交流。当今社会，父母子女经常天各一方，子女们为了理想在外奋斗，往往无暇来尽孝道，容易忽视对年迈双亲的关爱，那么新推出的二十四孝标准则尽可能地督促着儿女们的行为方式，是新时代背景下新型孝道观的具体体现和基本要求。人生易老天难老，岁岁重阳盼君归。帝里重清明，人心自愁思。重阳和清明，两个节令寄托着中国人心底的文化血脉，家乡的味道和思念，都在期盼着我们回家。

　　《孝经》本身蕴含着古代先哲的思想智慧，给我们认识世界和改造世界提供了有益启迪，也为今天的思想道德建设增添了重要参考。孝道中的合理要素，成为我们丰富哲学思想、人文精神、道德理念的基础和源头，尤其是孝道给予人们的积极动力和唯美唯善的精神追求，成为今天新时代下精神文明建设中继承和弘扬的重要部分。以《孝经》为核心的儒家文化，是中国传统优秀文化中重要的组成部分，是中华民族精神命脉的维系之本，在时代的变化下需要我们古为今用、推陈出新，在继承中发展完善，在完善发展中继承。《孝经》的出发点是亲情和血缘，倡导的原点精神是养老抚亲、养亲敬亲。正所谓民族的才是世界的，我们要坚持从历史走向未来，从延续民族文化血脉中开拓前进，做民族优秀传统文化的践行者和发展者。在现代文明的视野下，新型孝道观要体现人文精神的价值追求，以我为人人、人人为我的责任意识，体现出富强、民主、文明、和谐、自由、平等、公正、法治、爱国、敬业、诚信、友善的时代性。

近代著名哲学家胡塞尔从内时间意识分析的现象学角度说道："在做出任何决定之前达到一种彻底的自身理解，必须进行深入的历史的和批判的反思；而这只有通过返回过去追问那种最初并且总是作为哲学被寻求的东西，被历史上所有彼此相互交流的哲学家和哲学继续寻求的东西，才能做到；

但这必须通过对在目标的设定和方法中表明的那种最终的根源性的东西进行批判考察才能做到，那种最终的根源性的真实性一旦被发现出来就一定会征服意志。"理性与人性都启示我们要从关注个人自身的情况开始，在超越自身里深层次认识《孝经》思想的方方面面。作为古代伦理道德的孝道，是我们知廉耻、懂荣辱、辨是非的重要思想来源，努力从孝身、孝心、孝性三个层面理解《孝经》的合理和不合理元素，在继承创新传播中弘扬孝文化。孝治天下的观念在当代社会里发展为孝化天下，可能是一种更合适的变化吧。

凝聚家庭关系、构建和谐社会、培养感恩意识和家国情怀，是《孝经》价值的重要方面，一方面在实践中理解，一方面在传承中认识，阅读经典是理解和认识的重要途径。经之所以为经典，它不仅仅是古代历史文献，更是永流传的思想读本，启智明心承载着过去未来的道德桥梁。天下之本在国，国之本在家，家之本在身，修身、齐家、治国、平天下，究其根本是血脉之家、亲情之家、父母子女之家，孝道提供给我们的就是一条返乡之路，在路的尽头有着母亲无尽的爱，"我们的欢乐，是母亲脸上的微笑。我们的痛苦，是母亲眼里深深的忧伤。我们可以走得很远很远，却总也走不出，母亲心灵的广场"。

第四章

石台孝经

SHITAIXIAOJING

开天长歌：世界帝国的绝代风华

万国衣冠拜冕旒：长安城中的纪念碑

"秦川雄帝宅，函谷壮皇居。绮殿千寻起，离宫百雉余。连甍遥接汉，飞观迥凌虚。云日隐层阙，风烟出绮疏。"一代英主唐太宗李世民的这首《帝京篇》，气势磅礴，道出了长安城的雄伟与庄严。作为唐帝国的首都，长安城集多元中心为一体，在时间和空间组成的多维网络中，政治秩序的影响无所不在。长安是唐王朝权力运作和国家凝聚力的中心城市，具有无限的吸引力，而分布在长安城内各个地方的标志性建筑和官署，在决定历史发展进程的时候，反过来也成为我们走进历史故事的入口和门户。

开元二十一年（733）十月或十一月，以多治比广成为首的第十次遣唐使使团克服了诸多困难终于到达了长安，随团的请益生井真成在一路颠簸中身患重病，于次年正月魂灭中土。在遣唐使使团里常有请益生或请益僧随行，这些人多是在日本已经学有所成的人士，他们来长安的目的主要是进修和提高文化水平。作为请益生的井真成，我们虽然无法准确勾勒出他最后的生命时光是如何度过的，不过以他经历千辛

万苦来到大唐的决心和魄力，一定会到唐王朝的文化圣殿国子监去瞻仰一番完成夙愿吧。

唐代国子监分为东西两监，西监在长安，属于本部；东监在洛阳，属于分校。长安国子监坐落在外郭城的务本坊内，务本坊属于朱雀门街东第二街从北第一坊，北邻皇城的安上门，国子监占据了务本坊西部的半坊之地，领国子学、太学、四门学、律学、书学和算学六学。务本坊在今天西安市的位置大概南到体育馆路，北至环城南路，西到永宁门外长安北路，东至文艺路，南北约350步，东西约450步，其中国子监的面积约17公顷。国子监掌邦国儒学训导之政令，是国家的最高教育管理机构，其中国子生来自文武官员三品以上者的儿子、国公爵的子和孙、从二品以上官员之曾孙，主要是我们常说的唐代高级官员的子嗣；太学生来自文武官员五品以上者的儿子、郡公县公爵的子和孙、从三品官员的曾孙，主要是一般意义上的唐代中级官员的子嗣；四门生来自文武官员七品以上者子、侯爵伯爵子爵男爵之子，还有个别庶人子弟中的佼佼者，主要是唐王朝官员中的低级官员的子嗣；律学生、书学生和算学生，来自八品以下文武官员之子和庶人之子，主要是一般意义上的底层官员的子嗣。国子学、太学和四门学只有身份上的差别，并没有学历高低，主

北

至渭河

重玄门

玄武门

太液池

右银台门　左银台门

永安渠

含光殿　　大明宫

西内苑　　　　　含元殿　龙首池　龙尾道　　小儿坊

玄武门 安礼门　兴安门 丹凤门 延政门

光化门　景耀门　芳林门

掖庭宫　太极宫　东宫

禁德门　诸福门　望仙门

光化门　景耀门　芳林门

| 修真 | 安定 | 修德 | | | | 光宅 | 翊善 | 长乐 | 十六宅
(永福坊) |
| 普宁 | 休祥 | 辅兴 | | | | 永昌 | 来庭 | 大宁 | 兴宁 |

开远门

| 义宁 | 金城 | 颁政 | | | | 永兴 | 安兴 | 永嘉 | |

漕渠
金光门

| 居德 | 醴泉 | 布政 | | 皇城 | | 崇仁 | 胜业 | 兴庆宫 | |

含光门 朱雀门 安上门

春明门

群贤	西市	延寿	太平	光禄	兴道	务本	平康	东市	道政
怀德		光德	通义	通化	开化	崇义	宣阳		常乐
崇化	怀远	延康	兴化	丰乐	安仁	长兴	亲仁	安邑	靖恭

延平门

| 丰邑 | 长寿 | 崇贤 | 崇德 | 安业 | 光福 | 永乐 | 永宁 | 宣平 | 新昌 |

延兴门

待贤	嘉会	延福	怀贞	崇业	靖善	靖安	永崇	升平	开道
永和	永平	永安	宜义	永达	兰陵	安善	昭国	修行	立政
常安	通轨	敦义	丰安	道德	开明	大业	晋昌	修政	敦化
和平	归义	大通	昌明	光行	保宁	昌乐	通善	青龙	(缺名)
永阳	昭行	大安	安乐	延祚	安义	安德	通济	曲池	芙蓉园

安化门　明德门　启夏门

永安渠　清明渠　圆丘　先农坛　江池　黄渠

0　　　1公里

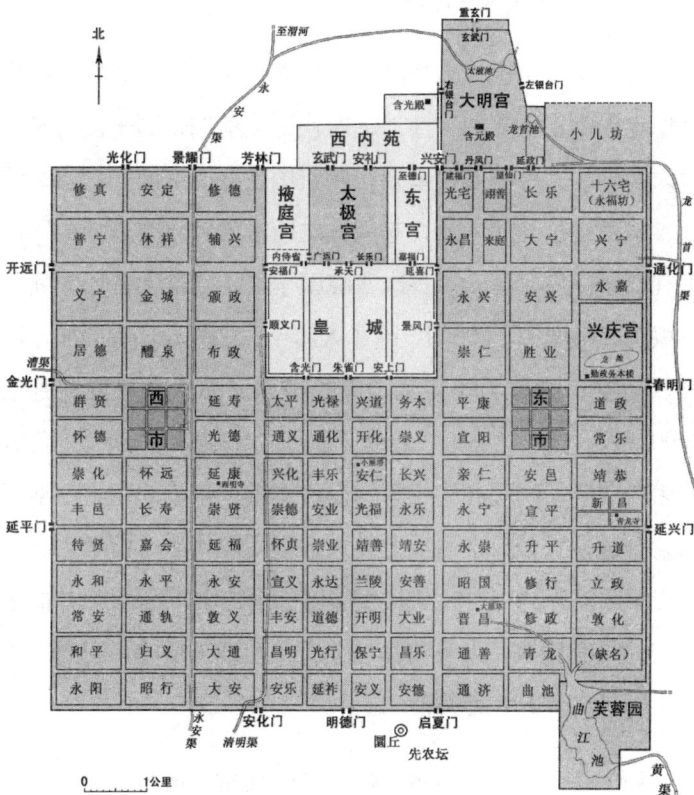

唐长安城平面图

223

要教授儒家经典，文史哲兼修。六学学生数量正常情况下约2200人，待其学业有成后，通过了国子监的考试就可以被推荐到礼部参加对口的常科。

国子监作为唐代人才培养的摇篮，对于唐王朝的政治社会稳定提供了重要的支撑。在唐代历史前期，国子监的发展以太宗朝和玄宗朝最为重要，两监儒生盛况空前，"唐之儒学，唯贞观、开元为盛，其人才之所成就者，亦可睹矣"。贞观五年以后，唐太宗多次幸临国子监，增筑学舍1200间，比贞观二年增加了800间，除了大唐子民之外，还有高丽、百济、新罗、高昌、吐蕃诸国酋长子弟，总人数一度达到了8000余人，国学之盛近古未有。国子监学制9年，新罗等贵族子弟在此学习时间亦约相等，而日本前期来华的留学生学习时期普遍偏长，日本后期尤其进入平安时代后，留学生一般学习年限缩为3年左右，19次遣唐使使团中携带留学生并抵达长安的只有12次，大多数都是在唐代前期来华的，安史之乱发生后日本留学生就非常少见了。

唐太宗一登基，就敕命修建孔子庙堂，成为朝野瞩目的一件大事。从武德九年十二月开始经营，贞观二年营建，贞观四年十一月前孔子庙堂修成，整个建筑由主殿和附属建筑组成，主殿"四柱七间，前面两阶，堂高三尺五寸。宫垣周之。南面一屋三间，外有十载焉。东面一屋一门。其太学讲论之堂在庙垣之西"，整个建筑群规模宏大，气势逼人。在孔子庙堂落成之时，太宗又令虞世南撰文并书写了碑文，刻立了孔子庙堂碑。孔子庙堂和石碑相映生辉，建筑高耸，碑文书法皆为一时之选，在长安城内产生了很大的影响力。对于唐太宗敕建孔子庙堂的盛举，虞世南在文字中写道：

> 武德九年十二月廿九日，有诏立隋故绍圣侯孔嗣哲子德伦为褒圣侯，乃命经营，惟新旧址。万雉斯建，百堵皆兴。揆日占星，式规大壮。凤甍骞其特起，龙桷俨以临空。霞入绮寮，日晖丹槛。宵宵崇邃，悠悠虚白。图真写状，妙绝人功。象设巳陈，肃焉如在。握文履度，复见仪形。凤跱龙蹲，犹临咫尺。莞尔微笑，若听武城之弦；怡然动色，似闻箫韶之响。襜襜盛服，既睹仲由。侃侃礼容，仍观卫赐。不疾而速，神其何远。至于仲春令序，时和景淑，皎絜璧池，圆流若镜。青葱槐市，总翠成帷。清涤元酒，致敬于兹日。合舞释菜，无绝于终古。

石台孝经

孔子庙堂碑

庙堂和石碑的落成，是当时政治生活中的一件大事，特殊的空间位置、著名的文人书家作品，一定会吸引众多的知识人前来参观瞻仰。对于这组纪念碑性的政治文化景观，首先潜移默化给六学学生进行教化，其次冲击着京城文人的精神世界，成为他们来此观摩的重要动力，对于京城之外的大唐文人或域外来客来说，国子监内新建的孔子庙堂和石碑，更是充满了无穷的想象力，除了可以在主殿内进行礼仪行为之外，说不定还会垂拓几张石碑的拓本带走作为纪念临书之物。可以说，在太宗时期长安城内的文化景观当属孔子庙堂和石碑最具代表性，成为天下所有读书人的向往之地，相信他们有机会来到长安的话一定会到此一游的。

唐代选官讲究身言书判，书法的重要性不言而喻，国子监是一个面向公众开放的文化空间，来此垂拓的文人络绎不绝，等到了武则天后期长安三年（703）时许多文字都漫漶不清了，故相王李旦又重新补刻了一些文字，更重要的是把碑额改成了"大周孔子庙堂碑"，文字亦由李旦亲自书写，至此石碑的政治含义为之一变，成为武周王朝的政治文化宣传物了。等回归李唐正统后，很快玄宗即位，在当时的政治环境下，玄宗也不便对睿宗的御笔文字进行政治修正，武周时期的碑额就这样保留了下来。一直到了晚唐大中五年时，国子祭酒冯审上书唐宣宗，说孔子庙堂碑是太宗所建，睿宗又亲自书额，备称唐德，具染鸿猷，但是武周时却在碑额上增加了"大周"字样，实乃僭谬之举，故请凿去"大周"二字。唐宣宗同意了冯审的上书，令冯审去除了这两个字。孔子庙堂碑在有唐一代应该是存在的，后来却不知所踪了，等到了北宋建隆乾德年间，当时的文人士大夫利用保存下来的拓本重新刊刻了此碑。黄庭坚云："孔庙虞书贞观刻，千两黄金那购得。"可知至少在黄庭坚时还有孔子庙堂碑的旧拓流传，不过已经非常珍贵了。目前，陈列在碑林的孔子庙堂碑就是北宋的重刻物，碑侧线刻瑞兽及蔓草纹，碑另一面为宋代《勃兴颂》，惜在后来的时间里因为地震等自然原因损坏，现在看到的孔子庙堂碑已经断裂为三块了。

　　审视孔子庙堂碑的生成史，再参考前文所讲的石台孝经群臣题衔中的贰臣问题、升仙太子碑的武周文字凿削问题，无一不透视着国家政治的身影。同样的例证在西安碑林藏集王圣教序碑身上体现得尤为突出，据记载怀仁《集王圣教序》原来刊刻在贺兰敏之写的金刚经碑背面，但仔细观察石碑却没有凿削文字的痕迹，故此推断现在我们所看到的集王圣教序碑并不是原来有贺兰敏之作品的原碑，而是后来又重新刊刻而成的。那么，这又是什么缘由呢？贺兰敏之是武则天姐姐的儿子，由于武则天与其兄弟不和，贺兰敏之深得武则天的疼爱，就把他当作了武后父武士彟的继承人，并改姓为"武"，就是说武则天是把贺兰敏之当成武氏家族的继承者来培养的。后来贺兰敏之与武则天关系崩坏，咸亨二年（671）时被流放雷州，走在半路上就被杀了，时年二十九岁。贺兰敏之书写金刚经碑的时间约在麟德二年（665），正是他春风得意的时候，贺兰敏之才华出众书法造诣很高，又是政坛上最耀眼的新贵，作为对政治动态十分敏感的怀仁和尚，正是看中了这一点，才把《集王圣教序》刊刻在贺兰敏之书写的石碑背面，不乏政治投机的目的。不过遗憾的是，怀仁的打算不久就落空了，贺兰敏之逐渐走到了武则天的对立面，直接被武后杀之而后快，那么在弘福寺刻立的这块石碑之下场就可想而知，很快就被毁掉了。不过碑阴的《集王圣教序》毕竟有两代帝王的影子，加上王书的影响力，时举世奉为圭臬，所以怀仁利用留下来的拓本等资料，在贺兰敏之被杀后于咸亨三年（672）重新刻立了一块石碑，修改了原碑的刊刻时间，并把新碑放置到了千福寺内，彻底消除了贺兰敏之的痕迹。集王圣教序碑虽然是怀仁基于政治考虑的产物，但它却为后来王书的流行及王羲之书圣地位的奠定发挥了重要的作用，怀仁可谓是无心插柳柳成荫。

开元以前，进士不由两监（长安、洛阳国子监）者，深以为耻，在这种情况下，国子监内的石刻景观传播则更为快速。进入开元之后，由国子监出身应科举者名额较少，国子监的吸引力有所降低，为了国家教育的需要，天宝九载，唐玄宗在国学西北隅增设了广文馆，使国子监变成了七学。在这种情况下，玄宗先后两次御注《孝经》，并在天宝四载刻立石台，也会在一定意义上吸引扩大国子监就学的士子们。

长安城重要空间内含有特殊寓意的石刻，往往有着特殊的政治景观效果。在最高教育机构国子监中的刻石更是如此，那么以此来看天宝四载石台孝经的刻立，在其身上体现的无疑是唐玄宗帝王权威甚至是整个玄宗时代的昭示。唐太宗时代的孔子庙堂和石碑是太宗文治的文化宣言，那么玄宗以石台的形式刊刻御注御书《孝经》，就成为国子监内继孔子庙堂建筑群和石碑后的第二种有纪念碑性的石刻景观了，在当时的政治文化领域产生了巨大的影响。

天宝四载石台孝经落成，那时的场景一定热闹非凡，全长安的读书人都会奔涌而来。不过再怎么辉煌的景致，井真成已经永远看不到了，不过和他同时期在长安的遣唐使阿倍仲麻吕（即晁衡）、吉备真备和大和长冈三人是一定不会错

石台孝经

石台孝经俯瞰图

过这个时刻的，也许对于他们三人来说，内心深处还有着代替井真成们来现场瞻仰一番的心愿。明月不归沉碧海，白云愁色满苍梧，想来井真成的在天之灵看到石台孝经超乎寻常的豪华精美之后，也会有所安慰的。阿倍仲麻吕在大唐整整生活了54年，最后成为唐廷官员，卒后葬在了长安。吉备真备和大和长冈两个人则在长安学习了17年后，重新回到了日本，为日本的律令制度发展做出了卓越的贡献。他们三人在长安生活的时候，不时也会走到国子监内石台孝经之下，当抬头仰观着唐玄宗的御注《孝经》时，想必会一次次地被震撼和感慨万分吧。

1948年，时任陕西省历史博物馆（今西安碑林博物馆）馆长的曹仲谦先生对石台孝经有过这样一段精彩的描述，其文为："石台孝经由四石合成一方塔形，上覆顶冠高一公尺一寸，出檐约三公分，浮雕卷云蟠螭拏攫飞腾，极其生动。下叠三台，层高三公寸许，每层雕蔓草狮子，精巧洒丽，明澈莹澈，可称石刻图案画中精品。"对于石台孝经这类体形巨大的石刻，如果我们站在它下方的时候，也会产生曹仲谦先生同样的观感，首先呈现在人们视野中的无疑是它精美的纹饰、雄伟的形制和独特的造型，自然而然地散发出一种唯我独尊的气势。石台孝经碑顶的形制，从曹仲谦先生开始就搞错了，可能当时只是从地面观看所形成的印象，以致影响了很多研究者的认识思路，其实顶部是由平面状九宫格组成，在五个方格内分布着高浮雕的山岳和方台，并在方台上镶嵌着圆柱状的汉白玉，这样一来石台孝经的完整形制就比较清晰了，三层石台、方柱形碑身、碑额、出檐式云盘、九宫格顶上错落分布着山岳和方台状的高浮雕，形成了独具一格的特殊规制。

石台孝经的形制一直是大家感兴趣的问题，以前有学者把它当作是石碑天宝样式的代表，作为某种样式来说应该具有一定的普及性和示范性，而石台孝经的形制并没有成为后来有关石碑的模仿对象。我们以为石台孝经的形制主要来源于三个方面，碑额和云盘的做法来自嵩阳观纪圣德感应碑，碑身的形制承袭了乾陵述圣纪碑的外观，至于三层石台和碑顶的九宫格式布局，则是出自古代儒生对《孝经》等经文的注疏，表达的是《孝经》本身所蕴含的经学思想。如此来看的话，石台孝经的形制就是嵩阳观纪圣德感应碑、述圣纪碑的样式和《孝经》注疏经义的组合体，具有唯一性和独特性，是一种不具备典范性的至高等级石碑的纪念物。

嵩阳观纪圣德感应碑，天宝三载（744）二月五日刻，坐

嵩阳观纪圣德感应碑

石台孝经

落在今天中岳嵩山南麓距离登封市北约三千米处的嵩阳书院门外，上下五层结构，共由六块巨石组成，自上而下分别为碑顶、云盘、碑额、碑身和碑座，通高约9米，重达60余吨。巨石高耸，石碑就像是一座华丽雄健的建筑物，熠熠伫立在地平面上，当你站在碑下瞻仰观望之时，一种气势磅礴的造型美迎面而来。嵩阳观纪圣德感应碑碑座呈长方形，长315厘米、宽206厘米、高95厘米，上下各有横枋，中间部分显现出浅束腰状。在束腰的四边分别雕刻着壶门，前后两面各有三龛壶门，左右两侧各有二龛壶门，壶门内是浅浮雕的神王像。嵩阳观纪圣德感应碑，没有采用龟趺而用的是长方形座，在碑座四侧壶门内镌刻有神王像，这十尊神王像和龙朔三年（663）褚遂良书同州圣教序碑座上的十二尊神王像十分相类，嵩阳观纪圣德感应碑座的做法可能受到了同州圣教序碑的影响。碑身为长方柱形，高383厘米、宽204厘米、厚104厘米，在用材比例上高宽厚之比约为4：2：1，正符合建筑力学的结构原理。碑身正面镌刻纪圣德感应颂文，宰相李林甫撰文，内容讲述了嵩阳观道士孙太冲为唐玄宗炼丹九转的故事，全文共25行，满行53字，总共1078字，除年款"天宝三载二月五日建"外，颂文文字由著名书家徐浩以古隶书写，其字"怒猊抉石，渴骥奔泉"。碑额高125厘米、宽

225厘米、厚115厘米，正面额心内阴刻篆书"大唐嵩阳观纪圣德感应之颂"，裴迥题。前后两面额心两侧的竖长方形格内，各雕刻着一条精美的降龙；左右碑额为横长方形格，里面雕刻着一条立龙。碑额之上为大云盘，大云盘由两块石头拼合而成，下窄上宽，四围呈斜弧面状，很像是庑殿式建筑的飞檐，明显模仿的是屋顶起翘的翻覆样式，在视觉上夺人眼目，极具震撼性的美感。在石碑最上方，有一高耸的二龙嵌珠形碑顶，高154厘米、宽约300厘米，成为后世高等级石碑碑顶四龙拱珠的直接模仿来源。

述圣纪碑，位于乾陵朱雀门外司马道的西侧，与司马道东侧的无字碑左右对称分布。石碑通高760厘米，由碑座、碑身和碑首组成，乃由石灰岩质石料雕琢而成。碑身方柱形，宽均186厘米，所用石料并非一体，而是由五块高120厘米的石料垒叠而成，互相之间以榫卯固定。方形底座高约120厘米、四边长294厘米，是由四块规格相同的青石拼接组合的正方形基座，在碑座东西南面镌刻了大量精美纹饰，有花卉、猛兽和云纹，布局均衡，线条流畅。述圣纪碑碑首高40厘米，和以前的石碑碑首迥异，乃是一座呈唐代最高等级建筑庑殿顶式的碑首，技法精致，惟妙惟肖，雕刻出了屋脊、筒瓦、滴水、勾头等外形。述圣纪碑从上至下，共分成七个部

乾陵述圣纪碑

分，故从明代开始，当代人就称"碑制四方如棋局，俗称七节碑"，甚至有好事者把七节和七曜对应了起来，以此来比喻唐高宗的文治武功光耀天下。述圣纪碑文由武则天撰写，有5100多字，是女皇一生所写文章的篇幅之最，大约在文明元年（684）正月完成；书者为唐中宗李显，"字法遒健，深得欧虞遗意"。李显在弘道元年（683）十二月即位，次年二月就被武则天废为庐陵王，五月迁于均州，后又迁至房州，故述圣纪碑的书写时间当在684年的正月至二月之间。碑文原来刊刻于碑身从上数第二至第五石的正面，约46行，满行110字，惜目前剥落严重，多数文字已经漫漶不可识，只有第二石、第三石和第五石还有部分文字清晰可见。

唐代帝陵，是神圣空间和最高权力秩序的投影。从帝陵制度来看，唐人多认为帝王和帝后陵墓是不立神道碑的，"玄宗欲于靖陵建碑，颀谏曰：'帝王及后，无神道碑，且事不师古，动皆不法。若靖陵独建，陛下祖宗之陵皆须追造。'玄宗从其言而止"。而且，从述圣纪碑的名称来看，人们多认为此碑是歌颂帝王功业的，女皇撰文"文体庄重，气象恢宏，典雅有则，要言不烦，既纪功颂德，又昭告当时，还传之后世"，与一般官员的神道碑文在用词章法上有着很大差异。不过从其本质上来看，述圣纪碑也属于一种特殊的神道碑，是专属于帝王身份等级的，为了区别于一般的神道碑，帝王神道碑言之为"某某纪碑"而不云"某某神道碑"，这种做法正是皇权至上的表现。与碑文名称相表里，石碑形制也要符合帝王身份，故此述圣纪碑创造出了石碑形制上的一个最高等级，模仿了宫殿建筑的形制，形成了以庑殿顶、方柱形碑身、方形碑座为基本形式特征的石碑样式，以昭示帝王的至高权威。在帝王神道碑中，方形碑制是最核心的元素，而碑文的撰者书者也是不可或缺的重要组成部分，那么以此来看的话，嵩阳观纪圣德感应碑的形制无疑是低于述圣纪碑一等的，不过纪圣德感应碑的庑殿式云盘是玄宗时代的新变化。这样一来我们就明白了石台孝经采用的方柱形碑身、碑座和庑殿式出檐云盘，都是延续了述圣纪碑的根本设计思想，加上唐玄宗本人的《御注孝经》文本和书法，共同组成了映现帝王身份的一件石刻纪念碑。

当然，在帝陵中使用神道碑并不是始于乾陵的，而是最早出现在李弘的恭陵。上元二年五月，太子李弘病故，高宗伤心欲绝，赐谥号为孝敬皇帝，"其年，葬于缑氏县景山之恭陵，制度一准天子之礼，百官从权制三十六日降服。高宗亲为制《睿德纪》，并自书之于石，树于陵侧"。孝敬皇帝睿德纪碑，通高723厘米，碑身高603厘米、宽194厘米、厚

65厘米，碑座高120厘米、宽270厘米、厚190厘米。碑额为飞白书"孝敬皇帝睿德之纪"，碑文共33行，行82至89字，总约3000字，内容大半为溢美之词，褒扬李弘的品德仁孝等，对于其死因则讳笔代过。

对于李弘葬在洛阳附近而没有葬回关中，这和高宗朝后期的政治形势息息相关。这个时期，武则天的权力已经达到了一个极致，这是关陇集团势力极力反对的，故此武则天逐渐把政治中心向洛阳转移，在她临朝听政期间多居住在洛阳。不仅如此，则天后还对洛阳进行了一系列的建设，修建

恭陵睿德纪碑

明堂、立武氏七庙、迁徙人口充实洛阳等，进一步加强洛阳的政治地位以削弱京师长安的影响力，如此来看的话作为帝国政治秩序中重要一环的丧葬陵区的选择，无疑具有了重要的指向作用，而李弘之死正好为则天后提供了改革的契机。作为皇家陵区一般都选择在国都附近，对于武周政权来说也是如此，睿德纪碑说"朕以其孝于承亲，恭于事上，意欲还京卜葬，冀得近侍昭陵，申以奉先之礼，顺其既往之志。但以农星在候，田务方殷，重归关辅，恐有劳废，遂割一已之慈"，高宗崩后遗言有"得还长安，死亦无恨"，可见李弘未归葬关中后面有着复杂的政治原因，可能有着则天后打乱李唐皇族的血脉延续，为自己登上帝位做准备的目的。李弘虽为太子，但并没有即位，按唐代礼法来看不合适以帝陵礼仪安葬，但是则天后却选择了用天子之礼下葬李弘，其实是想以这种方式掩盖她为武周政权重新规划陵区的想法，李弘恭陵的形成是则天后权衡各种政治势力后的巧妙之举。理解了恭陵背后的政治意图，再来看本质为神道碑的孝敬皇帝睿德纪碑之刻立，正是则天后打破传统礼制帝后陵墓不立神道碑的做法，标志着武周政权的女皇权威。李弘毕竟不是真正的帝王，所以其神道碑在具体形制上也要比述圣纪碑等级低一些，并没有采取方形碑身的做法。

在帝陵立神道碑，这在后来女皇整修武士彟昊陵和杨氏顺陵中也有体现。武则天父亲武士彟昊陵立有大周孝明高皇帝碑，此碑高五丈，阔九尺，厚三尺，其碑地埋一半，文亦剥落，碑额为"大周无上孝明高皇帝碑"。武则天母亲杨氏顺陵大周孝明高皇后碑，其碑有："大周无上孝明高皇后碑铭并序/特进太子宾客监修国史上柱国梁王武三思奉敕撰/太子左奉裕率兼检校安北大都护相王旦奉敕书。"昊陵和顺陵并不是真正意义上的帝王帝后陵墓，故其神道碑以"碑"为名，而没有采取真正帝王帝后的"纪"称。恭陵的睿德纪碑和乾陵的述圣纪碑，本质上都是则天后礼制改革塑造武周政权正统性和权威性的体现，不过这种做法毕竟不合乎礼法制度的规范，所以在乾陵之后的唐陵石刻中就很少再见到这种以"纪"为名的帝王神道碑了。

经过上面的论述，我们基本明白了石台孝经形制中的碑身、碑额和云盘的来源及其寓意问题，那么其三层石台座和碑顶的九宫格布局又有什么特殊含义呢？

汉唐之间，是一个充满神秘色彩的神文时代。纬者，经之支流，衍及旁义。圣人作经，贤者纬之，经之与纬，乃是纵横之学。纬学是经学的重要组成部分，古代许多知识体系均与之有着密切的关系。纬书盛行于汉代，白虎观会议使谶纬成为国家化的经典，一方面纬书配合六经，形成了六纬之书；另一方面则进一步神化孔子，形成了汉代经学的重要特点，如郑玄训注经书就大量利用了纬书。到了唐代，纬学虽然势弱，但在国家政治许多层面都发挥着重要的作用，如唐陵的选址布局深受吕才等人的知识影响，孔颖达等人注疏五经也大量使用谶纬之学，在《隋书·经籍志》中谶纬之书依然系于各经书之下，是儒教思想的重要组成单元。著名文人张说、陈子昂的论述文章中，屡屡包含着谶纬之学的影子，据此可了解盛唐时期纬书在不同领域知识人中的传播情况。以此推断的话，唐玄宗御注《孝经》时，对于《孝经纬》和《论语纬》等书都是比较熟悉的，尤其《孝经纬》中体现出的天道思想，让君王成为宇宙力量的代表者、宣示帝王权威

五方位与九方位图

的合法性问题无疑会让唐玄宗为之着迷，"云气混沌，孝在其中，天子孝，天龙负《图》，地龟出《书》，妖孽消灭，景云出游"，作为天地大道中的《孝经》孝道，都会加剧唐玄宗的某种天命诉求的。

《孝经纬·孝经援神契》载："圣不独立，智不独治，神不过天地，同灵造虚，由立五岳，设三台。"《论语纬·论语摘辅象》云："九州系于三台。" 儒家思想有一整套体国经野的王土秩序，把礼法和空间相对应，而这个秩序是以人间权力和统治体制为核心的。三台、五岳和九州，都是中国王土秩序体系中的重要人文地理概念，有着独特的文化内涵。在古代经典思想中，天子三台，灵台以观天文，时台以观四时施化，囿台以观鸟兽鱼鳖；诸侯二台，无灵台。在二维平面所显示的地理思想中，四方框架之上的中心位置越来越重要，于是四方位就变成了五方位，不过由于五方位并不完整，要表示完整的地方，就还要加上四隅，共同组成了一个九宫格布局。可以说九宫式和五方位是内在关联的，五方五岳、九宫九州，构建出了一个地理上的文化中国和华夏天下的象征符号。《左传》云"茫茫禹迹，画为九州"，中古时期九州概念逐渐失去了实际性功能，但它的象征意义依然铭刻在政治秩序和文人士大夫的思想深处，正如"但悲不见

九州同"所讲的那样，九州即是中国。从中到四，形成了五
的地理概念。都城，是"中"的政治地理表现，具有强烈的
政教观念，其中核心是皇帝居中的独尊地位，都城的至高性
和唯一性的礼法根源是帝王的权威，权力的外化就是作为政
治景观的都城。五岳，指的是东岳泰山、南岳衡山、西岳华
山、北岳恒山、中岳嵩山，是和九州、四方等概念类同的标
志中国疆域范围的坐标符号，也是超越自身属性的礼法地理
标识，兼具政治地理和文化地理的双重属性，与政治有关又
超越了政治。不过在《禹贡》所列的九州山脉中，只提到了
东南西北四岳，而没有提到中岳嵩山，可见四岳才具有天下
疆域的标界意义。在帝国的王朝地理中，九州、四岳、都
城，都是政治秩序的表达和映现，是文化中国的特有象征。

　　三台、四岳、都城、九州，是大一统帝国的文化疆域和
至高皇权的帝王权威的符号，也是《孝经纬》体现出的经学
思想。反观石台孝经的碑座和碑顶布局，三层石台正是《孝
经纬》中提到的三台表现；碑顶九宫方位中的东、南、西、
北四座高浮雕山峰，指示的正是四岳，中岳所在的位置则被
象征长安城的方形石台所代替；九宫格布局代表的正是天下
观念中的九州分野，这正和《论语纬》所言的"九州系于三
台"思想相一致。碑顶正中方位的石台座上嵌有一圆柱形玉

石，上下相连正隐喻着我们一般所认知的"玉京"。孟郊《长安旅情》："尽说青云路，有足皆可至。我马亦四蹄，出门似无地。玉京十二楼，峨峨倚青翠。下有千朱门，何门荐孤士。"玉京有都城之义，在石台孝经碑顶塑造出的京都长安，正和九州、四岳和三台等天下观念相辅相成，共同组成大唐帝国人文地理视野中的空间格局。另外，玉京在道教思想中有着特别的含义，天宝三载唐玄宗敕令在天下诸郡寺观内铸造自己的等身天尊像和等身佛陀像，进一步加强了帝王的偶像崇拜，君主权力增强，个人自信越发高涨，那么天宝四载石台孝经的刊刻，其背后很可能还透视着唐玄宗的道教意涵，甚至在石台孝经落成仪轨上就有高道参加。与佛道的等身像相比，石台孝经可以被视为一座由文字和书法构成的儒家玄宗形象，至此儒释道三教都营建出了表现帝王权威的纪念物，正可以和御注三经相表里。

通过上文的分析，我们对石台孝经的整体形制及其寓意有了较为清晰地理解，多种复合元素构建成的石碑形制，配合唐玄宗的《御注孝经》，成为长安城内一座最高等级政治文化性的石刻纪念碑。《营造法式》卷三《石作制度》载："其雕镌制度有四等：一曰剔地起突，二曰压地隐起花，三曰减地平钑，四曰素平。如减地平钑，磨砻毕，先用墨腊，后描花纹钑造。若压地隐起及剔地起突，造毕并用翎羽刷细沙刷之，令花纹之内石色青润。"关于这四种石刻技法，梁思成先生指出：剔地起突即今天所讲的浮雕；压地隐起也是浮雕的一种，但浮雕题材不由石面突出，而是在磨琢平整的石面上，将图案的地凿去，留出与石面水平的部分，然后雕刻而成；减地平钑是在石面上刻划线条图案花纹，并将花纹以外的石面浅浅铲去了一层所形成的；素平就是在石面上不做任何的雕饰。在石台孝经的刊刻中，使用了多种雕刻技法，代表着盛世大唐的最高工艺水平。

在国子监的公共空间内，整个大唐历史上刊刻了三座学术政治景观，分别是孔子庙堂建筑群、石台孝经和开成石经，三者共同成为唐帝国文化学术的权威宣言。刻立于唐文宗时期的开成石经，透露着晚唐历史上的政治与学术、宦官与党争、经学自身发展的多维信息，成为理解藩镇时代帝国文化的密码和钥匙。

天下是古代都城的核心理念，方格状的设计以贯彻集权统治为目的，长安城的规划融入了当时的各种思想，如宇宙观念的天文知识、符合帝国制度的礼仪思想、古代都城发展的理想范式、王者居住的五行观念等，这种城市建设理念无

宋刻兴庆宫图

疑是奉承天命的宇宙之都的直接体现，使得都城神圣化，昭
示着统治的合法性、正统性、权威性。长安城是帝国雄伟壮
丽建筑的典范，反映了中国古代宇宙观念的认识，也表现了

帝王作为天地中介的作用。天穹一分为四的宇宙观以四个基本方向暗示着四个季节，北极星和天上的子午线在长安城中表现为皇宫和贯穿城市南北的主道，皇宫就如同北极星那样主宰着星空，是世俗人间权力的核心所在，长安城内的太极宫、大明宫和兴庆宫，就是大唐帝国的象征和城市建筑的标志。

玄宗时代，在长安城内直接和唐明皇相关的遗存以石台孝经和兴庆宫最具代表性。兴庆宫原为唐玄宗藩邸，登基后于开元二年置为宫，开元十四年扩建宫室规模，十六年竣工后成为玄宗听政的地方，至此兴庆宫成为玄宗朝的政治中枢。唐玄宗在兴庆宫中设置有五龙坛，《大唐开元礼》卷五一《兴庆宫祭五龙坛》记载了祭祀的相关礼仪，这正是通过礼制来确立兴庆宫在国家政治里的中心地位。兴庆宫周长约4.6千米，宫内主要的建筑为勤政务本楼和花萼相辉楼，经过考古发掘之后考古学者一般认为一号遗址是勤政务本楼，十七号遗址为花萼相辉楼，之后关于二楼的复原等研究均沿此展开。后来学者进一步研究后，指出花萼相辉楼和勤政务本楼很可能是一楼异名或是一个连体楼的不同方位建筑而已，整个建筑群约是曲尺形的连体楼阁，西面和南面均是面街方向，南面题额为"勤政务本之楼"，西面题额为"花萼相辉之楼"，花萼勤政楼才是整个建筑群的全称。花萼楼直对的是诸王王宅所在的胜业坊；勤政楼面对的是春明门大街，春明门大街是长安东西主街，外连京洛大道，向西直达皇城的朱雀门，地理位置非常重要。在不同时期楼群的建筑格局有所差异，以勤政楼和花萼楼命名有着特殊的含义，开元二十四年经过扩建后整个建筑由一座单体楼阁变成了双体连接或组合式的建筑群，而两个楼名也在此时正式出现。从相关材料来看，开元二十四年前以花萼楼为名，之后花萼楼和勤政楼共同出现在文献记载中，等到了天宝五载基本就以勤政楼为主要指称了。

作为一座宫廷建筑，兼具物质空间和社会空间的属性，花萼勤政楼体现的是国家的政治功能，其名称的变化更是政治空间生产与构建的过程。兴庆宫内整体建筑的变化，是一个从私人空间到国家权力象征的改变，开元十四年扩建宫室后，兴庆殿及其兴庆门成为宫城的正殿正门；从龙池产生的各类祥瑞，贯穿在李隆基从临淄郡王到帝王的全过程之中；尤其是花萼勤政楼的修建，更是政治权威的展示和标志。整体来看，花萼楼更多表现出唐玄宗的个人色彩，勤政楼则标志着国家公共职能的加强，天宝五载命名的变化无疑和天宝四载的石台孝经刻立之间有着某种密切的联系和延续，可以说它们共同象征着开天盛世的辉煌和帝王权威的赫赫。现在

石台孝经

收藏在西安碑林的吕大防绘制的花萼勤政楼图像，是在唐代资料基础上结合宋代的建筑风格混合而成，其目的是把玄宗时代的长安作为盛世大唐的集中表现，而花萼勤政楼则又是盛世长安的标志性建筑。

将礼法制度的秩序视觉化，一是基于特定的空间要求，二是选择特定的纪念碑性景观，如此一来都城就具有了某种文化权力。在玄宗时代，国子监代表着帝国文化的空间，兴庆宫代表着帝国权力的空间，两者之间的空间关系和距离，是长安城内重要的人文活动地点。长安的城市地理中，与学术知识交集的活动多发生在"太极宫—朱雀门大街"和"大明宫—曲江池"之间，这两条城市的明隐轴线，担负着盛唐长安的城市权力和文化空间的构建，在两条轴线重要节点上发生的相关活动，有力地促进了圣俗之间的交融，推动着知识文化的流动与传播。唐玄宗李隆基的兴庆宫如今只留下了残砖片瓦，保留在后世文学作品的记忆里，"千秋佳节名空在，承露丝囊世已无。唯有紫苔偏称意，年年因雨上金铺"，不过玄宗时代的纪念性景观幸好还有石台孝经伫立在西安碑林，回首长安，秋天一色，这些为我们深度走进这位传奇帝王的生命提供了重要途径。

泰山漠北两相望：书法史里的君王梦

《御注孝经》文本留存在经学发展的文脉深处，不因为时间空间的改变而变化。中华文明主要是通过文字书写来传承的，所以古人追求的立德立言都显示着文本属性的重要性。文本可以超越时空的媒介，单纯以文字形式来传播。但对于具体的石刻来讲，文本性和物质性是统一不可分割的，二者互为关照，融文本物质于一体，才是纪念碑性石刻的完整面貌。石台孝经的物质属性以外观形制为主要方面，另外还有一重物质表现，就是石台孝经文字的书法呈现。文字书法和《御注孝经》文本关系密切，又有着较为独立的方面。在某种意义上来说，它兼具有文本性和物质性的双重特征，与书写、刊刻、拓印等技术手段息息相关，可以长久保存，可以重建复制。书法既是文本的物质化外观，也是文本文字的内在品质，极大地决定了文本作品的含义和观者对文本的进一步阐释。

文变染乎世情，兴废系乎时序，盛唐文学一扫初唐的纤细之风，呈现出瑰丽雄伟的气象，名家辈出，群星璀璨，观照书画领域亦是如此，著者灿烂夺目，风格千姿万变，盛极一时。吴道子"出新意于法度之中，寄妙理于豪放之外"，所画人物、佛像、山水、草木等，皆冠绝于世，国朝第一。王维的水墨山水、李思训的重彩山水、张萱周昉的仕女、韩滉戴嵩的牛等，均一时之选，享誉当代。除了文学、绘画之外，开天盛世的辉煌在文化领域其他方面亦是表现的多彩多姿，对于文人士大夫选官要求之一的书艺而言，在这个时期也是众体皆备名家辉映，"开元文盛，百家皆有跨晋、宋追两汉之思"，自静谨至茂逸，由清健到圆劲，盛唐书法尽显繁荣之气象。

唐代帝王善书者众多，佼佼可观者有高祖李渊、太宗李世民、高宗李治、睿宗李旦、玄宗李隆基、肃宗李亨、代宗李豫、德宗李适、顺宗李诵、宣宗李忱，当然还有一代女皇武则天，其书法气势开张而无戾色，字体婉约有章草遗风。唐玄宗李隆基自小在祖母武则天身边成长，睿宗书法之景云钟铭雅致遒美，玄宗的书法受到祖母和父亲的熏陶，尤善八分，在他的垂范下重新把隶书发展到了一个高潮。

晚清金石学家柯昌泗在《语石异同评》中说道："唐初分书，承北朝用方体。明皇变以扁体，海内靡然从之。韩、梁、史、蔡，其体大同，所云唐隶也……唐人分书，明皇以前，石经旧法也，盖其体方而势峻。明皇以后，帝之新法也，其体博而势逸。韩、蔡诸人，承用新法，各自名家……明皇宸翰，变方整为宽博，当时八分书体一新。"初唐的隶书还保存着汉魏古意，瘦硬峭厉，没有形成唐代自身的风格，这个时期以欧阳询、殷仲容二人最为知名。欧阳询隶书作品以山东济南历城区的房彦谦碑为代表，与其正书相去不远，他的隶书很像是用楷法写成。殷仲容的隶书碑志有褚亮碑、李神符碑和马周碑等，他的书法接近汉魏石经上的书体，挑拨平硬如折刀头，直到唐玄宗开元年间，"临轩之余，留心翰墨，初见翰苑书体狃于世习，锐意作章草、八分，遂摆脱旧学"。

唐隶新风，书法丰腴，力矫当时枯槁之病，虽过于浓浊没有汉隶的劲健之气，但能够在汉隶的基础上开辟出新途径，书法面貌有所创新。在唐玄宗的身体力行下，盛唐隶书出现了众多影响深远的翰墨大家，其中韩择木等四人更被后人赞誉为唐隶四家。杜甫《李潮八分小篆歌》写道："惜哉李蔡不复得，吾甥李潮下笔亲。尚书韩择木，骑曹蔡有邻，开元已来数八分，潮也奄有二子成三人。况潮小篆逼秦相，快剑长戟森相向。八分一字直百金，蛟龙盘拏肉屈强。"由于杜甫诗歌的影响力，后来人们提到唐代隶书时就会说起李潮，李潮乃因杜甫而扬名书坛。到了宋代欧阳修又加上了史惟则，把韩择木、蔡有邻、李潮和史惟则四人合称为唐代的隶书四家。近代杨守敬重新排列了唐隶四家，去掉了李潮，换成了武则天时期的卢藏用。还有学者把韩择木、史惟则、徐浩和梁升卿四人定义为唐隶四家。除唐隶四家外，善写隶书者还有刘升、田羲刊、顾诫奢和韩秀实、韩秀荣、韩秀弼三兄弟，他们共同组成有唐一代隶书领域的代表性人群。

韩择木，著名文学家韩愈的叔父，曾官工部尚书，以太子少保致仕，"隶学之妙，惟蔡邕一人，择木乃能追其遗风，风流闲媚，世谓蔡邕中兴焉"，代表作有告华岳文、荐福寺临坛大戒德律师碑、叶慧明碑和南川县主墓志等。他的隶书师法汉魏古体，传统风格浓厚，"工隶，兼作八分字"，形成了具有韩氏特点的隶书写法，这在他三个儿子秀荣、秀实、秀弼等人的书法面貌上有明显的传承。南川县主，唐玄宗孙女，她的墓志由韩择木书写，是韩择木难得一见的楷书作品，现收藏于西安碑林博物馆，字体工整遒劲，笔画匀圆劲健，转折方圆兼济，富于变化。

大唐贈南川縣主墓誌銘并序

太子侍讀兼侍御史韋朝請大夫守國子司業臣趙楚賓奉　勅撰

太子交諸王侍書中散大夫守國子司業臣韓擇木奉　勅書

維天寶十一載歲次壬辰十一月甲辰朔三日景午南川縣主終于興寧里之十王院享春秋十有八嗚呼哀哉我縣主皇帝之孫故梓王之第五女也生而樂鄉而姝㜜長而明敏成而井故咸有儀取諸禮風雅取諸詩稽古取乎書揚謐取乎易港為仁由己紀孝由心師氏重其才女史欽其德每至少遊桑陌青桐夏蠆體輅晴暮蠆掬於藏碧春秀女姜先洞青桐夏蠆孫枚早洛晴暮而鳳朝雲制有死而可作也粵以其太妃辜氏愛相制美于京兆鳳淮死而青鳥相地白鹿原禮而青鳥相地白馬開府成寧縣屬萬古塵壤鳴呼母氏勞苦女子妙躬傳不朽銘曰

朝陽之離失隉之色也

銘一挹泉萬古塵壤鳴呼母氏勞苦女子妙躬傳不朽

彼美奇女艷麗人之色月凌波起塵笑蓉娟水桃李攢

終同河洲王妃好禮石既則星津婆閬風壞樹比山

成歡同河洲王妃好禮石是則盈羞嘉園旋蘊藉褘禮溫

南爪婦德上宮是則美既紀跡蘭厄歸魂蒿里香誠碧

烈兗言有章其儀不式

煙界埋緣綺夜無月寒泉積水我生不辰宜寔已矣

南川县主墓志

蔡有邻，蔡邕之后，官至右卫率府兵曹参军。其隶书与当时一般的书家不同，笔势劲显，将流行的雍容肥厚的结体写成了骨感瘦硬的扁势，用笔的提按节奏、轻重对比和点画技法等相对较为灵活，横势较强，字体重心平稳，章法严整，"工夫亦到，出于人意，乃近天造"，其代表作有尉迟迥庙碑、卢舍那佛像记等。

史惟则，玄宗时曾任殿中侍御史，其书法效仿玄宗，"追近钟书，发笔方广，字形俊美亦为时重。又善篆籀、飞白"，代表作有开元二十四年大智禅师碑、开元二十六年萱元惠碑、大历三年辛旻墓志、大历七年韦元甫墓志等。史惟则在开元时期的书法圆润丰腴，笔力刚柔相济，结体规矩严谨，有"老劲庄严"之感，属于典型的玄宗朝隶书风格。大历时期史惟则书风更为成熟，汉隶的笔意体现无疑，颇类乙瑛碑，笔法典雅清秀，透露着明显的个人审美意趣。在唐隶四家中，史惟则的隶书"雁足印纱，深渊跃鲤"，亚于韩择木，名重当时。大智禅师碑，笔画圆润丰满，进退有度，苍劲有力，乃史惟则代表之作。

徐浩，出自东海徐氏，两《唐书》有传。祖徐师道、父徐峤之皆为书法家、收藏家，"受书法于父，少而清劲，随

大智禅师碑

唐大興善寺大辯正廣智三藏國師之碑

不空和尚碑

御史台精舍碑

肩褚、薛；晚益老重，潜精羲、献。其正书可谓妙之又妙也，八分、真、行皆入能"。徐浩约在开元中期登上长安书坛，直到唐德宗建中三年（782）去世，一直盛名不衰。徐浩早期作品延续了传统的方正瘦劲的风格，书风稍有拘谨；中期逐渐形成了自己的书法风格，结字横细竖宽，渐趋肥厚；后期书风洒脱自如，苍劲丰厚。"肃宗即位，召拜中书舍人，时天下事殷，诏令多出于浩。浩属词赡给，又工楷隶，肃宗悦其能，加兼尚书右丞。玄宗传位诰册，皆浩为之，参两宫文翰，宠遇罕与为比"，徐浩年轻时受到张说赏识，与张九龄为忘年之交，常年在集贤院任职从其所藏图书和法帖中汲取营养，书艺逐渐成熟渐趋大成。徐浩作为东海徐氏乃至江南士族的典型代表，以文学、书艺获得帝王青睐，同时不断结交权贵以维持家族地位，当时虽然与颜真卿并称为"颜徐"，不过在"人品即书品"观念的影响下，徐浩因其晚年贪财不爽，故后世学其书者亦讳言不举。徐浩的墨迹存世者有大历三年的朱巨川告身，其书丹的碑刻主要有大证禅师碑、不空和尚碑、嵩阳观纪圣德感应碑、论惟贞墓志、李岘墓志、李岘妻独孤峻墓志等，其中隶书作品以不空碑和嵩阳观碑为代表。不空和尚碑点画厚重，结体稳健，整体不求雅致，但一眼看去却有着道劲和练达的韵味，达到了"人书俱老"的境界，是徐浩隶书成熟的标志性作品。

梁升卿，生卒年不详，约天宝初年过世，官至广州都督、太子右庶子。今存诗一首，《奉和圣制答张说扈从南出雀鼠谷》为："何意重关道，千年过圣皇。幽林承睿泽，闲客见清光。日御仙途远，山灵寿域长。寒云入晋薄，春树隔汾香。国佐同时雨，天文属岁阳。从来汉家盛，未若此巡方。"诗歌用词典雅，亦是唐诗中的上乘之作。梁升卿与开元名相张说、张九龄二人关系莫逆，博学工书，尤其以隶书名世，东封朝觐碑为时绝笔，惜已经不存。西安碑林藏开元十一年（723）的御史台精舍碑和洛阳博物馆藏开元二十年（732）的张说墓志可称之为臻品，"如惊波往来，巨石前却"，笔画肥瘦相间，点撇规范，结构匀称。

唐代窦臯《述书赋下》载："开元应乾，神武聪明。风骨巨丽，碑版峥嵘，思如泉而吐凤，笔为海而吞鲸。诸子多艺，天宝之际，迹且师于翰林，嗟源浅而波细。"开元时期，唐玄宗知隶字不传无以矜式后学，乃下诏作《字统》四十卷，专明隶书。玄宗的审美观念以丰满、巨丽为主，受其影响当时的楷书、行书均表现出浑厚之美，比如张旭的《肚痛贴》和怀素的《自叙帖》中文字章法和墨法都有所变化，展现出一种连绵不绝的气势；颜真卿的书法风格大气磅礴，可谓将尚肥之风发挥到了极致，将楷书在二王之外创造出了另一种风格，世称"颜体"。

唐代隶书风格在开元时期正式形成，定鼎之作无疑是唐玄宗御制御书的纪泰山铭。开元十三年（725）十一月，唐玄宗率领文武百官封禅泰山，一并参与者还有突厥、契丹、大食、高丽、百济、日南等多国的首领或使者，声势浩大，成为唐王朝告成上天的最强宣示。开元十四年（726）九月，玄宗亲自撰书纪泰山铭摩刻于岱顶大观峰，同时令中书令张说撰《封祀坛颂》、侍中源乾曜撰《社首坛颂》、礼部尚书苏颋撰《朝觐坛颂》，并一起刻石纪德。纪泰山铭摩崖保存较为完好，通高13.3米，宽5.3米，碑文24行，满行51字，全文约1000字，除了"御制御书"和题款时间用楷书书写外，其他文字均为隶书书写，碑体遒劲婉转，雄浑有力，笔画宽博，字势横逸，一扫初唐隶书方硬劲折的特点，属于汉代以来碑碣中的雄篇巨制。

封禅是古代帝王功业的最高体现，在以德配天思想下，封禅泰山是最隆重的祭天之仪，"始受命之时，改制应天；天下太平，功成封禅，以告太平也"。封禅乃古代国家政治

纪泰山铭

中最重要、最隆重的政教大典，属于宗教性和政治性结合的神圣礼仪活动，那么纪泰山铭文本的重要性就不言而喻了，铭文中可以看到唐玄宗在开元时期的治国方针和政策，透露着盛世大唐的自信和谦逊，其文为：

> 朕宅帝位，十有四载。顾惟不德，懵于至道。任夫难任，安夫难安。兹朕未知，获戾于上下。心之浩荡，若涉于大川。赖上帝垂休，先后储庆，宰衡庶尹，交修皇极。四海会同，五典敷畅，岁云嘉

熟，人用大和。百辟佥谋，倡予封禅，谓孝莫大于严父，谓礼莫尊于告天。天符既至，人望既积，固请不已，固辞不获。肆予与夫二三臣，稽《虞典》，绎汉制，张皇六师，震叠九宇，旌旗有列，士马无哗，肃肃邕邕，翼翼溶溶，以至于岱宗，顺也。《尔雅》云："泰山为东岳。"《周官》曰："兖州之镇山，实惟天帝之孙，群灵之府，其方处万物之始，故称岱焉。其位居五岳之伯，故称宗焉。"自昔王者受命易姓，于是乎启天地，荐成功，序图录，纪氏号。朕统承先王，兹率厥典，实欲报玄天之眷命，为苍生之祈福，岂敢高视千古，自比九皇哉。故设坛场于山下，受群方之助祭；躬封燎于山上，冀一献之通神。斯亦因高崇天，就广增地之义也。乃仲冬庚寅，有事东岳。类于上帝，配我高祖，在天之神，罔不毕降。粤翌日，禅于社首，侑我圣考，祀于皇祇，在地之神，罔不咸举。暨壬辰，觐群后，上公进曰："天子膺天符纳介福，群臣拜稽首千万岁，庆答欢同，陈诚以德。"大浑叶度，彝伦攸叙，三事百揆，时乃之功，万物由庚，兆人允殖，列牧众宰，时乃之功。一二兄弟，笃行孝友，锡类万国，时惟休哉。我儒制礼，我史作乐，天地扰顺，时惟休哉。蛮夷戎狄，重译来贡，累圣之化，朕何慕焉。五灵百宝，日来月集，会昌之运，朕何感焉。凡今而后，傲乃在位，一王度，齐象法，摧旧章，补缺政，存易简，去烦苛，思立人极，乃见天则。于戏。天生蒸人，惟后时乂，能以美利利天下，事天明矣。地德载物，惟后时相，能以厚生生万人，事地察矣。天地明察，鬼神著矣。惟我艺祖文考，精爽在天，其曰懿予幼孙，克享上帝，惟帝时若，馨香其下。丕乃曰有唐氏文武之曾孙隆基，诞锡新命，缵戎旧业，永保天禄，子孙其承之。予小子敢对扬上帝之休命，则亦与百执事，尚绥兆人，将多于前功，而愸彼后患。一夫不获，万方其罪予；一人有终，上天其知我。朕惟宝行三德，曰慈、俭、谦。慈者覆无疆之言，俭者崇将来之训，自满者人损，自谦者天益。苟如是，则轨迹易循，基构易守。磨石壁，刻金记，后之人听词而见心，观末而知本。铭曰：

惟天生人，立君以理。惟君受命，奉天为子。代去不留，人来无已。德凉者灭，道高斯起。赫赫高祖，明明太宗。爰革隋政，奄有万邦。罄天张宇，尽地开封。武称有截，文表时邕。高宗稽古，德施周溥。茫茫九夷，削平一鼓。礼备封禅，功齐舜禹。岩岩岱宗，衍我神主。中宗绍运，旧邦惟新。睿宗继明，天下归仁。恭己南面，絪缊化醇。告成之礼，留诸后人。缅予小子，重基五圣。匪功伐高，匪德矜盛。钦若祀典，丕承永命。至诚动天，福我万姓。古封泰山，七十二君。或禅奕奕，或禅云云。其迹不见，其名可闻。祗遹文祖，光昭旧勋。方士虚诞，儒书龌龊。佚后求仙，诬神检玉。秦灾风雨，汉汗编录。德未合天，或承之辱。道在观政，名非从欲。铭心绝岩，播告群岳。

全文内容分为五个部分：第一部分叙述封禅泰山的缘起和开元十三年封禅时的盛大场景；第二部分回顾了历史上封禅的来历，唐玄宗并说自己是向天复命和为百姓祈福的宏大志愿；第三部分记载了封禅礼典的过程情况，显示出礼法秩序的遵循和彰显天道的颂扬；第四部分是唐玄宗对保国、安民而向上苍宣示的誓言；第五部分是铭辞，赞扬了从唐高祖到唐睿宗等五位唐代君王的丰功伟绩，进一步论述了唐玄宗继承先祖功业并发扬光大的雄心壮志。整篇铭文以儒家思想为基础，充满了君权天授的政治天命观和敬天法祖的宗法观念，同时也浸透着浓厚的道家思想，可以说玄宗的这篇纪泰山铭是以儒家学说为基础加上道教思想而形成的向上天昭示的政治宣言。唐玄宗傲视天下，一反以前帝王封禅时在上天面前战战兢兢的形象，自信豪迈之情跃然石上，体现出了开元时期唐玄宗务实奋进的政治追求。

泰山之巅，一览众山小，御制御书的纪泰山铭，一座承载着大唐开元时期的盛世情怀迎面而来，站在朝阳初升的大观峰前，当年唐玄宗君臣的神圣典礼仿佛就在眼前举行，抬头凝望着一个个如斗般大小，高约16厘米、宽约25厘米，闪烁着金光的唐玄宗御笔隶书，"思如泉而吐凤，笔为海而吞鲸"，雍容华贵的帝王气象尽显张扬。

古代的帝王书法，由于书者的身份地位引领着时代书风和书坛的走向，可以说官方的政治意志一直左右着书法艺术，比如通过字书字样的规范，明确了传统文化的书写基础，《史籀篇》《仓颉篇》《说文解字》《字林》等书均是如此出现的；帝王书法因皇帝的个人权威，成为全社会的模仿对象，以至被当作时代书法的标准范式。古代应试选官，书法要求必不可少，而帝王爱好极大地影响了书法特征，形成了俗称为馆阁体或官楷的书法面貌。帝王书法在不同地方书写，预示着不同的政治社会诉求，尤其在特殊地点书写的帝王书法，更是国家权威昭示的体现，可以说在纪念碑性景观上镌刻的帝王书法，无疑是皇权、政权和国家观念的浓缩和表示。书法政治之内涵，可以构建政权的合法性问题，可以通过赏赐御书以表示恩宠或褒功之举，可以纪功与纪念以表达特殊的政治目的，显示政治权力、传达政治信息、表示个人权威等。

大唐帝王唐玄宗的书法，作为开天盛世的文化符号之一，政治性的指向尤为突出和明确。唐玄宗的书法作品中，《鹡鸰颂》是唐代帝王传世书迹中唯一的墨迹手写行书本，价值弥足珍贵，现收藏于台北故宫博物院，主要讲述了唐玄宗与其兄弟之间的手足之情。此帖结构谨严，笔法纵横，点画肥厚，历代书家均视之珍宝。明代大书法家董其昌曾临过此帖，言道："唐明皇《鹡鸰颂》，余侍东宫讲读时曾从内库一见真迹。其英伟之概不减太宗，而遒劲不无少逊。余近于新都汪景淳得摹，已刻入鸿堂帖中，兹复临成副本，稍具优孟衣冠，至于形似未尝计也。"唐玄宗的书法作品以碑刻留存最多，除了在睿宗桥陵陪葬墓玄宗为其亲人书写的碑文如鄎国长公主碑、凉国长公主碑和金仙长公主碑外，其他知名者有杨珣碑、一行和尚碑、裴光庭碑、华山铭、石台孝经、纪泰山铭、庆唐观纪圣铭和蒙古国的阙特勤碑等，在这些碑刻中，石台孝经、纪泰山铭、龙角山庆唐观纪圣铭和阙特勤碑都是在特殊地点刻立的具有纪念碑性景观式的碑刻，共同构建出了大唐帝国的人文地理格局。

庆唐观纪圣铭，刻立于开元十七年（729）九月，唐玄宗御制御书。碑身通高269厘米，宽103厘米，厚约32厘米，龟趺高73厘米，全碑高度近350厘米，属于盛唐时期的巨型石碑之一。龙角山，原名羊角山，不管是在体国经野的王朝地理，还是在洞天福地的宗教地理观念中，都是一座寂寂无闻的山脉，但因为政治现实的需要，国家权力把羊角山和山脚下的老君祠塑造成了李唐王朝的一处神圣空间，并于开元十六年（728）正式把玄元皇帝庙改名为庆唐观，还御题了观额。庆唐观纪圣铭为唐王朝的建立发展提供了思想支持和天命基础，铭文文本是政治天命观的集中表现，其文为：

> 神也者，妙有物而为言；化也者，应无方而成象。言岂立神之主，象征宰化之知。苟言象之不存

焉，则神化或几乎息矣。穷神而极化者，其唯至圣
之人乎。我远祖玄元皇帝，道家所号太上老君者
也。建宗于常无有，立行于不皦昧。知雄守雌，为
天下溪；知白守辱，为天下谷。故能长上古而日
新，雕众形而化淳，齑万物而不为戾，泽万代而不
为仁。巍乎不睹其顶，深乎不测其极。复归无物，
存教迹以立言；奄有太清，感圣期以利见。肇我高
祖之提剑起晋，太宗之仗钺入秦，鹏搏风云，麟斗
日月。夏臣丑而已去，殷鼎轻而未徙。老君乃洗然
华皓，白骢朱髦，见此龙角之山，示我龙兴之兆。
语绛州大通堡人吉善行曰："吾而唐帝之祖也，告
吾子孙，长有天下。"于是一开赤伏，而万姓宅
心；一麾白旄，而六合大定。《传》曰："有声之
声，不过百里；无声之声，延及四海。"非夫神唱
明德，翕叶人祇者欤。善行以武德三年二月初奉神
教，恐无明征，未之敢泄。至四月，老君又见，
曰："石龟出，吾言实。"于时太宗为秦王讨宋金
刚，总戎汾绛。晋州长史贺若孝义以其状上启，遽
使亲信杜昂就山礼谒。俯仰之际，灵貌察焉。昂驰
还曰："信矣。"乃遣昂、善行乘驿表上。比至长

安，适会郫州献瑞石龟，有文曰："天下安，千万日。"高祖征其二异，拜善行朝散大夫，命舍人柳宪往祠焉。玉帛既陈，尊仪复见。其始觌也，杲杲炅炅，若红峰绿岭，吐春日之光景；其却隐也，萧萧条条，若雨息云消，视秋天之沉寥。来莫知其所自，去莫辨其所往，出于寂寞，入于恍惚，盖不可得而详诸。汾阳之龙角山者，天地降福之庭，高祖用师之道。峰上有华池灵府，下有石穴洞宫。气接姑射，集神仙之别馆；脉通霍镇，润珠玉之邻家。高祖以云辔频回，霓裾累徽，故版庙于行过之所，划坛于受命之场，刻饰圣容，彩绘真卫。神光离合，殿堂宛转于空间；云气踟躇，笙磬往还于天路。因改浮山县名神山焉，志灵应也。是岁仲秋及五年三月，晋州奏老君言："我亳庙之中枯柏更生，子孙当王。"又云："我神兵助军伐刘黑闼，立夏当平。"事果如言，皆先事之谶也。尔后太宗贞观，则矞云泊于庙宇；高宗垂拱，则卿云涌于神座。今又祠中柏树，蒲萄蓑而讬根；门端根木，枯枝荔而还茂。叠黛丰本，扑翠繁柯，聚祥烟青霭，黝黝一色，散佳气葱郁，麟麟万重。识者以为太和

畅陈朽之征，王会纳殊邻之象。惧彼虚应，摇然夕
惕。朕演灵金根，纂命璿宸，笃学道记，常味至
言。是用假途礼乐，讬宿仁义，寻末以窥本，澄粗
以诣精。为无为于此心，事无事于天下，而宗社大
福，寰县小康。实上祖惠无疆之休，亦下人率自然
之化。夫唯幽容昭见，伟事也；神告帝符，瑰瑞
也；发祥善行，吉类也；庆云重作，鸿懿也；戎果
附植，合异也；槁干华滋，蕃炽也。此六者，兴王
之嘉祉，旷历之绝记者已。朕不敏，颇闻君子之教
矣，继其父者天其祖，习其训者父其师。揄扬道
德，情存孝敬，《商颂》美乎成汤，《周雅》尊乎
后稷。先王之旧典也，吾岂坠其文哉。夫戴角之
类，龙为之长。羊也定形而不易，龙也神化而无
端。龙盖五土之精，国家乘土而王，故改山号名龙
角焉。乃铭金石，以彰灵变。词曰：

思文圣祖，玄默雷声。混兮无名，超兮至清。
清入神舍，名损物假。身尊元元，后有天下。高祖
凤翔，云举晋阳。太宗龙战，风趋秦甸。龙角仙
都，王师戒途。圣形入有，神言出无。瑶衣玉骑，
告帝天符。神方据我，人亦来苏。乃立清室，微微

谧谧。众仙停眸，乃兴庆云。氛氛氲氲，再瑞明
君。庭有柏兮，远果寄秀。门有根兮，瘦条更茂。
顾惭菲德，蒙神之祐。诵我道经，介我神听。继明
五圣，禋事三灵。请从格言，天德出宁。大道幽
荫，湛慈广接。意路何阶，言津难涉。化有影响，
神无华叶。

　　庆唐观纪圣铭记载了老子在李唐王朝从太原起兵到盛唐
时期的多次显灵事件，并对从唐高祖到睿宗的功业进行了回
顾，龙角山可称之为李唐王朝的革命圣地了。先天二年
（713）七月，玄宗派长安太清观的道士杨太希为功德使，给
龙角山的玄元皇帝像送来了御赐的法服，并连续五天进行了
斋醮活动，重新塑造了金阙天尊、元始天尊等人的雕像，为
睿宗、玄宗、金仙公主和玉真公主祈福。到了开天时期，庆
唐观里又出现了诸多预示国运的祥瑞，为盛世营造提供了舆
论宣传的作用。纪圣铭坐落在庆唐观九龙壁的右侧处，高耸
的碑身、充满神圣感的文章，配合上玄宗丰厚的隶书，一种
肃穆的皇家威严和权力感表现无疑。与碑阳文字相比，碑阴
的题名或许给人的印象更为深刻，这些题名从上到下可分成
三个大的类别，第一类是皇子宗亲，有太子、诸皇子、郡

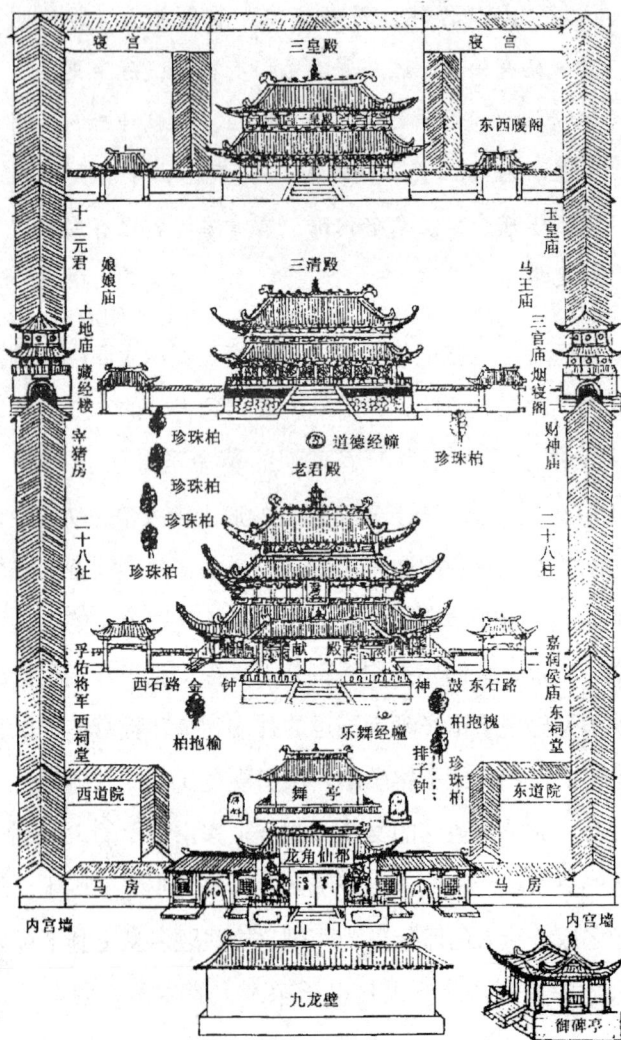

庆唐观示意图

龙角山纪圣铭

王、嗣王等29人；第二类主要是宰相和朝廷官员，包含了六部九寺五监的长官、京兆河南太原三京的府尹等34人；第三类是具体营造纪圣碑的官员、杨思勖和高力士等玄宗亲近宦官、高级军将等9个人。与石台孝经的题衔相比，纪圣铭的题名多了皇子宗亲，这是因为庆唐观所宣扬的老子和李唐皇室之间有血脉联系，使得庆唐观不仅具有官方道观的性质，同时具有皇家宗庙的特点，在唐帝国的政治人文空间版图中占据着特殊的神圣位置。而且在庆唐观中，老子的雕像非常特殊，"衮龙克光于像设，冕旒追尊于帝位"，身着皇家的王者服饰，这和西安碑林藏老君像大氅道服的形象完全不同，可能和长安太清宫内的塑像形象一致，强烈地暗示着李唐皇室的天命正统。

与石台孝经、庆唐观纪圣铭和纪泰山铭不同的是，阙特勤碑本质上属于个人的神道碑，不属于纪功纪言的帝王石刻，但因为其特殊的个人身份和刻立地点，和前面三者具有了某种相似的国家地理寓意和政治宣言。

暾欲谷碑、阙特勤碑和毗伽可汗碑，当时均刻立在漠北草原突厥之地，称为突厥三大碑。暾欲谷碑大约建于开元八年（720），1897年在距离乌兰巴托约30千米的巴颜楚克图地区独乐河右岸发现。碑文分刻在两根石柱上面，全文用鲁尼文写成，分为序言、正文和结语三个部分，记载了暾欲谷的生平事迹和功业情况，对理解突厥第二汗国的政治社会情况具有重要意义。暾欲谷是毗伽可汗的重臣兼岳父，足智多谋，老而益智。《旧唐书·突厥传》载："（开元）二十年，阙特勤死，诏金吾将军张去逸、都官郎中吕向赍玺书入蕃吊祭，并为立碑，上自为碑文，仍立祠庙，刻石为像，四壁画其战阵之状。二十三年，小杀为其大臣梅录啜所毒，药发未死，先讨斩梅录啜，尽灭其党。既卒，国人立其子为伊然可汗。诏宗正卿李佺往申吊祭，并册立伊然，为立碑庙，仍令史官起居舍人李融为其碑文。"毗伽可汗以开元四年即位，本蕃号为小杀，性情仁友，自以为可汗之位主要乃其弟阙特勤的功劳，固让之，阙特勤坚决不受，毗伽可汗遂以阙特勤为左贤王，专掌突厥兵马之事。毗伽可汗碑刊刻于开元二十三年，碑文主要记载了毗伽可汗的业绩以及后人对他的赞美之词。阙特勤，骨咄禄可汗之子，卒于开元十九年，墓碑刻立于开元二十年。此碑是以毗伽可汗的名义刊刻的，主要内容是对阙特勤生平事迹的记载和对其美德的歌颂。毗伽可汗碑和阙特勤碑，均立于蒙古国鄂尔浑河旧河道及和硕柴达木湖附近，距离乌兰巴托约400千米，此地当是毗伽可汗和阙特勤的墓园之地。二碑相距约1公里，用青石雕刻而成，均四面刻字，除了西面为汉文内容外，其他三面鲁尼文部分由二人的外甥特勤撰写，内容多有重复之处。阙特勤碑1889年被俄国学者发现，石碑螭首，高约333厘米，上宽122厘米，下宽132厘米，厚约44至46厘米。阙特勤碑圭首上镌刻"故阙特勤之碑"，碑文乃唐玄宗御制御书，12行，满行36字，字体工整，笔法森严，正是唐隶新变的典型风格。阙特勤碑汉文部分记载了唐和突厥间的友好关系，其文字为：

> 彼苍者天，罔不覆焘。天人相合，寰寓大同，以其气隔阴阳，是用别为君长。彼君长者，本□□□裔也。首自中国，雄飞北荒，来朝甘泉，愿保光禄，则恩好之深旧矣。洎我高祖之肇兴皇业，太宗之遂荒帝载，文教施于八方，武功成于七德。彼或变故相革，荣号迭称，终能代□□□□修边贡。爰逮朕躬，结为父子。使寇虐不作，弓矢载橐。尔无我虞，我无尔诈。边鄙之不□，□□之赖钦。君讳阙特勤，骨咄禄可汗之次子，今苾伽可汗之令弟也。孝友闻于远方，威灵憺□殊俗。斯岂由曾祖伊地米施匐积厚德于上，而身克终之。祖骨咄禄颉斤行深仁于下，而子□□之，不然何以生此贤也。故

能承顺友爱，辅成规略，北爕眩瓃之境，西邻处月之郊，尊摈梨之□□，受屠耆之宠任，以亲我有唐也哉。是用嘉尔诚绩，大开恩信，而遥畾不骞，促景俄尽，永言悼惜，疢于朕心。且特勤，可汗之弟也，可汗犹朕之子也。父子之义，既在敦崇；兄弟之亲，得无连类，俱为子爱，再感深情，是用故制作丰碑，发挥遐壤，使千古之下，休光日新。词曰：

沙塞之国，丁零之乡。雄武郁起，于尔先王。尔君克长，载赫殊方。尔道克顺，谋亲我唐。孰谓若人，网保延长。高碑山立，垂裕无疆。

大唐开元廿年岁次壬申七月辛丑朔七日丁未建。

突厥时代主要作为官号的kül，在汉语中至少有九种汉译转写，分别为阙、阙律、屈利、屈律、俱卢、屈勒、处罗和出六。阙特勤，则是突厥词汇kül tigin 的汉字转写形式，特勤是突厥王族的官称，阙只是一个官号或一组官号的一部分，二者共同表示一个完整的政治名号。对于唐帝国和突厥第二汗国之间的关系，唐玄宗在碑文中用了大量篇幅为之褒扬，称其为"父子之义""兄弟之亲"，但是在碑文突厥鲁尼文中，以毗伽可汗的口吻却说道："虽然我们与唐朝建立

阙特勤碑

了关系，他们慷慨地给了我们这么多金、银、粮食、丝绸，唐人的话语甜蜜，宝物华丽。他们用甜蜜的话语、华丽的宝物诱惑，使得远处的人民靠近他们。"鲁尼文部分也是由唐人工匠镌刻上石的，此中缘由颇值得推敲玩味，有可能是工匠们并不熟悉突厥文字，只是利用技艺刊勒于石上的。

阙特勤的墓园是唐玄宗应毗伽可汗之请，派遣唐代工匠建造的。1957年，捷克考古学家对阙特勤墓地进行了考古调查与发掘，取得了一些重要成果。整个墓园坐西向东，阙特勤碑占据着中央位置，东边入口处还保存有石人、石羊和数百块杀人石，体现出明显的突厥文化风格。从墓地入口到祠堂的道路两侧，还残存下来了四个石像，分别为三男一女。再往后有一座庭院式建筑遗址，墙壁残留有壁画痕迹，原是一座16根立柱支撑着的大殿。在祠堂西侧有一块巨型石块，呈长方形，中间凸起有一空洞，可能是祭祀所用的。

阙特勤碑的实际营造者是唐廷使团的负责人张去逸。张去逸，玄宗的表弟，昭成皇后妹妹之子。关于开元二十年赴突厥之事，张去逸墓志序文载："明年，诏择使匈奴者，以公为专对之选，俾膺是行，仍赐紫金鱼袋，以极绂冕之宠饰也。终克燀扬皇威，允副朝寄，旋蒙赏命，时论荣之，加光

张去逸墓志盖

禄卿。"对应的墓志铭文为："龙城勒石，何惭燕然。"龙
城指的是突厥王庭，龙城勒石指的是阙特勤碑，燕然指的是
燕然山铭。铭文把阙特勤碑与燕然山铭比称，体现出了唐人
对于阙特勤碑的理解和政治象征。燕然山铭，刊刻在蒙古国

中戈壁省偏西南的杭爱山支脉岩石上，宽130厘米，高94厘米，目前还可辨识的文字有220多个，其文由班固书写，在历史文献中有完整的保留，主要记载了后汉车骑将军窦宪领兵北击匈奴，彻底歼灭了其主力，宿世之耻一朝雪洗，拓宽疆域，振兴大汉的事迹。窦宪此次军事行动结束了汉匈百年之间的战争，影响极为深远，燕然遂成为后世建立不朽功业的代名词，"愿随春风寄燕然""倚剑登燕然，边烽列嵯峨"，在唐人诗歌中屡有描写和称赞。

开元时期，吐蕃围绕西域的控制权和唐帝国进行着激烈的争夺，唐军多次击溃吐蕃军队，牢牢占据着主导地位。在金城公主和亲之后，唐帝国和吐蕃的关系随之缓和下来，在此情况下，唐王朝对突厥展开了政治攻势，毗伽可汗一方面求亲唐朝，一方面和唐玄宗结为父子关系，甚至把吐蕃暗中联系突厥的密信汇报给了唐玄宗，唐廷和突厥的关系密切起来，并于开元十五年双方开始了互市贸易，人员经济往来进一步加强。对于唐帝国来说，稳定而亲唐的突厥政权是十分重要的，阙特勤作为突厥政权中的核心人员，对其葬事的隆重安排无一不是唐王朝的重要外交措施，为了提高毗伽可汗对唐王朝的忠诚度，唐玄宗甚至亲自为阙特勤撰书了碑文。以此来看的话，御制御书的阙特勤碑正是唐帝国、吐蕃和突

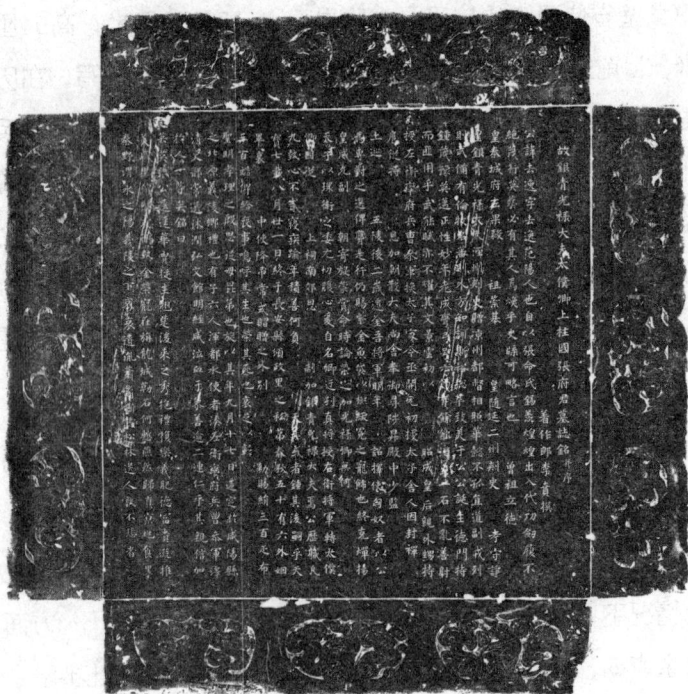

张去逸墓志石

厥三方政治势力的外交表现物，同时也是唐帝国国家政治及权威的纪念碑性石刻景观了。

长安、龙角山、泰山和漠北草原，分别刻立着唐玄宗御制御笔的石刻，不同的文本内容、不同的石刻形制，加上同样的帝王书法，承载着唐玄宗天下观念的君王梦。章法整饬、行列有序的玄宗隶书，标识着盛世大唐的高贵气度和富于四海的政治雄心，气象博大的四种刻石，万里山河，九重城阙，共同构建着唐帝国开放强盛的国家政治地理格局，帝王书法在此基础上也具有了特殊的意义。

知识信仰与制度：东亚史上的文和物

开元三年（715），左散骑常侍褚无量、马怀素侍宴，在谈论过程中说到了当时国家的经籍情况。唐玄宗说："内库皆是太宗、高宗先代旧书，常令宫人主掌，所有残缺，未遑补缉，篇卷错乱，难于检阅。卿试为朕整比之。"于是褚无量和马怀素开始整理国家所藏的典籍，到了开元七年，唐玄宗又下诏广搜天下藏书，所有人家里只要有异本图书，就须给官家借阅抄誊一本。经过多年的努力，唐王朝官方收藏的四部图书已蔚然可观，大大超过了《隋书·经籍志》记载的书籍。开元九年十一月，又由殷践猷、王惬、韦述、余钦、毋煚、刘彦真、王湾、刘仲等知名学人重修成《群书四部录》二百卷，右散骑常侍元行冲领衔奏上。《群书四部录》，序例一卷，共著录图书2655部，48169卷，并有大、小序和解题。兹后毋煚又把《群书四部录》修订缩略为40卷，命名为《古今书录》，著录典籍3060部，凡51852卷。《群书四部录》和《四库全书总目》是中国目录学史上的两部集大成之作，分别代表了唐代和清代朝廷收藏图书的基本面貌。

通过官方目录书中的典籍著录多寡，可以了解一个时代里"文"的整体情况，《群书四部录》就是我们深入探讨初盛唐阶段文化发展的重要参考资料。

汉唐之间，在文的世界里，经学作为官学和设科取士的基础，一直占据着文化的主流领域。总体来看，唐代是经学衰落的时代，初唐随着《五经正义》的编撰和实施，导致了主流经学的工具化。从学术政治的角度观察，初盛唐时期虽然经学逐渐僵化起来，但是其中的礼学反而特别的发达，尤其是和国家礼仪活动、士族阶层关联的礼学领域表现分外引人注目，除了传统的注疏经典或诠释文本之外，更多的是编撰礼书、撰写仪注、改编礼制，使得这个阶段的礼学呈现出一种经世济用的性格。安史乱后，啖助、赵匡等人发动的新《春秋》运动，成为中晚唐经学发展的新趋势，不过在这个文化运动中，最活跃的人群并不是经学家们，而是以擅长诗赋为代表的文人，可以说文人化经学和文儒混合现象是中晚唐文化史上的重要特点。

孔子"志在《春秋》，行在《孝经》"，在《论语·为政》中说道："道之以政，齐之以刑，民免而无耻。道之以德，齐之以礼，有耻且格。"德礼为政教之本，刑罚为政教之用，在唐代国家秩序中礼和法占据着核心位置。对于开天时期来讲，唐玄宗在经典文本的编撰上完成了一系列改革工作，其中经学方面主要有《御注孝经》《唐六典》《大唐开元礼》的刊行和《礼记·月令》的调整，律法方面主要是开元年间的律令格式修定，二者共同奠定了唐王朝治国大法的原则。

　　唐代法典分为律、令、格、式四种，律是对各种违法行为的惩罚条文，令是国家典章制度的相关规定，格是以诏敕形式颁布的各种禁令，式是政府机构的办事章程，四者密切联系，构成了完整的统治制度和法典体系。唐代的律令制度有几个基本特点，一是法典的儒家化色彩强烈，主要是以礼入法，形成了礼主刑辅的表现；二是政治运作的法制化，皇权进一步得到了强化，皇帝的权力及其皇权的象征纪念物都成为神圣不可侵犯的一部分，在国家治理中依法行政，形成了律令制度下的唐代政治，给东亚各国以很大的影响。初唐时期，唐律修定经过了武德、贞观和永徽三个时期的完善，到了唐玄宗时经过开元三年、开元七年和开元二十五年三次修定，形成了完善的唐代法律格式，法制化成为盛唐政治的基本运行模式。

　　开元元年开始唐玄宗下令删定格式令，开元三年修定事毕，由姚崇、卢怀慎、李乂、苏颋、吕延祚、魏奉古等人奏上，名为开元格，其中包含《格》十卷，后称作《开元前格》。这次删改律令不包含律，总称为"开元格"，而且参加者基本是朝中的老人。开元五年二月唐玄宗下令尚书省刊定令式格敕，开元六年敕宋璟、苏颋、卢从愿、裴漼、慕容珣、王丘、杨滔等十一人删定律令格式，开元七年三月删定事毕奏上，律令式仍旧延续旧的名称，分别叫作《开元律》《开元令》《开元格》，其中《令》三十卷，《律》十二卷，《格》又称作《开元后格》，十卷。开元二十二年，唐玄宗以李林甫为首负责通盘修定律令，开元二十五年修改事成奏上，参加者主要有李林甫、牛仙客、王敬从、霍晃、陈承信、俞元杞等，共删改修定了7026条各类条文，总成《律》十二卷，《律疏》三十卷，《令》三十卷，《式》二十卷，《开元新格》十卷，又撰成《格式律令事类》四十卷，共一百三十卷敕尚书省缮写五十余本，分发相关单位执行。开元时期修定律令格式，是一件系统性的需要花费长时间的巨大文化工程，最终在开元末形成了建制完整的法律体系，既是历代法典的大成之作，也是盛世文化成熟的具体表现之一。

以开元二十五年法典为代表的唐代法系，许多内容都被新罗和日本等国的法律所吸收，这在日本的《养老令》中多有体现。七八世纪形成了以中国文化为代表的东亚世界文化圈，其中一个重要方面就是律令制度的使用，构建出了东亚文化圈的基本内涵。中华法系的立法原理是以礼为本，包含有情、理、法等多方面特征，礼法并重，寓礼于法。唐玄宗在全面修定律令的过程中，对于德礼等内容也进行了大刀阔斧的改革，对于后世影响深远。

玄宗对于经典没有平常的敬畏之心，只有古为今用的实用主义思想，使汉代以来的知识经典传承为之大变，开启了中晚唐"自名其学"的经学途径。在唐玄宗的安排下，作《唐六典》取代《周礼》，以《大唐开元礼》代替《礼记》，至于《礼记》本身则修改实用性较强的《月令》为第一篇，整个颠覆了礼经的秩序，重新规划出了一套强烈带有玄宗个人色彩的礼仪制度。对于儒家思想核心的《孝经》，玄宗重新以己意注疏，基本摒弃了郑注和孔传中有价值的学术部分，形成了以皇权为中心思想的《御注孝经》。同时，唐玄宗还把《史记》中的《老子列传》改为列传之首，以《初学记》代换了《艺文类聚》，以五臣注《文选》更替了李善注《文选》。

开元十年，诏起居舍人陆坚于集贤院修《唐六典》，唐玄宗手写白麻纸凡六条意见，分别为理典、教典、礼典、政典、刑典、事典，吩咐以类别相从，错综古今，法以周官，勒为唐典。张说知集贤院事时，于开元十三年委托给徐坚负责此事，贺知章、赵冬曦参加编务。由于编撰牵涉到经济、军事、法律、思想、文化等方方面面，加之人员较少而累年无功，故到了开元十五年左右，张说又补充了毋煚、余钦、咸廙业、孙季良、韦述等著名学人参与修撰之事，始以令、式模仿《周礼》六官为制，编撰力量大大加强。萧嵩知集贤院事，复增加了刘郑兰、萧晟、卢若虚三人。开元十九年张九龄知集贤院事时，又增加了陆善经参与编写事务。在萧嵩和张九龄先后知集贤院事期间，以韦述负责编撰方案，《唐六典》仿照《周礼》六官，以唐代诸司执掌为内容，并以注文形式介绍官职的沿革情况，便于把各类典章制度包含在内，体现出了考寻旧章、错综古今和以类相从的指导思想，至此基本解决了《唐六典》的体例问题。李林甫代张九龄知院事后，补充了苑咸参加编撰事宜。经过多年的工作，开元二十四年《唐六典》基本完成，开元二十六年由李林甫以宰相身份奏上。《唐六典》编修过程历经十六年之久，四易主持者，前后数十人参加，尤其以张说、张九龄、韦述三人功劳最大。全书共三十卷，每卷分述若干个官署，每个官署又按照职责分类若干条子目，囊括了当时官僚机构的在编人员，纲目清楚，明白规范，便于省览。

关于《唐六典》的编撰目的，陈寅恪先生认为："开元时所修《六典》乃排比当时施行令、式以合古书体裁，本为粉饰太平制礼作乐之一端，故其书在唐代行政上遂成为一种便于征引之类书。"《唐六典》的编撰，体现着唐玄宗的个人权威和大唐盛世的声望，但是在其成书后，只是宣示中外而没有明诏施行。由于全书体例特殊，编写难度很大，虽然经年而成，但依然问题很多，故唐玄宗广泛征求众人意见，以备修改完善，然后再推行天下，不过随着安史之乱的发生，此事最终并未如唐玄宗所愿。总体来看，《唐六典》存在重京官、轻外任的现象，同时对当时已经大量出现的使职及其制度缺漏较多，所以并没有取代唐代的令、式，但是《唐六典》记载的都是最基本最常用的情况，被下发到州县后，与律令格式一起作为规范官员的法律依据，那么称其为一部新的准法典是比较合适的。

《唐六典》完成后，大概在肃宗时做过一次修订。据记载最早的版本是北宋元丰本，惜已经失传了，南宋绍兴四年（1134）重刻《唐六典》，今残存十五卷，分别藏于中国国家图书馆、南京博物院和北京大学图书馆，目前我们所见到的诸多版本均是出自绍兴本系统。大概在中唐时期，《唐六典》被遣唐使或学问僧带回了日本，后来在综合各家版本的基础上，于昭和四十八年（1973）刊印了广池内田本，这个文本以广池氏的享保本为底本，利用各类宋残本校订而成，是当前的最善本之一。

《大唐开元礼》的编撰时间和《唐六典》略有先后，不过完成时间早于《唐六典》，于开元二十年完成奏上。在当时人的观念中，二书并举，有着极为相似的境遇与作用，故吕温在《代郑相公请删定施行〈六典〉〈开元礼〉状》中写道："国家与天惟新，改物视听。太宗拯焚溺之余，粗立统纪；玄宗承富庶之后，方暇论思。爰敕宰臣，将明睿旨，集儒贤于别殿，考古训于秘文。以论材审官之法，作《大唐六典》三十卷。以道德齐礼之方，作《开元新礼》一百五十卷。网罗遗逸，芟翦奇邪，亘百代以旁通，立一王之定制。草奏三复，祇令宣示中外；星周六纪，未有明诏施行。"《唐六典》和《大唐开元礼》都是唐玄宗标榜唐朝礼法的产物，主导思想为实用主义，昭示着帝王和国家的权威性和天命观，有着统一的编撰理念和性质。二者的出发点是和开元盛世相匹配的上层建筑举动，三礼乃古代圣王理政的理想体

《大唐开元礼》

现，唐玄宗为了攀比古代圣王甚至超越古代圣王的治国程度，重新以新的经典取代旧的经典，在文化构建上发出独属于盛世大唐的声音，故此先后开始了取代三礼经典的编撰工作。作为《大唐开元礼》本身来说，是一部整合前代礼制的综合性礼典，属于制度层面的礼，乃为垂成永则的长远规划，具有唐代礼经的性质。

初唐时期礼学主要以批判传统经说为主，经书的权威和典范性受到了士人的质疑，在国家礼制层面而言，从武则天开始，唐代礼制进入以皇权为主导的新时代。武则天为了女主地位的确立，改革了丧服制度、明堂礼、封禅礼等，完全是按照自己的意愿来改革礼制的，"时既沿革，莫或相遵，自我作古，用适于事"。不过武则天主要是利用传统儒家制度的做法，而到了唐玄宗时候则全面变革，从经典文本的内容到精神内核都进行了重新更订，建立起了更为宏大的大唐新典。

唐玄宗打算以《唐六典》取代《周礼》，同时采纳了张说的建议，放弃了对《礼记》的修订，直接以《贞观礼》和《显庆礼》为基础，删改补充后暂时使用。开元十四年，通事舍人王喦上疏玄宗，请求改撰《礼记》内容，"削去旧文，而以今事编之"。唐玄宗看完后，让集贤院众学士进行讨论，时宰相张说言道："《礼记》汉朝所编，遂为历代不刊之典。今去圣未远，恐难改易。今之五礼仪注，贞观、显庆两度所修，前后颇有不同，其中或未折衷。望与学士等更讨论古今，删改行用。"唐玄宗以为张说之言甚有道理，于是命徐坚、李锐、施敬本等人修撰新礼，由于困难太大，多年都未完成。张说卒后，萧嵩代为集贤院学士，以王仲丘总领此事，于开元二十年撰成了《大唐开元礼》一百五十卷，"俾垂作范之规，用成不刊之典"。

《大唐开元礼》完成后，杜佑在《通典》中说"颁所司行用"，而吕温则言"未有明诏施行"，二人意见相左，那么，《大唐开元礼》到底行用了吗？在中国国家图书馆藏敦煌文书中发现有《大唐开元礼》的残片，内容是卷三九《皇帝祫享于太庙》中的"馈食"条，文书按照《唐令》规定的平阙式书写，应该是一件官文书。在大谷文书中，4922号和8113号两件文书亦为《大唐开元礼》的残片，其中4922号文书残存文字有"时享于太庙有司摄事"，8113号内容是卷六五《时旱祈于太庙/时旱祈于太社》中的条目，这两件文书书法相近，都严格遵循了平阙式规定，同属于官文书，而且二者可以缀合，似乎是一件完整的写本，书写的都是《大唐开元礼》卷六五的内容。唐代沙州和西州均属于边州地区，在这里发现有官方《大唐开元礼》资料，以此推断这种情况不应该是偶然现象，《大唐开元礼》的颁布应该是在全国范围内进行的，杜佑所讲"颁所司行用"应为实情。另外，在敦煌吐鲁番文书中还可以看到有关礼书引用《大唐开元礼》的信息，说明《大唐开元礼》实际上得到了普通大众的使用。更重要的是，在唐德宗时期《大唐开元礼》就被立为了官学，朝廷以此标准来开科取士，并延续到了宋代开宝六年（973）才改成了乡贡通礼。以此来看，《大唐开元礼》在唐代基本上是得到施行的，不过由于礼书不同于法典，不具有强制实施的手段，主要依靠的是德治、教化的功能，所以才给吕温造成了《大唐开元礼》没有行用的印象。

唐玄宗曾说"王者乘时以设教，因事以制礼，沿革以从宜为本，取舍以适会为先"，礼书礼制的改革正是他创新唐礼的基本做法，除了编撰《唐六典》和《大唐开元礼》以取代《周礼》与《礼记》之外，还重新修订《月令》，以代替《礼记》中原来的《月令》文本。玄宗朝所修订的《月令》一般称为《唐月令》，《礼记》中的《月令》一般叫作经典《月令》，以示二者之别。

《月令》体现了古代的自然观念，将物候变化与社会秩序结合起来，是天人合一思想在国家治理中的重要表现，在古代以时治政的国家行政和祭祀中具有积极作用。唐初孔颖达《五经正义》完成后作为官方教材，其影响力不言而喻，但是对于《礼记正义》来说，《月令》篇到了玄宗时期就被删改修定了。经典《月令》内容与当时的历法多有不合之处，由此给相关礼制的实践带来了很多困难，故唐玄宗命人根据《大衍历》来改定《礼记·月令》，著为《御删定礼记月令》，敕李林甫等人为之注解，然后颁行天下，替换了《礼记》中的经典《月令》。到了天宝二年，为了明经考试的需要，唐玄宗又敕令《唐月令》"宜冠众篇之首，余旧次之"。

当时参加《唐月令》修定注解的人员主要有李林甫、陈希烈、徐安贞、刘光谦、齐光乂、陆善经、史元晏、梁令瓒等。关于《唐月令》的形成时间，通过比较《大唐开元礼》和《初学记》中的相关内容，知其最晚在开元末形成，具体时间约在开元十五年至开元二十六年之间，而注解文字则形成于天宝元年。关于修撰的主旨思想，李林甫在《御删定礼记月令》序文中说道：

> 臣闻昔在唐尧，则历象日月，敬授人时；降及虞舜，则璿枢玉衡，以齐七政；夏后则更置《小

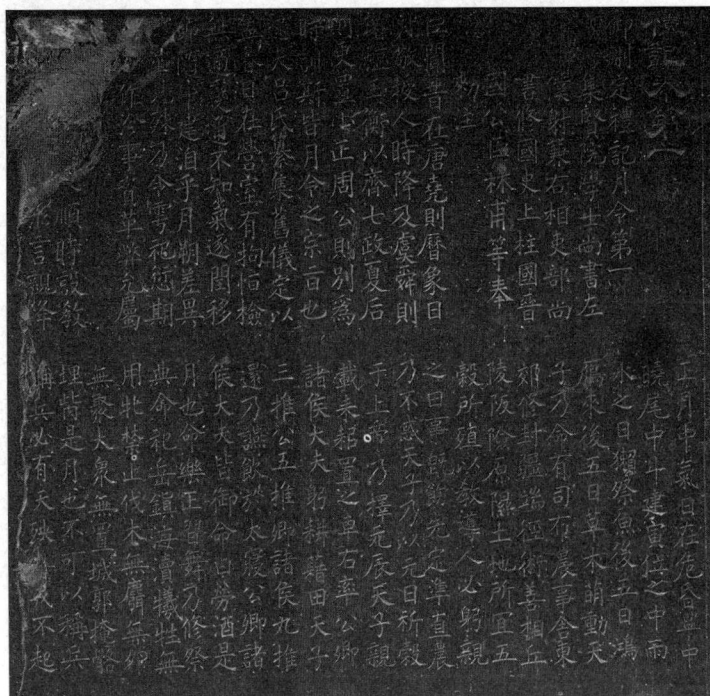

开成石经之《唐月令》

　　正》，周公则别为时训，斯皆《月令》之宗旨也。
逮夫吕氏，纂集旧仪，定以"孟春，日在营室"，
有拘恒检，无适变通。不知气逐闰移，节随斗建。
洎乎月朔差异，日星见殊，乃令雩祀愆期，百工作

渗，事资革弊，允属宜更。昭代敬天勤民，顺时设
教，是以有皇极之形言，亲降圣谟，重有删定，乃
依构建，爰准摄提。举正于中，匪乖期于积闰；履
端于始，不爽候于上元。节气由是合宜，刑政以之
咸序。遂使金木各得其性，水火无相夺伦，盖所谓
顺乎天而应乎人者也。

从表文知道时令在观象授时的作用之外，还有申明祭祀
时间的功能。《唐月令》对经典《月令》文字进行了调整删
定，同时补充了开元时期的祭祀制度，是按照唐玄宗政治伦
理的方法改编而成，具有浓厚的皇家色彩，不过甚少皇帝私
礼的内容，还算是一部较纯粹反映儒家礼制的文本。《唐月
令》在《礼记》中的位置从第六篇调整到了第一篇，而且单
本刊行，说明《唐月令》有着超越经典的某种形式，地位进
一步得到了提高，带有强烈的官方意识形态。天宝五载时诏
曰："《礼记》垂训，篇目攸殊，或未尽于通体，是有乖于
大义。借如尧命四子，所授惟时；周分六官，曾不系月。先
王行令，盖取于斯。苟分、至之可言，何弦、望之足举。其
《礼记·月令》宜改为《时令》。" 唐玄宗改《月令》为
《时令》，至此王化和民时在名称上合二为一，形成了唐代
月令知识的独特面相。时令是政令的一种，在规范乡村社会

S.621《唐月令》

秩序方面具有特殊的作用，这种做法是要把帝王意志投射到低层社会，从而对普通大众的日常生活产生影响，进而形成一种微观性的日常统治方式。

《唐月令》自唐玄宗时就代替了经典《月令》，一直到了宋初还被用作国子监的范本，直到宋仁宗景祐年间才恢复了传统经典《月令》的旧有体例。《唐月令》刊行后，经典《月令》依旧还在社会上传播。在敦煌文书中，关于月令类的文献主要有三种：一是经典《月令》的文本，二是《唐月令》的文本，三是对《唐月令》做注解的《月令节义》。经典《月令》以S.2590号文书为代表，该文书共19行，经文大字，注疏小字，保留了"孟春之月"之"春"到"其器疏以达"的内容和部分郑注，字体清晰可辨，书法优美，约为中唐写本。从经典《月令》文书的使用情况来看，在敦煌地区《唐月令》还没有形成一元独尊的态势，不同文本的月令都有着存在施行的空间，可能全国的状态亦是如此。《唐月令》文书以S.621号为代表，在序言和介绍部分均提到了李林甫，双行小注，写卷页面整齐，整个文书23行，其中进表13行，《月令》10行，内容起自"以齐七政"之"政"，至"天子居青阳左个"结束，文书中昞、民、世、旦、基诸字皆避讳，应该是保留了《唐月令》刊行时的官方原始面貌。

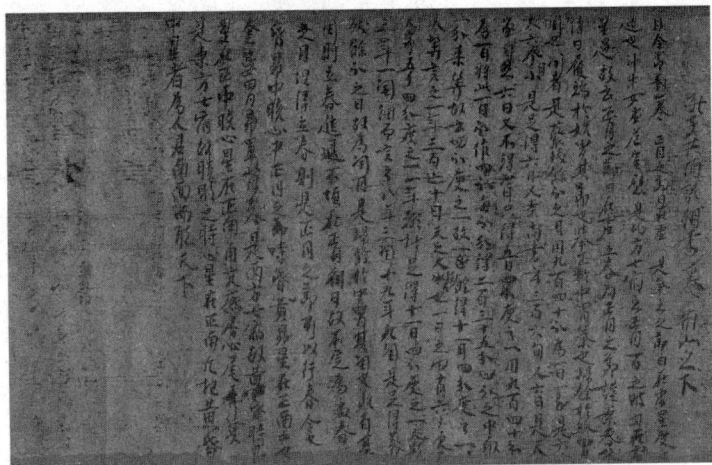

P.3306V《月令节义》

《月令节义》作者不详，乃亡佚之书，敦煌文书编号为P.3306V，共20行，行20字，字迹拙劣，首题为"月令节义一卷"六字，其内容是对《唐月令》"正月之节，日在虚，昏昴中，晓心中"的注解。节义当是全书的修撰体例格式，这件文书抄写时代不早于唐代末期，约是学子学习之物，从中可以了解《唐月令》在敦煌地区的传播情形。

开成石经中《礼记·月令》的文本来源即为唐玄宗御删定的《唐月令》，以其作为《礼记》首篇，前面有李林甫的表文。S.621号敦煌文书中李林甫的序文和《全唐文》文本、开成石经文本有所差异，可互相补正之。目前关于《唐月令》文本以开成石经保存最为完好，为我们深入理解相关内容提供了珍贵的史料，不过在石经中没有刊刻李林甫等人的注解文字，可谓是遗憾之处。唐文宗时期刻立开成石经时，延续了唐玄宗时代对《月令》的知识结构，其背后一定隐含着追慕先祖功业的政治意图，是我们全面认识开成石经作为国家文化秩序的重要参照。

初盛唐时期，中古社会逐渐从贵族制向官僚制转变，世家大族开始被进士科出身的士人所取代，自此形成了仕宦阶层的大变动。在这种情况下，士人的个体意识也随着历史现实的改变而变化，出现了以新理论、新行为证实自我、表现自我的追求，而对于经典的改撰无疑就是他们发出的时代最强音。唐玄宗可谓是历史变局中的集中代表，基于王权和个人理念的需求，对传统儒家的政、刑、德、礼四个方面进行了一系列改造，"率于礼，缘于情，或教以道存，或礼从时变，将因宜以创制，岂沿古而限今"，政刑改革以修定律令为核心，创新德礼的新经典以《御注孝经》《唐六典》《大唐开元礼》和《唐月令》为重要体现，贯穿着唐玄宗认为的时王之礼、以情统礼的精神内核。儒家首重孝道，施行以礼导政，使政治成为德治。郑玄说："礼者，序尊卑之制，崇敬让之节也。"唐玄宗在开元时期的礼法再造，突破了汉唐以来政治制度的旧格局，突出了帝王权威在经典中的主导作用，使皇权权威高于经典权威，可以说在这个时期形成的四部典籍，均是唐玄宗个人权威的体现和塑造开天盛世的文本纪念碑。

石台孝经

SHITAIXIAOJING

泰陵晚照：传奇帝王的爱恨情仇

历史的年轮：悲情的母与子

"毕竟西湖六月中，风光不与四时同。接天莲叶无穷碧，映日荷花别样红。"南宋著名诗人杨万里的这首《晓出净慈送林子方》，语言清新自然，是家喻户晓之作。而他的另一首《读武惠妃传》，则把我们重新带回到了盛世大唐宫廷深处的寂寥庭院，"桂折秋风露折兰，千花无朵可天颜。寿王不忍金宫冷，独献君王一玉环"，在黯然的诗句中，一对悲情的母子缓缓呈现在了我们面前。

武惠妃，唐玄宗的爱妃，在开元年间独得恩宠，乃武则天叔父武士让孙恒安王武攸止的女儿。武氏，出自姬姓，武则天祖父武华生有四子，依次为武士棱、武士让、武士逸、武士彟，武士彟即武则天的父亲。武士让有四子，依次分别为武怀亮；武守官，字惟良，始州刺史；武怀道，右监门长史；武弘度，字怀运，魏州刺史、九江郡王。武弘度生四子，长子失载其名；次子武攸归，九江王；三子武攸止，恒安王、司宾卿；四子武攸望，少府监、蔡公。武攸止生有二子一女，二子依次分别为武忠，鸿胪卿；武信，秘书监同正；一女即武惠妃。惠妃母亲为郑国夫人杨氏，张说奉敕撰郑国夫人神道碑，其文有："郑国夫人者，弘农杨氏之女也，开元神武皇帝惠妃之母。曾祖讳谌，以礼乐习文，为越州司马；祖衍，以折冲学武，为游击将军；父宏，以门才入仕，为雍县丞而早卒。初，则天之代，夫人言归武氏，曰恒安郡王，生惠妃及家令忠、太子仆信。开元十年三月，终于通化里；其四月，卜宅于少陵原。"

　　圣历元年（698），武惠妃出生，惜其名字已经失载不明了，大约在她三四岁时父亲武攸止过世，于是按照惯例入宫抚养。武惠妃天生丽质，"少而婉顺，长而贤明，行合礼经，言应图史"，随着年龄的增长，继承了武杨二家良好基因的武氏，更是出落得楚楚动人。盛唐阶段约略和张萱同时的著名仕女画家谈皎画有《武惠妃舞图》，在历史文献中虽然对于武惠妃的才艺记载不多，不过从这幅画卷来看，武氏应当是一个能歌善舞、颇懂音律的女子，尤其在舞蹈方面独有特长。开元元年（713），16岁的武氏正式成为了玄宗的妃子，对于这个具有艺术才能的小表妹，玄宗恩遇非常，宠倾后宫，远远超过了对其他妃子的宠爱程度。在唐代前期，以李武韦杨四氏组成的政治集团主导着唐王朝权力的核心，皇室李氏、武氏、京兆韦氏和弘农杨氏之间互为婚姻关系，先后为帝后者有武则天、韦皇后、武惠妃和杨贵妃等。这一集团形成于唐高宗武则天时期，终结于安史之乱的发生，武惠妃作为开元时期这一集团的代表性女性，在她身上发生的诸多事情深刻地表现出了李武韦杨集团的特点和社会网络关系。

开元初期，唐玄宗后宫的嫔妃除了武惠妃之外，主要有王皇后、元献皇后杨氏、赵丽妃、皇甫德仪、刘华妃等。赵丽妃，本为伎人，容貌秀丽，善于歌舞，乃玄宗在潞州时所娶，废太子李瑛生母，待武惠妃宠幸后丽妃渐失恩宠，开元十四年卒。皇甫德仪，安定人也，名字不详，玄宗藩府旧欢，开元二十三年卒，葬于河南龙门之西北原，春秋四十二，生鄂王李瑶、临晋公主等，其神道碑文由大诗人杜甫所撰。元献皇后杨氏，肃宗李亨和宁亲公主的生母，出自弘农杨氏，曾祖杨士达，其姐姐为节愍太子妃，景云元年八月选入太子宫，开元十七年薨，葬于长安细柳原，至德二年五月被唐玄宗追封为元献太后，宝应二年正月祔葬于陕西蒲城县的唐玄宗之泰陵。

王皇后，今陕西渭南市下邽镇人。王氏生于将门之家，她的父亲王仁皎时为四五品的中层军将，并不是当时的名门望族，下邽素有三贤故里之称，三贤指的是唐代名将张仁愿、白居易和宋代宰相寇准，可见当地人杰地灵，在这种环

311

王仁皎墓志盖

境下长大的王氏既有将门的谋略，亦有一定的文化熏陶。在
唐玄宗为临淄郡王时，纳王氏为王妃，谁知突如其来的幽禁
岁月，让二人相依相伴共同度过了六年最苦难的日子。在唐
隆政变中，李隆基和太平公主欲起兵诛杀韦后等人，当时李

唐集团势力居于弱势，李隆基等人冒着生命危险奋起一搏，在这种情况下王氏积极帮着李隆基策划出谋，"颇预密谋，赞成大业"。先天元年八月，睿宗传位于李隆基，而王氏也成为国母，被册封为皇后。唐玄宗即位不久，就和姑姑太平公主的矛盾进一步尖锐化，随后唐玄宗发动了先天政变，在

王仁皎墓志石

此次事件中，王皇后不仅亲自参与谋划之事，还让她的双胞胎兄长王守一直接参加了军事行动，诛杀了萧至忠、岑羲等太平党羽，王守一事后因功升迁为殿中少监、晋国公。

王守一，唐玄宗青年时的好友，"帝微时与雅旧"，后来娶了睿宗女儿清阳公主。王皇后兄妹二人与唐玄宗既是姻戚，又属于患难之交，共同经过了诸多风风雨雨。按理来说唐玄宗和王皇后二人间的情感应该十分稳固，其实李隆基是一个唯我主义者，有着薄情寡义的一面，等唐王朝政治稳定下来之后，王皇后很快就失宠了，曾经的一段情比金坚也渐行渐远渐无书了。唐玄宗登基前所娶的几个王妃，出身都比较低，文化素养比不上真正的豪门闺秀，而唐玄宗伟才大略文雅风流，她们的所思所为慢慢跟不上一代帝王前进的步伐了，尤其在古代母凭子贵的观念下，没有子嗣的王皇后在后宫一步步被边缘化就比较容易理解了。更重要的是，多情的帝王遇到了一个同样出身于李武韦杨集团的红颜知己，那就是有着共同艺术修养的武惠妃。

开元时期出现了有词牌的长短句，传唐玄宗也留下了一首《好时光》的词："宝髻偏宜宫样，莲脸嫩，体红香。眉黛不须张敞画，天教入鬓长。莫倚倾国貌，嫁娶个，有情郎。彼此当年少，莫负好时光。"飘逸潇洒的性情展露无遗，对于唐玄宗来说，能琴瑟和弦、诗文乐舞，又拥有青春年华的靓丽身影的武惠妃一下子走进了唐玄宗的内心深处，武惠妃很快就得到了玄宗的偏爱。开元四年，武惠妃生下了她和唐玄宗的第一个孩子，"生而美秀，上钟爱无比，名之为一"，谁知到了第二年李一就夭折了，"时车驾在东都，葬于城南龙门东岑，欲宫中举目见之"。开元七年，武惠妃又生了第二子怀哀王李敏，李敏因母妃之宠被唐玄宗特加顾念，不料李敏不满一周岁又夭折了，当时权窆于长安景龙观内。天宝十三载，改葬袝于武惠妃的敬陵之侧。李敏之后武惠妃的第三个孩子上仙公主，也是在襁褓之龄就夭折了，连续三个孩子均早早过世，给武惠妃的精神造成了很大打击，但在这种情况下唐玄宗对于武氏，反而愈发疼爱怜惜了。在第四个孩子李瑁出生后，武惠妃不敢自己在宫中抚养了，于是唐玄宗命人把李瑁交给了大哥宁王李宪，宁王妃元氏"自乳之，名为己子"。李瑁在宁王府生活了大约7年时间，年龄稍长后于开元十三年三月被册封为寿王，这时候才重新回到了武惠妃身边，对于这个来之不易的孩子，唐玄宗对他"钟爱非诸子所比"，李瑁为唐玄宗第十八子，故宫中常呼之为"十八郎"。

此花开时百花残，唐玄宗对武惠妃集万千宠爱于一身，引起了王皇后的不满和妒忌，武惠妃在宫中长大，对于权变是十分熟悉的，作为出身武氏的后妃自然也有着她个人的皇后梦，于是她时不时借机来挤兑王皇后。王皇后个性直爽，对于后宫争斗缺乏敏感认识，采取了简单粗暴的办法来应对此事，把对武氏的怨恨发泄在了唐玄宗身上，常有不逊之言辞，甚至还把过去的情义拿出来希望重新打动唐玄宗的感情，"陛下独不念阿忠脱紫半臂易斗面，为生日汤饼邪"。阿忠，王皇后父王仁皎也。王皇后的做法没有起到她想要的效果，反而使得唐玄宗对她亦行亦远了。

我们不知道武惠妃连续几个孩子的夭折后面，是否隐含着不为人知的宫廷斗争，王皇后又有着哪些难以所言之处，总之到了开元十年八月，唐玄宗就有了废后的想法。废后是古代政治中十分严重的事情，甚至有动摇国家根基的隐患，当时唐玄宗把他的想法告诉了时任秘书监的旧友兼亲信姜皎，希望他帮着出出主意看有什么好办法可以达成此事。不料姜皎不小心把此事泄露给了王皇后的妹夫嗣濮王李峤，于是李峤就去劝解唐玄宗，这样一来不由地引起了朝野间的震动，唐玄宗为了平息此事，指责姜皎"假说休咎，妄谈宫掖"，让姜皎承担了所有责任，把姜皎流配钦州，姜皎弟弟吏部侍郎姜晦外贬春州司马，姜氏亲族流放者数人，甚至在流放途中杀了姜皎以灭口。

姜皎事件看似过去了，不过王皇后也知道唐玄宗有了废后之念，越发惶惶不安。王皇后兄王守一病急乱投医，出主意说只要有了孩子，就能够稳固王氏的皇后之位，在医疗无效的情况下，王皇后兄妹二人最终选择了用符厌之法来求子。当时，"有左道僧明悟为祭南北斗，刻霹雳木书天地字及上讳，合而佩之，且祝曰：'佩此有子，当与则天皇后为比'"。厌胜之术乃朝廷大忌，求子之事被人告发后，唐玄宗大怒，于开元十二年七月下制："皇后王氏，天命不祐，华而不实。造起狱讼，朋扇朝廷，见无将之心，有可讳之恶。焉得敬承宗庙，母仪天下，可废为庶人，别院安置。刑于家室，有媿昔王，为国大计，盖非获已。"于此正式废除了王氏皇后之位，赐王守一死，当年十月王皇后也在郁愤之下离开了人世，被安葬于无相寺内。废后事件，当时士人多怜悯王氏，"如君贵伪不贵真，还同弃妾逐新人"，王翃甚至写了一篇《翠羽帐赋》来讽刺唐玄宗。几许哀思，几许愧疚，对于唐玄宗来说，王氏之死已经成为过眼云烟，曾经患难与共的发妻已经彻底被他遗忘了吧。

历史的进程总有惊人的相似之处，唐高宗时期的废王立武事件再一次出现在了大唐朝廷之内。在武惠妃期盼的目光中，皇后的凤冠最后并没有戴在她的头上，唐玄宗导演的新废王立武意愿因为群臣的大力反对无疾而终了。究其原因，一是在朝廷群臣的眼中，"武氏乃不戴天之仇，岂可以为国母"。武则天建立了武周政权，武三思等诸武成员祸乱朝纲，当时许多重臣均是诛杀韦武的功勋，他们对韦武之乱给唐王朝带来的危难记忆犹新，当然不希望再出现第二个"武后"。二是当时已经立有太子李瑛，而武惠妃并非太子的生母，要是武氏成为皇后的话，皇后和太子之间一定会产生激烈的冲突和矛盾，不利于朝廷的稳定。三是坊间传言武惠妃寻求为后是张说的策划，"人间盛言张说欲取立旨之功，更图入相之计"，宇文融等人刚刚想方设法把张说推下相位，加上张说任宰相时得罪了太多人，所以诸多大臣纷纷以张说和武则天之间的关系为借口，以期提醒唐玄宗立武惠妃为后的危险情况。表面看来反对武惠妃为皇后是大臣们的意见，其实从先天政变唐玄宗诛杀太平公主势力开始，他一直对女权专政持有清醒的认识，绝对不会重蹈覆辙给李唐政权带来危害，所以表面上唐玄宗想册立武惠妃为后，其实不过是应对武惠妃的一种策略而已，他实际上是通过诸大臣之手实现了自己内心的真实想法，故此在废除了王皇后之后，玄宗朝就再没有立过皇后。

武惠妃虽然没有当上皇后，但号为惠妃，宫中礼秩，一同皇后。初唐礼制规定，皇后品级之下设有四妃，开元时期唐玄宗对此制度进行了改革，乃于皇后之下立惠妃、丽妃和华妃三人，为正一品，武氏名为惠妃，实际上充当着掌管后宫的角色。不仅如此，她还把当真皇后的希望寄托在儿子寿王李瑁的身上了。太子李瑛越来越不安，感觉到了武惠妃母子的巨大威胁，在此状况下，他和鄂王李瑶、光王李琚逐渐组成了对抗武惠妃的小集团。李瑛母赵丽妃、李瑶母皇甫德仪、李琚母刘才人，她们均是唐玄宗早年为临淄郡王时的旧人，"瑛于内第与鄂、光王等自谓母氏失职，尝有怨望。惠妃女咸宜公主出降于杨洄，洄希惠妃之旨，规利于己，日求其短，谮于惠妃。妃泣诉于玄宗，以太子结党，将害于妾母子，亦指斥于至尊"。唐玄宗知道此事后，十分震怒，召集了宰相等人打算废掉李瑛的太子之位。当时任宰相的有中书令张九龄、侍中裴耀卿和礼部尚书李林甫，以张九龄地位最尊，在君臣商议的时候，张九龄说道：

> 陛下践阼垂三十年。太子诸王不离深宫，日受圣训，天下之人皆庆陛下亨国久长，子孙蕃昌。今三子皆已成人，不闻大过，陛下奈何一旦以无根之语，喜怒之际，尽废之乎！且太子天下本，不可轻摇。昔晋献公听骊姬之谮杀申生，三世大乱；汉武帝信江充之诬罪戾太子，京城流血；晋惠帝用贾后之谮废愍怀太子，中原涂炭；隋文帝纳独孤后之言黜太子勇，立炀帝，遂失天下。由此观之，不可不慎。陛下必欲为此，臣不敢奉诏。

张九龄言辞严厉，明确反对罢黜之事。由于张九龄的反对，李瑛暂时保住了太子之位。当年，唐玄宗以李林甫代张九龄为中书令，李林甫能够出任宰相，武惠妃在暗地里出力不少，李林甫心怀感激，亦支持寿王成为东宫太子。到了开元二十五年（737）四月，驸马都尉杨洄再次状告太子、鄂王、光王和太子妃兄薛锈等人有不轨意图。这个时候，张九龄、裴耀卿已经因事罢相了，宰相是李林甫和工部尚书牛仙客，李林甫作为首席宰相，对唐玄宗说："此盖陛下家事，臣不合参知。"既然宰相们都不反对了，唐玄宗于是贬李瑛、李瑶和李琚为庶人，薛锈流放襄州，不久四人又被先后赐死，李瑛舅家赵氏、李瑶舅家皇甫氏、薛锈家薛氏流贬者数十人。

太子李瑛被废后，武惠妃的心头去掉了一块大石头，心想自己的儿子就该当上太子了吧，不料到了十二月七日，"武惠妃数见三庶人为祟，怖而成疾，巫者祈请弥月，不痊而殒"，在激烈的宫廷斗争中，武惠妃心力交瘁，大喜大悲之下患疾而薨，年仅四十余岁，被追谥号为贞顺皇后。制曰：

> 存有懿范，没有宠章，岂独被于朝班，故乃施于亚政，可以垂裕，斯为通典。故惠妃武氏少而婉顺，长而贤明，行合礼经，言应图史。承戚里之华胄，升后庭之峻秩，贵而不恃，谦而益光；以道饬躬，以和逮下，四德粲其兼备，六宫咨而是则。法度在己，靡资珩佩；躬俭化人，率先缔纮。凤有奇表，将加正位，前后固让，辞而不受，奄至沦殁，载深感悼。遂使玉衣之庆，不及于生前；象服之荣，徒增于身后。可赠贞顺皇后，宜令所司择日册命。

开元二十六年（738）二月己未，武惠妃被安葬于长安城南的少陵原，是谓敬陵。一代绝色，至此香消玉殒，正如李

敬陵哀册残片

白所感叹的那样，"汉帝重阿娇，贮之黄金屋。咳唾落九天，随风生珠玉。宠极爱还歇，妒深情却疏。长门一步地，不肯暂回车。雨落不上天，水覆难再收。君情与妾意，各自东西流。昔日芙蓉花，今成断根草。以色事他人，能得几时好"。

敬陵，坐落在今西安市长安区庞留村西。在经济利益的驱动下，许多不法分子疯狂盗掘古代墓葬，把各类珍贵的文物走私到了海外，以谋求巨额钱财。在这种情况下，敬陵亦没有幸免于难，曾经多次被盗，为了保护古代文化遗址，

322

2008年9月，由陕西省考古研究院、陕西历史博物馆和西安市长安区文物局组成的联合考古队对敬陵进行了抢救性考古发掘。

远远望去，庞留村西边麦田里的一座高大封土就呈现在了眼前。封土呈夯筑的覆斗形状，南北长56米，东西宽53米，高约19米，比起1958年考古调查时底径80米高约30米的规模已经缩小了很多，可能是在农田使用过程中逐渐形成的。经过发掘可知，敬陵坐北朝南，是一座带有斜坡墓道的七天井高等级墓葬。墓道南端到第七天井位置的距离为35米，从第三过洞开始为砖券甬道，并且在天井中发现了带有"将作官□"字样的条砖和"将作官瓦"字样的瓦当残片。墓道两壁均绘有壁画，前面五个天井部分中西壁壁画破坏严重几乎脱落殆尽，东壁壁画还残留有《仪卫图》《门阙图》《列戟图》《花卉图》等，可惜的是壁龛中的随葬品已经被盗掘一空了。在第六、第七天井位置残留的壁画有《杂技图》《庭院建筑图》等，尤其引人注目的是发现了9块汉白玉质地的哀册残片，目前可以辨识的文字有"洎""辞诀""明""于兴""贞顺"等，"于兴"字样属于"惠妃武氏薨于兴庆宫之前院"一句，"洎"字属于"洎明年春二月己亥朔二十二日庚申"一句，"辞诀"字样属于"中使护道，懿亲辞诀"铭句部分。在墓道开口以南50米处发现了墓园的南阙门基址，在南阙门以南约60米偏西一点的位置有青石残留，青石破碎严重，不过在碎石上可以看到"宫"字字样，青石残块应该是武惠妃神道碑毁坏后的遗物，武惠妃神道碑乃唐玄宗御制御书，惜碑文在文献中没有保留，根据元代骆天骧《类编长安志》记载，大概在元代此碑还竖立在敬陵封土前面。

　　墓室内部被盗严重，只留下了四壁完残不一的壁画、一块石椁椁顶残石、半扇石墓门和一些小型的随葬器物。墓室壁画南、北、东三面破坏严重，西面保存较好。东壁壁画为表现户外场景的大帐乐舞图，画面上部有影木结构，中央为一个尖顶的大帐，可能是宫苑或野外临时休闲的画面，在壁画左下角和右下角处，各绘制了一件方榻，左下角的方榻上有四个男性乐师，分别手持羯鼓、横笛等乐器，右下角残缺严重，不过推测也应该是乐师形象。南壁壁画均在西侧部位，上部为影木结构，下面为两组壁画，一组是被盗的红衣男装侍女图，一组是树下青牛髯奴图，髯奴图基本毁坏了只残留下了胡人的脚部部分。西壁壁画保存最好，绘制的是六扇山水屏风画，左面三幅呈完成状态，有彩绘和边框，西面三幅呈未完成状态，为墨色山水图，没有施彩绘和绘制好边框。画面基本从上至下为远景、中景和近景模式，内容依次为天空远山、两山夹一川和河流，山峰以墨色为主并以青绿

西壁山水屏风画

晕染，整幅画面层次感突出、视觉效果绝佳，是盛唐山水画的巅峰作品。北壁壁画上部为影木结构，左侧保存较好，是一个男装侍女，头戴幞头帽，身着青灰色圆领长袍，身前绘制有一个玄武形象；右侧图景是十分罕见的戴杆杂技图，由于中间毁坏严重，只有上、下画面可以看到部分内容，以前唐代的杂技造型多见于陶俑、石窟壁画中，但是在墓葬里尤其是在高等级墓葬壁画中的杂技图极为罕见，对于相关研究具有十分重要的价值。

红衣男装仕女图

盗掘敬陵的不法分子被抓获以后，公安机关得知他们已经把敬陵内珍贵的石椁、五幅壁画和半扇石墓门走私到了海外，通过国家公安机关和文物部门的不懈努力与辛劳工作，最终于2010年和2011年使这批珍贵文物回归中国，并交付陕西历史博物馆妥善保存。

追索回国的五幅珍品壁画分别为红衣男装仕女图、高髻回首持如意仕女图、高髻持如意仕女图、男装捧盒仕女图和高髻捧包裹仕女图。红衣男装仕女图，高119.3厘米，宽79.1厘米，图上绘有两个身着红衣的侍女，面容丰满，头戴幞头帽注视着前方，着衣为圆领窄袖的长袍，腰系黑色革带，脚穿麻线鞋，左侧的侍女手持长条形如意，右侧侍女手捧一个黑色的圆盒。这幅壁画线条流畅，色彩鲜艳，是典型的盛唐风格，从相关信息来看原来位置应在墓室南壁甬道口的西侧。男装捧盒仕女图，高119.4厘米，宽60.4厘米，侍女头裹头巾戴乌沙黑幞头帽子，身着淡青色的圆领窄袖长袍，腰系黑色革带，双手捧着一个盝顶形方盒。类似的方盒形象，在永泰公主李仙蕙墓、房陵公主墓壁画中也有发现，应是盛放化妆品的奁具。这些男装侍女主要表现她们在宫中的形象，甚至表现的就是宫官系统中六尚、六司或六典中的人物。在女扮男装侍女图中，手捧方盒的形象多见于石椁上的图像，

武惠妃石椁

如永泰公主墓石椁上的侍女和薛儆墓石椁上的侍女等，而在壁画上较为少见。从目前材料来看，最早的女扮男装形象出现在唐太宗贞观后期，这种风气到了高宗武则天时期进一步流行，一直延续到了开天盛唐，在这段时间内出头露面的女性往往以男装形象出现在世人面前，可能和中国社会传统的男权意识息息关联，或者可以说在某些层面男女之间的性别区别并不是那么明显。安史之乱发生后，进入中晚唐时期女扮男装形象就逐渐消失在人们视野中了。

在唐代，针对特殊人群使用了一套超出国家礼法规定的墓葬规格，而且这些墓葬都属于高等级的特殊墓葬，这就是别敕葬，主要特点就是使用了石质棺椁或者双室砖墓。《通典》载："（大唐）制，诸葬不得以石为棺椁及石室。其棺椁皆不得雕镂彩画，施户牖栏槛，棺内又不得有金宝珠玉。"目前发现有约30座使用石葬具的别敕葬，规格仅次于帝陵，可分为六个等级：（1）帝后陵者，以武惠妃敬陵石椁为代表；（2）号墓为陵者，以懿德太子李重润和永泰公主李仙蕙石椁为代表；（3）皇室宗亲兼开国功臣者，以李寿石椁为代表；（4）后妃及亲王者，以李芳媚、章怀太子李贤和韦洞石椁为代表；（5）二品以上高官者，以郑仁泰、阿史那怀道和杨思勖石椁为代表；（6）其他等级较低的特殊人群，以唐中宗韦后弟韦洵和武令璋石椁为代表。除此之外，还有两例十分特殊的石椁，即李晦和薛儆石椁。唐王朝规定了一套完整的墓葬制度，特别在唐代前期执行的十分严格，而石椁的使用却打破了王朝的定制，表现出朝廷对石椁主人的重视，凸显了朝廷给予的特殊待遇，具有重要的政治内涵。

武惠妃石椁是敬陵最引人关注的遗物，青石质，重达26吨，由盖顶、椁板、立柱、基座共31块石材组成，长3.99米，通高2.45米，宽2.58米，面阔三间进深二间，庑殿形顶，内外壁皆雕刻有各种纹饰，整体风格繁密，线条流畅，内容丰富。外壁整体纹饰使用对称布局，以神话人物和花鸟画面为主，绕以各种花草纹、动物纹、云纹等，各种艺术形象常

武惠妃石椁勇士神兽图1、2

武惠妃石椁勇士神兽图3、4

常都是成组出现。内壁以仕女画面为主，边框饰花卉纹，是传统的雕刻题材，仕女形象丰腴而不臃肿，如其中一幅仕女图镌刻有两个人物，前者为女装，体态丰满，高鼻小嘴，高髻，髻顶装饰着衔宝珠绶带的凤鸟形象，手中拿着折扇类的物品，身穿交领阔衫，下着曳地长裙，衣服上有装饰性的植物纹；后面的仕女为男装，身形稍矮，头戴幞头帽，身穿圆领阔袖的长袍，下身为筒裤与平底履，手捧一个花盘。人物构图惟妙惟肖，富有动感，形象传神。基座四周立沿上刻有28个壶门，壶门内刻着形态各异的瑞兽图案，瑞兽多为张口瞠目状，四周饰有云纹。

石椁外壁椁板画面20幅，具有强烈的外来文化色彩，各画面构图不同，内容丰富，主题为花鸟图像，牡丹、莲花、团花、石榴、葡萄等组成繁复华丽的卷草纹饰，各种鸟类和动物穿插其中；立柱画面20幅，以缠枝卷草、海石榴、牡丹、葡萄、西番莲纹饰为主，穿插异兽、天马、狮子、鸿雁、鸳鸯、伎乐、莲花童子、勇士神兽、飞天、迦陵频伽等各种形象。构图华丽多姿，对称排比布局，层次感明显，带有浓厚的佛教寓意。在外壁图像中，勇士神兽图引起了众多学者的关注和讨论。石椁上的四幅勇士神兽图分别两两对称分布在石椁大门两侧的窗棂之下，编号1、2的处于左边窗棂下，编号3、4的处于右边窗棂下。编号1的图案中人物造型留有胡须，额头戴日月冠饰带，全身穿紧身衣服，双手拽着狮形神兽，身体紧绷；编号2的图案中人物腰部束紧而下肢细长，头戴长条饰带，颈戴数圈有吊坠的项圈，腰系革带，脚蹬波浪纹软尖鞋，双手紧绷神兽缰绳；编号3的图案中人物秃顶，卷发后梳下披，下巴胡须稀疏，颈戴三环项圈，一手拽绳，一手拉绳缠指下末尾，瑞兽狮首虎身，鬃毛后卷；编号4的图案中人物全脸髯须，脚穿尖顶鞋，头顶环形饰带，双手拉紧缰绳拽着狮形神兽。

关于这四幅勇士神兽图，有的学者认为这是中外文化交流元素中的希腊化艺术，有的学者则认为属于传统观念中的胡人驯狮图案。武惠妃石椁外壁的图案整体风格属于佛教色彩，处于显要部位的勇士神兽图也应该是属于佛教蕴涵的图像，我们认为这四幅图像表现的可能是力士狮子的含义。力士，乃护法之神；狮子，守护伽蓝者也。以四狮子作为装饰很容易使人想起阿育王石柱的四狮柱头造型、北魏皇兴造像背后所雕刻的四大护法天人和西安碑林藏景俊石函四侧所刻画的护法天人形象，它们之间应该有着某种紧密的关系和影响。

《洛阳伽蓝记》卷一《城内·永宁寺》载：

> （永宁寺）南门楼三重，通三阁道，去地二十
> 丈，形制似今端门。图以云气，画彩仙灵，列钱青
> 璅，赫奕华丽。拱门有四力士、四师子，饰以金
> 银，加之珠玉，庄严焕炳，世所未闻。

永宁寺南门是整个寺院的轴心之处，作为拱卫南门的雕塑原则上一定有着严格的佛教意义，拱卫南门的四力士和四狮子形象，用金银、珠玉装饰，庄严肃穆。

犍陀罗艺术是希腊神话中的英雄和女神在当地的文化与宗教信仰下，自然的与佛教的精神相交融所产生的。犍陀罗艺术中各类佛教神祇的造像，绝大部分借用了希腊罗马古代众神的外形，金刚力士就普遍借用了古代希腊罗马的大力神赫拉克勒斯的外形，希腊的大力神赫拉克勒斯就是在贵霜时期进入了犍陀罗地区。将赫拉克勒斯形象铸在钱币上为希腊诸王所通用，赫拉克勒斯形象在贵霜王朝的银币上已有出现，近代在犍陀罗地区发现了大量背后有赫拉克勒斯形象的钱币，钱币的正面是当代国王的头像，背面是赫拉克勒斯手持木棒和狮子皮的立像。将希腊大力神赫拉克勒斯用在钱币上，有护卫国王和捍卫国家利益的用意，也显示出赫拉克勒斯的重要地位。赫拉克勒斯在犍陀罗佛教美术中一出现，就和佛陀紧密联系在了一起，往往是作为护法者的形象出现

的，这和赫拉克勒斯护卫王权的观念是同出一辙的。我们倾向认为武惠妃石椁上的勇士神兽图就是赫拉克勒斯和狮子造型的变体。

　　一般发现的力士多和佛陀一起出现，和狮子组合出现的比较少，但在犍陀罗佛教美术中这种构图的造像已经出现，赫拉克勒斯与狮子的图像至少有两种表现方式，一种是搏斗的场面，一种是和平的形式。在美国大都会博物馆收藏有一件公元1至2世纪赫拉克勒斯和狮子图像的浮雕，这件浮雕出

赫拉克勒斯与狮子浮雕

石台孝经之力士狮子图一

自犍陀罗地区，浮雕中的赫拉克勒斯全身赤裸，头上系着希腊英雄化的头饰，左臂上搭着狮皮，右手拿着一件大木棒，目光炯炯有神注视着左侧的狮子，狮子右前爪向前伸出，尾巴向上舞动充满了动感。浮雕以赫拉克勒斯为主体，狮子处于从属地位，不过两者之间并不是希腊瓶画中常出现的搏斗场景，而是看起来比较和平的画面，这种场景的出现可能和赫拉克勒斯与狮子同属于佛陀的护法者有密切的关联。

石台孝经三层石台四侧的纹饰和武惠妃石椁构图如出一辙，均采取了百花卷草的基本模式，在各类植物纹中穿插着奔跑的各种瑞兽，不过最上面一层石台的四侧图案以体型较大而醒目的狮子形象为主体。比较特殊的是东侧面为两幅人物狮子图，整个画面突出了狮子的比例，狮子栩栩如生刻画逼真，两幅图左右对称，内侧为狮子，外侧为人物，左边的人物左手拽着缰绳，右手举着前端弯曲如环状的棍形物；右边的人物形象上部有所剥落，不过仍可以看出双手紧拽缰绳。同武惠妃石椁上的图案相比，两者构图非常相似都突出了狮子的比例，不过石台孝经中的狮子写实性比较强，手举棍状物的人物头戴幞头帽，面部圆润，穿着宽大的汉服，看起来已经是中原人物形象了；右边的人物和武惠妃石椁图案中编号4的画面极其类似，穿着紧身衣服小腿曲线夸张，头上赤裸，侧脸高鼻深目，完全是西方人的造型，石台孝经和武惠妃石椁的这两幅图案可能有着共同的来源。石台孝经的刊刻年代为天宝四载，比武惠妃石椁晚8年左右，可以认为石台

石台孝经之力士狮子图二

石台孝经

石台孝经之石台局部纹饰

孝经上线刻的人物狮子图也应是力士狮子的含义，右边的一幅还保留着犍陀罗的艺术痕迹，而左边的人物造型已经完全中国化了。

石台孝经作为唐玄宗的一座纪念碑，表达着至高的皇权和威望，在基座上面雕刻力士狮子图的目的和犍陀罗地区在金币上刻画赫拉克勒斯的目的是一致的。力士狮子图有着两方面的内涵，对于佛教来说是护法者，对于世俗社会来讲则是王权的守卫者，这在石台孝经和武惠妃石椁中分别表达着不同的思想和意识倾向。武惠妃石椁和石台孝经上的勇士神

338

兽图的母题可能是赫拉克勒斯和狮子的图像，虽然他们的造型距离原始的希腊形象越来越远，不仔细分析的话甚至难以找到两者间的承袭关系，但是他们象征性的角色——勇士和护卫者的身份不曾改变。

武惠妃石椁用种种艺术象征与元素来呈现佛国净土，门和窗户显示的正是佛国的入口，亡者灵魂的目的地是奔赴往生的净土，而动物和各种植物纹饰则加强了各种符号的祥瑞和神圣含义，可以说，武惠妃石椁所要表达的是将石椁幻化成一座墓葬中的涅槃之地——窣堵波，从而达到信徒生命信仰的理想境界。犍陀罗涅槃图中一定有执金刚神作为护卫者出现，这种雕刻在犍陀罗发现很多。执金刚神在犍陀罗的佛传故事雕刻中有着多种多样的造型，在佛教文献中几乎不涉及执金刚神，但在犍陀罗的佛教艺术中执金刚神却占据了极其重要的位置。执金刚神和力士的概念经常混淆，作用也十分类似，在武惠妃石椁门两侧雕刻力士狮子图，正和佛陀涅槃中的纹饰图案相一致。

窣堵波具有生与死的双重特征，它所表现的涅槃世界和彼岸世界是互为表里的两个层面，窣堵波虽然代表死的坟墓，但它却超越了生死轮回世界，这样"死"的窣堵波就可以被当作体现轮回根源的"生"的场所。在窣堵波中，佛教的涅槃、生命的再生、丰饶的乐园三者是互相映衬的，武惠妃石椁外壁的纹饰雕刻就是围绕着这三方面展开的。石椁内外壁的图像表达着不同的生死信仰，把佛教的乐土、天界和幸福家园结合了起来，希望武惠妃可以在死后得到真正的涅槃，从而进入另一个生者祝愿的彼岸世界。

一场盛大的葬礼，给了武惠妃人生历程中最后的辉煌，生前念念不忘的心愿，终于在死后得以封为贞顺皇后。在她弥留人间的时刻，最放心不下的应该就是她最疼爱的儿子李瑁吧。孜孜以求的太子之位，随着武惠妃的离世，也和寿王李瑁越来越远了。可以说武惠妃的去世，给了唐玄宗一个冷静思考的时机，没有了情感上的维系，加上当时李林甫对寿王的支持，都促成忠王李玙终成太子。

忠王李玙，唐玄宗第三子，即后来的唐肃宗李亨。李玙，初名嗣升，开元十五年封忠王，更名为浚，开元二十三年更名为玙，开元二十七年先改名为绍，复更名为亨。李瑛被废太子之后，寿王李瑁宠冠诸子，和宁王李宪之间有抚养之情，更得到了以李林甫为首的朝臣支持，但这反而成为李瑁做太子的最大桎梏，太子、宗室和权相的结合直接会威胁到皇帝的权力。而忠王生母虽然出自弘农杨氏，但其舅家并无势力，加上此时杨妃和李玙养母王皇后都已经去世了，对于唐玄宗来说，李玙为太子更符合唐玄宗一贯统治的平衡之道，没有后宫支持的太子正是唐玄宗所需要的。在唐玄宗权衡朝内各种势力的时候，近侍高力士建言说："但推长而立，谁敢复争。"唐玄宗长子庆王李琮因为身体有残，所以基本上不在朝廷君臣的考虑范围之内，第二子李瑛之后以忠王李玙年龄最长，这正符合传统意义上的立长观念，故到了开元二十六年（738）六月，李玙就正式被立为太子了。

无缘太子之位，寿王李瑁的悲情生活才刚刚开始。开元二十三年十二月，杨玉环成为寿王妃，杨玉环容貌秀丽，善

杨贵妃像

于歌舞，精通音律，尤其琵琶技艺十分高超。李瑁承袭了父母二人的艺术细胞，自幼又在通晓音乐的伯父李宪身边长大，想来亦是音律上的高手，青春张扬，风流倜傥。李瑁和杨玉环举案齐眉，琴瑟和睦，一对少年夫妻自此开始了一段幸福生活。谁知天有不测风云，没有人会想到在武惠妃薨后，杨玉环反而成为武惠妃的替代者，一个父纳子妻的故事随之徐徐展开了序幕，正如李商隐在《龙池》一诗中所写的那样："龙池赐酒敞云屏，羯鼓声高众乐停。夜半宴归宫漏永，薛王沉醉寿王醒。"大概在开元二十八年十月的一天，杨玉环踏出了寿王府的大门。

在杨玉环踏出寿王府门的那一刻，一片红叶从发际飘过。

落红，为谁栽种为谁留。长在醉中的《声声慢》，一任相思冲刷着无法抑制的疼痛。白月光，凝望南国的蒹葭，是耶非耶。冷霜河，空留长夜之扇枕，嗟兮叹兮。

寿王府的大门缓缓地闭上，李瑁的眼角有一丝晶莹闪落。

远去的身影里，连着一个季节，浓缩着一缕雪藏了千年的记忆。结伴而行，半是心动半是梦。擦肩而过，半是熟稔半是生。以后，你梦里浅浅的微笑，可有一丝是因我而发？将来，你唇边喃喃的耳语，可有一句是因我而起？

相思了无痕：秋雨下的泰陵

从西禹高速下来，看见欢迎标语"蒲城欢迎您"的时候，一股家乡的味道扑面而来。蒲城，关中平原东北部的一个农业县，是陕西出产小麦的第一大县，有着酥梨之乡和花炮之乡的美誉，是北京时间的诞生地，是生我养我的家乡。清代著名宰相王鼎和杨虎城将军均是蒲城人，所以蒲城又称之为将相故里。在县城里有南北双塔，南塔原为慧彻寺诸佛舍利宝塔，始建于唐太宗贞观元年（627），北塔又名崇寿寺塔，始建于北宋绍圣三年（1096），故当地人们多把县城叫作双塔古镇。在蒲城境内分布有5座唐陵，分别是唐睿宗李旦的桥陵、唐玄宗李隆基的泰陵、唐宪宗李纯的景陵、唐穆宗李恒的光陵和让皇帝李宪的惠陵，而泰陵则是我此行要去的目的地。

从县城出发，沿着长乐街东行，先后经过东城大道、蟠坡路、泰陵路约三十分钟的车程，就可以看到正北方的金粟山了。刚刚下过一阵小雨，空气里还弥漫着淡淡的潮气，路边的玉米已经一人多高了，几乎看不到几个行人，远处的

泰陵远景

金粟山葱葱郁郁，曾经因为采石所造成的植被破坏已经基本恢复了，层层叠叠的绿随着山峦深深浅浅，秋天的渭北呈现出一片难得的静谧。

一下车，首先出现在眼前的是用青石铺成的宽阔的陵前广场和神道，再不复昔年丛草茂盛的泥泞土路了，开放的远眺视野和磅礴大气的帝王气象尽显无遗。我愣了愣，记忆还停留在早年来泰陵时的荒垣当中，原来不知不觉里，我离开家已经太久太久，对于家乡的种种变化已经如同一个异乡人了。整理了一下思绪，我用手托了托肩上的背包，沿着熟悉而陌生的路径向前方的陵寝处走去。

泰陵，位于县城东北约15千米椿林镇五龙山余脉的金粟山上，是关中唐陵中最东边的一座。金粟山属于青石山脉，北连黄土高原，南接渭北平原，峰峦雄伟，地势开阔。泰陵所在的金粟山由三座山峰组成，最高约851米，主峰居后叫作尖山，西南为敬母山，东为卧虎山，泰陵玄宫就开凿在尖山南坡的半山腰处，属于唐陵中依山为陵的类型。唐代陵墓可分为四种：一是追改坟墓为"陵"者，二是历代皇帝陵，三是死后有皇帝称号且称"陵"者，如恭陵、惠陵和齐陵，四是号墓为陵者。其中根据玄宫修建方式的不同，唐陵可分为封土为陵和依山为陵两类，不过从昭陵开始唐代帝陵依山为陵就成为常制。唐陵继承了汉魏以来的传统，实行帝后同穴合葬，一般设有安供奉养墓主的寝宫，寝宫一般在山下的位置，称为"下宫"，而在陵园区域内设立的祭祀场所，则叫作"上宫"，上下二宫均在陵山的西南方向。受地形限制，泰陵宫城呈现出不规则的六边形，东西两门距离约1169米，南北两门长度约1134米。整个陵园设有四门和四个角阙，南门在山前的平缓地带，其他三座门或建立在山脊上，或筑于山坡台地上，四门结构均由门址、一对石狮和双阙构成。由于泰陵陵区比较大，四门分位于不同的乡镇区划内，南门为

泰陵文官像

朱雀门，在保南乡唐陵村西约1里处；西门为白虎门，在翔村镇东山怀村400米处；北门为玄武门，在上王镇岭南村内；东门为青龙门，在椿林镇唐陵村东约400米处。在这个时期，门阙不再用砖包砌了，而只是在夯土台基表面施一层草拌泥的白灰墙面。泰陵是唐代帝陵发展中的一个转折点，在延续乾陵模式的基础上，又有了新的调整和变化，主要是陵园不再追求方形的布局，而是利用自然形势因地制宜，呈现出不规则的多边形状，石人有了文与武的区别，而且神道各类石刻进一步小型化了。

走过陵前广场就是泰陵的神道，神道长409米，宽60米，各种陵墓石刻已经被文物工作者修复保护过了，重新按照顺序竖立在神道的两侧。泰陵神道石刻从南到北依次为石柱一对、翼马一对、鸵鸟一对、仗马和牵马人五对、石人十对，在最北端的石人和门阙之间有蕃酋像。石柱，亦称为华表，通高4米多，直径约95厘米，仰莲座、八棱柱身、圆形宝珠柱顶，满布着缠枝花纹，石柱保存基本完好，看上去肃穆庄严。鸵鸟浮雕而成，镌刻在石屏之上，看上去活泼自然，回首贴翼，同之前唐陵的鸵鸟比较的话，泰陵的鸵鸟不再写实化，逐渐失去了鸵鸟的真实形状，看起来反而像是鸾鸟的模样了。石人从泰陵开始，体量急剧变小，通高约311至335厘

泰陵翼马

米，一改以前的武官形象，变成了文武两类，东侧是手持笏板的文官，褒衣博带，头戴高山冠，足登三梁靴，衣袍上刻有衣褶，装饰有玉佩等物，整个造型气度飘逸，面容丰满，有的凝视前方，有的面带微笑，有的皱眉深思，形态各异，惟妙惟肖；西侧是手按仪仗刀剑的武官，有胡汉之分，身着宽袍大袖，头戴鹖冠，足穿圆头履，双手紧握剑柄或右手按剑首左手握剑柄，剑鞘上装饰有梅花或珠状图案，汉将方脸大耳，双目平视，雍容大度，蕃将高鼻深目，络腮胡须，形象威猛。蕃酋像更注重表现不同民族的服饰差异，对于标志性的元素则刻画得比较详细而精致。

在汉唐时期，以马为代表的古代动物，在族群圣化和政治秩序中具有重要的象征意义，充当着草原中土文化之间传播和融合的使者角色，也是国家社会中的祥瑞符号，尤其在军事领域和边疆疆域中占据着非常核心的地位。故此在神道石刻中，多数游人比较钟爱的无疑就是这对雄浑壮观的翼马了。翼马，也称作天马，通高346厘米，长273厘米，宽155厘米，由青石雕琢而成，在马饱满的腹部和基座上镌刻着流云图案，双翼与鬃毛向上飘起，从头部到尾部仿佛向前斜倒的数字3形状，呈现出强烈的运动感和速度感。神道左侧的翼马是雄性，昂首挺胸，嘴巴大张，好像在向天嘶吼，背部肌肉用力隆起，似乎要飞奔而出。马肩部的飞翼十分精美，上有五条长弧，在平行中相次形成了五朵螺旋，宛如波浪汹涌，动感十足。与雄性翼马的动态美和力量感不同，神道西侧的雌性翼马看起来温润安详，呈现出一种力量内敛的静态美，鼻孔扩大好像在深呼吸，前腿直立，后腿稍稍弯曲，尾巴自然下垂，而且肩上飞翼的弧度比雄性翼马更加巨大，间距也变得更宽。在翼马的脖颈、鬃毛和腹下的图案中，有自然原因造成的土黄色印痕，昭示着历史的沧桑和岁月的留痕。雄性翼马的雕刻刀法洗练，笔画有力，有着阿旃陀式的艺术特点；雌性翼马的雕琢技术手法细腻，刻工柔和，带有犍陀罗式的镌刻风格。翼马的飞翼在泰陵已经表现出符号化的纹样模式，和乾陵时期的繁琐装饰不同，追求简单大气的艺术倾向，成为后来唐陵石刻中翼马飞翼的基本雕刻范式。鲍防在《杂感》一诗中写道："汉家海内承平久，万国戎王皆稽首。天马常衔苜蓿花，胡人岁献葡萄酒。"这对翼马在泰陵石刻小型化的整体格局中显得特别醒目，还散发着盛唐气象的磅礴气势，诉说着开天盛世的绝代风华。

踏过翼马、踏过鸵鸟、踏过石人区，在神道青石路的尽头，就能够看到泰陵内城南门外的一对蹲狮了。这对蹲狮是用整块青石雕琢而成的，全身完整如一，均呈现出昂首挺胸的肌肉感，前肢倾斜，后肢弯曲，姿态有力大方，敦厚雄壮。蹲狮的基座是在天然石料的基础上，简简单单镌刻上粗犷的线条而成，既保留了石块的自然风趣，也呈现出有力的艺术感。东边的雄狮高178厘米，长120厘米，宽96厘米，怒目圆睁，牙齿外露，卷毛如云，特别是脖子下的三撮胡须随风飘舞，看起来别有滋味。西边的雌狮高185厘米，长124厘米，宽96厘米，神态安详，毛发下垂。其他三门外的蹲狮艺术感较弱，形体也逊色南门的蹲狮一筹。

从蹲狮开始，就没有新修的青石路了，依旧是过去通往金粟山的山间土路，因为刚下过雨，小路还有些许的湿滑和泥泞，和以前相比，主要在路边栽了一排树木，从树干来看大约已有六年的时间。沿着小路徐徐而上，几分钟后就到了清代乾隆时期陕西巡抚毕沅所立的"唐元宗泰陵"碑处，之所以把唐玄宗称为"唐元宗"，乃是避康熙玄烨之名讳，故此清人多以"唐明皇"来称呼唐玄宗。

又飘起了小雨，路面更难走了些，再经过四十多分钟的攀爬，我终于到了金粟山顶，举目四望，龙盘凤翥，诸峰环拱，整个金粟山呈东北西南走向，雨中的山峦云雾缭绕，苍茫寥寥。泰陵是唐代帝陵中比较大的一座，分内外二城，布局酷似长安城，整个建筑布局和乾陵大致相同。开元十七年（729）十二月，唐玄宗拜谒五陵，到了桥陵之后，金粟山岗远望如巨龙蜿蜒，近观似凤凰展翅，位置又距离桥陵不远，就给随行的侍臣说："吾千秋后宜葬此地，得奉先陵，不忘孝敬矣。"明确在帝王生前选定陵址的有唐高祖献陵、唐太宗昭陵、唐高宗武则天乾陵和唐玄宗泰陵，其他唐代陵墓不能轻易断定为身后择址，但是也不能排除生前就开始营建的可能性。

秋雨潇潇，帝陵寂寂。明人赵晋《泰陵行》云："云横金粟倚苍苍，策马重轻辇路旁。 山腹龙盘佳气在，岭头麟卧断垣荒。玉环不返三生梦，石穴空遗万古藏。 洛水潺潺声未歇，行人独自忆莲汤。"站在山顶，眼前所见的只有金粟堆

泰陵近景

前松柏里，龙媒去尽鸟呼风的感怀，细雨中，顺着山势望向西南方向，好像看到了盛世长安的繁华和喧嚣，又似乎看见了"春寒赐浴华清池，温泉水滑洗凝脂"的场景，也仿佛看到了"马嵬驿下泥土中，不见玉颜空死处"的伤悲。

　　杨贵妃，小名玉环，出自弘农杨氏，其父为杨玄琰，曾任七品的蜀州司户，杨玉环即出生在四川。后来在她10岁左右的时候，父母双双亡故，就被在洛阳当小官的叔父杨玄璬收养了。到了开元二十三年年底，在种种因素之下，杨玉环成为寿王李瑁的王妃。史书记载杨玉环得幸是在开元二十八年十月唐玄宗到骊山泡温泉之时，唐玄宗为了掩盖父夺子媳的丑行，亲自策划了一场杨玉环入道的戏码，并于开元二十九年二月下了一道《度寿王妃为女道士敕》，彻底解除了杨玉环和寿王的婚姻关系。此后四年内杨玉环就住在宫中的太真观内，号太真，宫中称之为"娘子"，而时为太玄观上座的田僙为杨玉环授三皇箓亦约在这个时期。那么，关于杨玉环离开李瑁是自愿的吗，李瑁放弃他的王妃是因孝而为吗？其实他们都是被自愿的，亲情、爱情，在至高无上的皇权和帝王面前变得如此脆弱和无奈，而高力士不过是执行唐玄宗意愿的操作者而已，并不是高力士给唐玄宗推荐的杨玉环，而只能是唐玄宗本人的想法罢了。天宝四载七月，唐玄宗给寿王新娶了出身京兆韦氏的王妃。八月，唐玄宗正式册封杨玉环为贵妃，至此，一个始自强权、以悲剧结束的爱情故事，就成为中国古代文学史上的一个永恒话题了。

"骊宫高处入青云，仙乐风飘处处闻。缓歌慢舞凝丝竹，尽日君王看不足。"在唐玄宗与杨贵妃的爱情之恋中，华清宫充当着非常重要的背景。骊山晚照，关中八景之一，又因温泉而扬名天下，西周时有周幽王烽火戏诸侯的记载，汉唐时期地处京畿，故在骊山多有历代帝王临幸沐浴的故事。唐代贞观十八年，唐太宗命姜行本等人在骊山修建了行宫和御汤，命名为汤泉宫，并撰写了《温泉铭》。唐高宗时，对汤泉宫加以扩

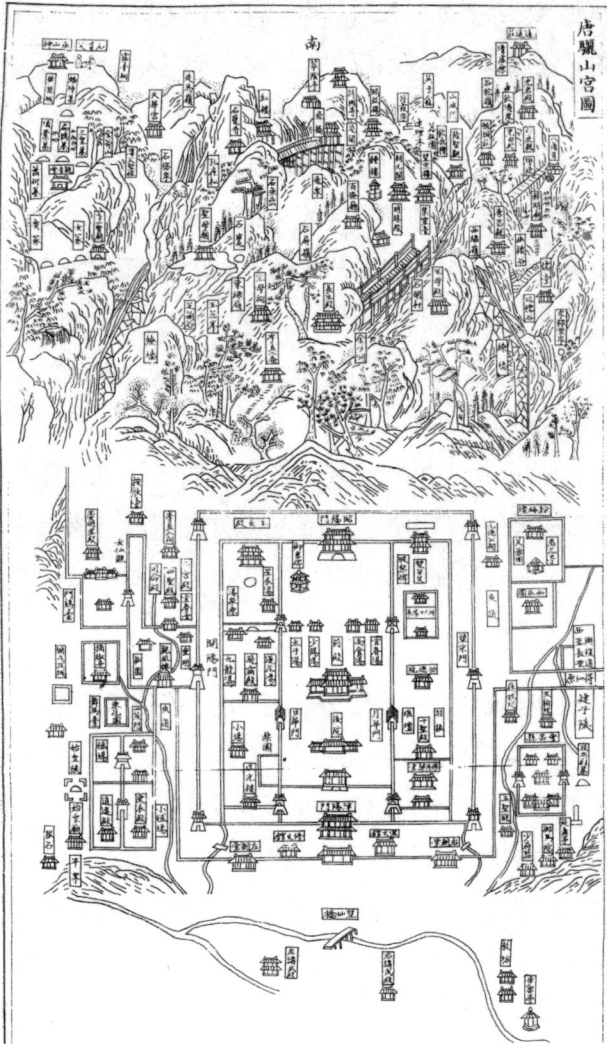

游师雄骊山宫图

建，规模进一步扩大。先天二年，唐玄宗阅兵骊山，收兵权，罢宰臣，骊山成为他统治权威的兴发之地，吹启了玄宗时代的号角声。开元十一年，改名为温泉宫。天宝二年，在宫北置会昌县，并于当年十二月修建宫墙，修筑百官衙署及府邸。天宝六载，新宫落成，唐玄宗赐名为华清宫，松柏遍布岩谷，望之郁然。天宝九载，唐玄宗正式受朝于华清宫，至此华清宫成为继兴庆宫之后唐帝国的又一个政治和文学中心，集休沐、求道、听政于一体。华清宫的设计思想一如都城长安，整个宫区由三部分组成，华清宫为宫城，宫城以上包括朝元阁在内属于禁苑区，昭应县城则相当于长安的外郭城，一般来说皇室成员居住地在宫城内，群臣住宅在昭应县城内。由于唐玄宗天宝时期经常在华清宫居住，华清宫所在的骊山逐渐成为政治空间的反映和文学作品的表征了。

经过多年的考古工作，华清宫内已发掘的主要唐代遗址有莲花汤、海棠汤、星辰汤、太子汤、尚食汤、小汤、朝元阁等，成为我们深入理解天宝时期盛唐政治和唐玄宗杨贵妃二人爱情故事的真实见证物。骊山温泉，从新石器时代中期姜寨先民使用至今，已有6000多年的利用史，芳流不竭不盈不虚，属于关中三处热水带之一，目前有三个泉眼，常年水温43度左右，具有沐浴、医疗等多种功效。星辰汤，是唐太宗时期的御汤，整个平面呈北斗七星状，由斗池和魁池组成，是目前所见的最大御用汤池。太子汤建成于贞观二十二年，是专供太子沐浴的场所，大约在公元723年废弃，见证了唐代前期帝位更迭的风风雨雨。小汤是开天时期主要供梨园子弟沐浴的汤池，可见音乐人在玄宗朝的重要性和影响力，还出现了托名杨贵妃的赠梨园弟子张云容的《阿那曲》诗作："罗袖动香香不已，红蕖袅袅秋烟里。轻云岭上乍摇风，嫩柳池边初拂水。"

莲花汤，又称御汤九龙殿，呈圆角长方形，由青石砌成双层台式，东西长10.6米，南北最宽约6米，深约1.5米，进水

莲花汤

孔道和排水孔道均为双孔式，既可以沐浴，也可以当成小型的游泳池使用。莲花乃花中君子，玄宗自谓也，莲花汤修建于天宝六载（747），是专供唐玄宗沐浴的场所，看起来宽敞恢宏，奢华精致。在莲花汤上建设有宫殿，宫殿面积达四百多平方米，分为内外殿，整个建筑气势雄伟，形制高大，屋顶上盘踞有九条巨龙，标志着皇家宫殿的等级和权威。莲花汤建成后，"周环数丈，悉砌白石，莹彻如玉，石面皆隐起鱼龙花鸟之状。四面石座，阶级而下，中有双白石瓮，连腹异口，瓮口中复植双白石莲，泉眼自莲中涌出，注白石之面"，制作宏丽，规模惊人。时刻关注唐玄宗一举一动的范阳节度使安禄山，得到莲花汤修筑的消息后，马上进献了各类石雕精品，"以白玉石为鱼龙凫雁，仍为石梁及石莲花以献，雕镌巧妙，殆非人工。上大悦，命陈于汤中，又以石梁横亘汤上，而莲花才出于水际"。

莲花汤在天宝时期，有着特殊的象征含义，唐玄宗在汤中垒瑟瑟及沉香为山，以状瀛州方丈，莲花汤已不仅仅是一个沐浴之地，在一定程度上甚至成为了华清宫的象征，在唐玄宗的后期生活里充当着重要的角色，故此唐玄宗在诗中说道："桂殿与山连，兰汤涌自然。阴崖含秀色，温谷吐潺湲。绩为蠲邪著，功因养正宣。愿言将亿兆，同此共昌

延。"从诗歌中可以体会出天宝时期的唐玄宗和他开元奋斗
的进取之心有了很大的改变，唐帝国的政治、经济和军事都
达到了一个高峰，先后有李林甫、杨国忠总揽朝政，处处迎
合唐玄宗的心意，故此唐玄宗不再像过去那样为国事所操
心，加上有了杨贵妃的陪伴，享乐成为唐玄宗的日常，每年
十月从长安到华清宫过冬，至春乃还，他不会想到在花团锦簇
的天宝盛世后面，一场更大的危机正在帝国疆域里酝酿着。

海棠汤，又称之为妃子汤，乃杨贵妃专用的沐浴场所。
同莲花汤相比，海棠汤"汤稍狭，汤侧有红石盆四所，刻作
菡萏于白石之面"。海棠汤汤池分为上下两层石台，上层东

海棠汤

西长3.6米，南北宽2.9米，由16块青石拼砌而成；下层东西长3.1米，南北宽2.2米，以8块青石砌合而成；池底部东西长3.1米，南北宽2.2米，平面呈八瓣形，中央部位是进水口，温泉水即从莲花喷头奔涌而出。整个汤池小巧玲珑，和莲花汤同时修建，因为设计独特酷似一朵开放的海棠花，故名之为海棠汤。

美人如花，花如美人，"八月，太液池有千叶白莲数枝盛开，帝与贵戚宴赏焉，左右皆叹羡。久之，帝指贵妃示于左右曰：'争如我解语花。'""朝廷无事共欢燕，美人丝管从九天"，华清宫内的杨贵妃比起她在长安内宫时尤添了无尽妩媚和风流。天宝三载，时为翰林供奉的李白作《清平调》三首来称赞杨妃的美丽："云想衣裳花想容，春风拂槛露华浓。若非群玉山头见，会向瑶台月下逢。一枝红艳露凝香，云雨巫山枉断肠。借问汉宫谁得似，可怜飞燕倚新妆。名花倾国两相欢，长得君王带笑看。解释春风无限恨，沉香亭北倚阑干。"不过对于后人来说，对于杨贵妃的认知可能以白居易塑造的文学形象更为普及，一首《长恨歌》道尽了唐玄宗和杨贵妃的爱情故事。今天我们站在海棠汤前观游的时候，历史叙事中的国家政治已经远去了，只留下杨贵妃的身影还在诗句里浅吟低唱着，"水气朦胧满画梁，一回开殿满山香，头上宝钗凉欲堕，莲步轻扶双侍儿"。

唐玄宗在位45年间，在华清宫的次数达到了41次，这和当时权贵们服食丹药有密切的关联。玄宗本人奉道炼丹，杨贵妃平常食杏丹以养颜，而沐浴正是解散下石的重要方法，故此唐玄宗不仅自己在华清宫沐浴，而且以殊荣赐浴于朝中大臣，其中安禄山就是经常出入华清宫的封疆大吏，在尚食汤中就多次能够看到精通胡旋舞的安禄山那个胖胖的身影。

天宝时期，安禄山逐渐在政治上获得了更大的权力，掌握着唐帝国最精锐的军队，深得唐玄宗的信任和器重。天宝十载正月的一天，一场三日洗儿的仪式在唐代宫廷里举行，正式确立了安禄山和杨贵妃的义母子关系，这件戏剧般的事情在史书中多有记载，甚至还延伸出了二人之间有所暧昧的情节，其实这是唐玄宗按照胡族习俗来施恩笼络安禄山的，杨贵妃不过是以母妃的身份完成了帝王安排的政治活动而已。自从认了杨贵妃为义母后，每次安禄山在唐玄宗和杨贵妃一起的时候，都是先拜见杨贵妃，并振振有词说："胡人先母而后父。"安禄山，父亲为粟特康国人，母亲为突厥人，他作为一个混血儿武力出众，懂得六种语言，善舞胡旋，外若痴直，内实狡黠。在李林甫为相期间，对于文官节度使十分警惕，李林甫文采一般，又无边功在身，而文官节度使可以出将入相，李林甫怕这类人取代自己的位置，为防患未然就给唐玄宗建议重用文化水平不高的胡族将领，而唐玄宗也担心汉族将领和太子之间交好威胁到自己的皇位，于是在君臣出自不同打算的契合下，安禄山一步步得到了重用。当然，安禄山得到重用，本质上还是天宝时期边疆形势和军队制度变化等综合要素形成的结果，帝王宰相基于个人利害的考虑不过是催化剂而已。

天宝元年，安禄山任平卢节度使。天宝三载，安禄山兼任范阳节度使。天宝十载，安禄山兼任河东节度使。三镇兵力达到了二十余万，可以说唐帝国边防军队的十分之四控制在了安禄山的手上，尤其是天宝九载安禄山得封东平郡王，开启了节度使封王的先河，重兵在握，宠倾中外。李林甫过世后，杨国忠为了巩固自己的地位，和安禄山之间的矛盾越发激化，加上安禄山和太子李亨之间也是矛盾重重，各种原因都促使安禄山的叛乱步伐一步步加快。当时，"禄山精兵，天下莫及"，既有充足的钱粮、军资保证，又有帐下胡族将领的衷心拥护，一个反叛集团逐渐出现在了唐帝国的腹地。天宝十四载，唐玄宗还给安禄山赐书说："为卿别治一汤，可会十月，朕待卿华清宫。"遗憾的是，安禄山不会以臣子的身份再来长安了。等到了十一月初九，安禄山就以清君侧讨伐杨国忠为名，发所部十五万劲旅，在范阳正式起兵。至此，"渔阳鼙鼓动地来，惊破霓裳羽衣曲"。

年轻的唐玄宗英明神武，到了晚年则贪图享乐，变得昏庸自负。在平定安史乱军的过程中，步步失误，最终酿成了长安失守的恶果。"接战春来苦，孤城日渐危。合围侔月晕，分守若鱼丽。屡厌黄尘起，时将白羽挥。裹疮犹出阵，饮血更登陴。忠信应难敌，坚贞谅不移。无人报天子，心计欲何施。"张巡在守卫睢阳最后时刻所写的这首诗，道尽了当时爱国官员的忠烈和无奈，最后只能以身殉国。天宝十五载六月八日，白发苍苍的老将哥舒翰面对长安来的出兵诏令痛哭失声，无奈之下带领战力薄弱的潼关守军出关作战。"北斗七星高，哥舒夜带刀，至今窥牧马，不敢过临洮"，可惜的是此时的老将已经失去了昔日的天时地利人和，一战败北被投敌的部下送给了安禄山，潼关失守，叛军彻底打开了进入长安的东大门。从潼关到长安，唐军再无险可守，唐燕之间的军事攻守完全改变，长安人心惶惶乱成一团，到了十二日时，唐玄宗突然醒悟过来，意识到情况的严峻性，当夜命令龙武大将军陈玄礼秘密整军，收拾贵重物品。第二天拂晓，冒着细密的雨幕，唐玄宗带着杨贵妃、皇子、杨国忠等亲信人员仓促离开皇宫，西奔蜀地。在这个时候，帝王抛弃了他的帝国，而臣民们也抛弃了曾经的君王，到了咸阳望贤宫时，地方官员已经四处逃散了，唐玄宗一行无人接驾甚至连午饭都没有着落，最后还是在老百姓的帮助下才解决了吃饭问题，以致有当地父老言道"自顷以来，在廷之臣以言为讳，惟阿谀取容，是以阙门之外，陛下皆不得而知"。下午，哥舒翰部下马军都将王思礼见到了唐玄宗，汇报了潼关战事的具体情况，并影响了扈行将士的微妙心理变化。

十四日中午，唐玄宗一行到了马嵬驿。这时禁军将士们均疲惫不堪，饥肠辘辘，失望、无望、绝望，进而由怨生愤，导致军事兵变，兵锋直指杨氏家族。先杀了杨国忠，以首级示众，再杀了秦国夫人、韩国夫人等人，并把唐玄宗团团围于驿站之内。唐玄宗无奈之下接受了将士杀了杨国忠等人的事实，并命令众人归队。将士们无人听令，龙武大将军陈玄礼进一步说道："国忠谋反，贵妃不宜供奉，愿陛下割恩正法。"唐玄宗说"朕当自处之"，就返回了房间内，霎时天旋地转呆呆无语。将士群情沸腾，情况越发危急，这时臣下均谏言相劝唐玄宗，此时高力士说道："贵妃诚无罪，然将士已杀国忠，而贵妃在陛下左右，岂敢自安。愿陛下审思之，将士安则陛下安矣。"然后高力士入内给杨贵妃说明了现实情况，杨贵妃说道："今日之事，实所甘心，容礼

马嵬驿

佛。"礼佛后，一代绝世佳人就死于非命了，正可谓是"到底君王负前盟，江山情重美人轻。玉环领略夫妻味，从此人间不再生"。

马嵬驿之变，不仅让唐玄宗失去了他曾经最钟爱的杨贵妃，随之太子李亨奔赴灵武，至此唐代政治昭示着肃宗时代的来临。当唐玄宗到达蜀地的时候，太子李亨也在灵武即位，是为唐肃宗，使得唐代历史上出现了同时有两个君王的特殊现象。在知道太子即位的消息后，唐玄宗改称太上皇，

石台孝经

杨贵妃墓

不过他还保留了有关政事的最高决策权力。一年之后，唐肃宗收复了长安，至德二载（757）十月，唐玄宗从成都出发，重返长安，居住于兴庆宫内。到了乾元元年（758）十月时，唐玄宗又来到了华清宫，睹物思人，在《雨霖铃》曲中泪如泉涌。"七月七日长生殿，夜半无人私语时。在天愿作比翼鸟，在地愿为连理枝。天长地久有时尽，此恨绵绵无绝期"，骊山华清宫内铭刻着唐玄宗太多的记忆，这里有他开启盛世的初始宣言，这里有他缠绵相思的爱妃留痕，这里有他强大帝国的文化符号，只是一切均成烟尘，消逝在了历史的风雨之中。

多年之后，明代张羽听闻骊山温泉之旧事，有感而赋
《温泉宫行》：

> 煌煌帝业三百年，骊山宫殿空云烟。
>
> 美人艳骨为黄土，山前不改旧温泉。
>
> 温泉虽在君王去，芳草凄凄满宫路。
>
> 泉声如泣日将莫，山鸡乱鸣上林树。
>
> 忆昔玉环赐浴时，红楼绮阁香风吹。

高力肉烩饼

头上宝钗凉欲堕，莲步轻扶双侍儿。

有客今年曾过此，宫坏墙倾山色死。

虎旅知更不复闻，池上玉龙犹喷水。

当时此水在天上，一沐恩波荣莫比。

六宫粉黛不敢唾，今日行人斗来洗。

华清宫既是玄宗朝的一个政治中心，也是唐玄宗的崇道之所，还是唐玄宗情感的寄托之地。雨，更大了，把我的思绪一下子带回金粟山顶，沿着唐玄宗的生命历程走走停停，才使我可以再一次走近这位传奇帝王的爱恨情仇，对于史学研究中的同情之理解重新有了新的感悟和思考。

将近黄昏，从泰陵回到了县城，熟悉的街景，陌生的人群，突然看见车站里那道瘦削的身影，记忆里的画面已定格成心底永远的疼痛。在紫金路和延安路交叉口的一家老店里，我点了份高力肉烩饼，劲道的面饼，可口的酥肉，配上一份生洋葱和一小碟面酱，依旧是儿时的口感。吃完饭，不由自主地沿着延安路向西头的家里走去，熟悉的小区名称逐渐在目光里变得清晰，到了跟前却突然发现，家已经成为回不去的奢望了。欲问相思花开花落，青鸟泪湿归期何期，这里，还有远行的游子可以栖息的角落吗？

相见知何日：脱靴的高力士

　　模仿都城长安是唐代帝陵的总体设计思想，陪葬墓作为帝陵埋葬制度的有机组成部分，是帝王给予皇室人员和文武大臣的一种特殊待遇和荣誉，陪葬者皆为功臣密戚和谋臣武将，二者共同构成一个完整的帝陵陵区。陪葬帝陵制度开始于唐太宗贞观年间，盛唐时期逐渐式微，到了中唐已经或有或无，进入晚唐阶段就完全废弃了。综合文献和考古资料，唐代各帝陵陪葬墓数量为：献陵67座、昭陵167座、乾陵17座、定陵15座、桥陵至少13座、泰陵1座、建陵5座、崇陵43座、光陵53座、端陵1座、章陵1座，贞陵以下各陵无陪葬墓。从唐代帝陵陪葬墓的数字和人员身份来看，陪葬墓从初唐的功臣为主逐渐变为功臣和皇族对等的比例结构。在古代社会中，空间经常被赋予权力和时间的内涵，帝陵作为一个独特而完整的礼仪空间，也是帝国政治秩序和权威思想的体现途径。这种空间观念在昭陵体现地最为明显，之后各个帝陵的空间权力感逐渐变弱，而神道石人则重新被赋予了更多重含义，尤其是泰陵石人文左武右的排列格局，在一定程度上可以替代早期帝陵以文武官员陪葬墓象征皇城的功能，可以说泰陵石刻既有出行礼仪的象征，也具有表示皇城的象征。

　　唐代关中帝陵陪葬墓多在陵园的南方和东南方，泰陵唯一的陪葬墓高力士墓就坐落在金粟山东南2千米，紧邻保南乡山西村西约100米处。地面残留有馒头状封土堆，高约7米，底边周长48米。1999年陕西省考古研究院经过抢救性发掘，基本清楚了墓葬内部的整体布局。墓葬坐北朝南，由墓道、过洞、天井、壁龛、甬道和墓室组成，墓道在封土南侧，斜坡平面略呈梯形，北窄南宽，宽约1.4到1.6米，水平长约14.2米，东西两壁用草拌泥涂抹后再涂一层白灰，然后在白灰层上面再描绘壁画。墓道、过洞和天井壁上的壁画脱落严重，在甬道顶部还残留有卷云图案，西壁中部约3.6平方米的面积内有墨线勾勒的三个男子、树木、花草和蝴蝶等，画面应是出行图的内容。墓道上有四个天井，均呈南北向长方形，其间有三个圆拱顶形过洞，过洞两侧各有一个壁龛，总共有6个壁龛，保存完好程度不一。有三道砖封门和一座石门，石门由门额、门楣、门框、左右门扉、左右砧和门限组成，惜破坏严重因盗掘零散各处。门额图案的主题是双凤对舞，四周有花卉纹饰。门楣线刻有双兽对跑图案，中央部位是一朵大团花，两侧瑞兽豹头怒目，身上有杏核状斑点，四周有花朵、草叶纹。门扉图案左扇为文官形象，慈眉善目，手持笏板；右扇是武将形象，环眼高鼻虬髯，双手拄长鞭，威武雄壮。

墓室呈正方形的穹隆顶，整体由条砖砌成，四壁绘有壁画，壁画保存状况较差。墓室西半全为石棺床，长4.2米，宽2.2米，高42厘米，由8块石板组合而成，在其平面上线刻有团

高力士墓志盖

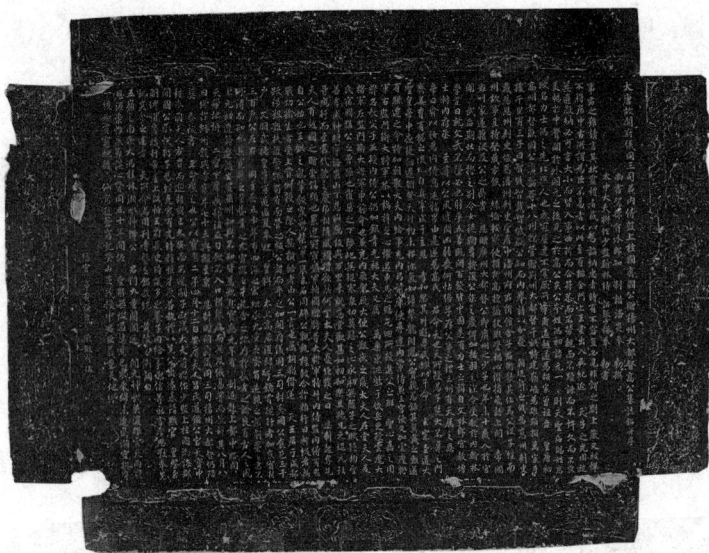

高力士墓志石

花，立面的主要图案是七只怪兽，均为阔口怒张，环目圆睁，肩部有翼，全身亦是遍布杏核斑点，与门楣上的图像有相似之处。另外，还残留有高力士本人的遗骨，在体质人类学研究中具有重要的价值。墓葬的随葬品有陶俑、铜钱和墓志等，陶俑有222件，有骑马俑、立俑、动物俑，铜钱有26枚。墓志盖断裂为两半，散落在石门内外，墓志石在墓室东北部。墓志青石质，长112厘米，宽78厘米，盖题篆书"唐故开府仪同三司赠扬州大都督高公墓志"，志石四侧线刻十二生肖图案，由潘炎撰文，张少悌书丹，与高力士神道碑撰书者相同。

高力士墓葬属于唐代高等级墓葬，对比同时期与高力士身份等级稍低的苏思勖墓葬来说，两个墓葬的形制、规模、出土物数量和种类都非常相似，但是高力士墓葬壁画更为精美。严格来看，高力士墓葬不匹配他在世时的身份地位，而这正如同泰陵的际遇一样，其背后有着复杂的历史原因和政治背景。

在高力士墓前，原立有一方神道碑，在清代乾隆年间断为了两截，后来遗失的下半截在1963年取土时被发现，然后对神道碑进行了整体修复，现在收藏在蒲城县博物馆内。高力士碑是我此行着重踏访的石刻，于是在从泰陵回来后的第二天下午，就匆匆赶赴县博物馆。

蒲城县博物馆，是在蒲城文庙基础上建立的，坐落在县城的中心位置。门前是县城的主要街道之一，隔着马路就是新华书店，小时候县城里书店不多，需要的各类学习资料我们都是来这里购买的。蒲城文庙属于省级重点文保单位，主要由六龙壁和三个院落组成，棂星门到戟门是第一进院落，戟门到大成殿是第二进院落，在第二个院落的东西两廊是石刻文物长廊，第三进院落主要是元代修建的明伦堂大殿，现在已经成为蒲城碑林的陈列室了，在文庙最北端的围墙后面耸立着约46米高的密檐式北塔。

六龙壁，建立于明代万历四十四年（1616），通高6米，长17米，主体由琉璃花砖修筑而成。六龙壁正面是六龙泳舞图，三对蜿蜒盘旋的金龙，畅游于汹涌碧波之中，正中位置是二龙戏珠；背面是六狮舞蹈图，由三组画面组合而成，互相之间由花纹竖道间隔，其中中间画面为团龙图案，团龙四周装饰有麒麟、凤凰和人物形象，团龙东西两边的画面上部为二龙戏珠，下部为双狮造型，双狮两侧装饰有花卉纹饰，下侧是汪洋碧波。整个六龙壁色彩鲜艳，造型逼真，富丽堂皇，表达着国泰民安、文化兴盛、人才辈出的吉祥寓意。当地人都说六龙表示的乃六个阳爻，指的是乾卦，乾为天，正暗合尊儒朝圣之义。在六龙壁两侧，各有一座石质牌坊，与六龙壁浑然一体，在石牌坊的匾额上书写着"文章祖""帝王师"字样，这在同类型的建筑中都是极具特色的。六龙壁原来在马路北边的人行道上，随着城市道路的拓宽，现在已经处于道路的北缘，所以马路在六龙壁前稍微转弯了一下，六龙壁反而成为道路中一道别致的风景线了。

文庙的古建正在维修当中，院子里没有游人，只有苍柏

六龙壁

和蝉鸣陪伴着我轻轻的脚步声。沿着记忆里的路径，直接就走到了陈列各类石刻的长廊，西侧的长廊内陈列着文史爱好者所熟知的隋代苏孝慈墓志、唐代夏侯询墓志、夏侯询夫人李氏墓志、金仙公主墓志、金仙公主镇墓石、王贤妃墓志、王贤妃墓石椁、昭成皇后窦氏镇墓石，另外还有唐金时期的几件经幢、佛像座等。现在看着石刻艺术室中的这些石刻臻品，感觉分外亲切，抬头望着还在老地方悬挂着的1982年由蒲城县公安局和文化局联合下发的通告牌匾，不由嗤笑出声，谁能料到多年以后自己竟然成为研究汉唐石刻的专业学

石台孝经

联合通告牌匾

者。想起少年时从居住的东槐院步行几分钟来到文庙的书摊看小人书的场景，那时也会走到文庙里看看这些石刻，不时嘀咕一句："黑乎乎又有什么好看的，还是书摊的小人书有趣呢。"东侧的长廊内主要陈列有王鼎墓志、武周吕志本墓志和金代以后的数种经幢、铜钟、佛教造像、墓志等，虽然多数石刻不是我所熟悉的领域，不过也看得津津有味。

对隋唐石刻看得入神，不知不觉中就过去了两个小时，看看时间已经不早了，赶紧起身向后面的展室走去，那里有我此行需要特别考察的高力士碑。绕过大成殿，就看到了后面明伦堂大殿上的"蒲城碑林"四字匾额，大殿后面是雄伟的北塔。顺着树荫，从几排拴马桩中间的青石路拾级而上，一走到大殿门口，正对着的北墙前面就竖立着一方高大的石碑，这方石碑就是高力士神道碑。高力士碑，六螭首，通高4.05米，宽1.5米，厚约25厘米，碑额4行，行5字，李阳冰篆"大唐故开府仪同三司赠扬州大都督高公神道碑"，碑文30行，满行55字，潘炎撰文，张少悌书。

高力士（690—762），本名冯元一，冯均衡之子，潘州（今广东高州市）人。冯氏出自北燕王族，北燕灭亡后有一支来到了南朝，然后在岭南发展壮大，逐渐成为岭南第一大族。北魏冯太后即出自冯氏，隋代冯宝妻冼夫人维护国家统

高力士碑

一毅然率领岭南归附隋朝。冼夫人孙冯盎在隋唐群雄并起之时，于武德五年（622）力排众议，率岭南部众归唐，唐廷在岭南置八州，至此岭南纳入唐帝国的版图。由于冯盎久未入朝，引起了朝廷疑惑，经魏征化解危机后，于贞观元年遣次子智戴入侍长安。贞观五年（631），冯盎入朝，旋诏还平叛。贞观二十三年，冯盎病逝。到了高宗时期，岭南还控制在冯氏家族之手，这时智彧为高州刺史、智戴为恩州刺史、智或为潘州刺史。

长寿二年（693），对于冯氏家族来说是一个重大的转折点，也是高力士人生的转折点。这一年，女皇派司刑评事万国俊摄监察御史前往岭南按察流人的谋反问题，所谓的流人指的多是李唐宗室和反对武则天的人，万国俊是武周时期的酷吏之一，到了岭南后他矫旨行事，罗织罪名，滥杀流人数百人，极有可能在这种情况下，高力士一家也受到了牵连，裂冠毁冕，籍没其家。冯家分支众多，冯盎三子分别为智彧、智戴、智或，均衡即智或之子。此时，均衡虽然接替父亲官职任潘州刺史，但他们这一支已经家道中落，在长寿二年的流人事件中，只是被罢官抄家而已，不久均衡就过世了。

长寿二年，高力士刚刚4岁。一家人在逃难的过程中，高力士与父母分散了，一个人流落街头，被岭南讨击使李千里所得，并带回了长安，等高力士年龄稍长后在圣历元年（698）被送入宫中，当了一个小宦官。唐代宦官主要来源于关中、岭南和今天的福建地区，选择聪明伶俐的小孩子充当，入宫之后有专门的宫教博士给他们授课。高力士聪慧过人，而且武力不凡，女皇"嘉其黠惠，总角修整，令给事左右"，并赐名为"力士"。力士乃世俗和佛教之间的共同术语，表示皇权和佛陀的护法者，而高力士一生正好是其名字的完美阐释，可谓是冥冥之中的一种神奇了。高力士和上官婉儿的经历有些类似，二人均是因武则天的原因家破人亡之下入宫的，一为宫女，一为宦官，同样因为个人才华得到了女皇的器重，进而一步步升迁高位，成为内宫权势赫赫的人物，在历史上留下了巨大的名声。

有一次力士在宫内犯错了，被鞭笞逐出了皇宫，然后被宦官高延福收养，至此改姓为高，"高力士"这一名字就正式出现了。高延福，渤海人，乃从高丽入华的遗民。八岁的高延福来到长安后，先服侍于武三思家，不久就被武三思送入宫当宦官了。武三思安排高延福入宫，既是对女皇的奉迎之举，亦不乏通过高延福窥查内廷消息之由。这样一来，高力士和武氏家族就产生了密切的关系，就其背景来说在某种意义上高力士成为了武氏势力的一员。高力士在高延福之家生活了一年有余，处事小心谨慎，认真负责，武则天就把高力士重新召入了宫中。高力士在宫廷内长大，而时为临淄郡王的李隆基亦多在内宫，二人可能那时就相识了，并且形成了非同一般的关系。

中宗时期，高力士就投到了唐玄宗门下，成为唐玄宗的心腹之人。在唐隆政变中，"韦氏窥大宝，不利王室，已成祸梯。玄宗赫然提剑而起，公实勇进□□，□龙上天，扶皇运之中兴，佐大人之利见"，高力士身先士卒，立下了重要的功勋。等李隆基正式成为太子后，就给睿宗上书把高力士正式调到了自己身边。先天政变时，高力士冲锋在前，最后就是他把逃亡的太平公主擒获带回长安的。开元初，高力士出任云麾将军、右监门卫大将军、知内侍省事，成为宫中宦官的领袖。内侍省为宦官机构，主要为皇帝日常生活提供服务，其下分为掖廷、宫闱、奚官、内仆、内府五局，内侍省长官为内侍，设四人，从四品上，副职为内常侍，设有六人，正五品下。

开元二年，唐玄宗到骊山讲艺呈材，高力士随驾三山宫，"有二雕食鹿，上命取之。射声之徒，相顾不进。公以一箭受命，双禽已飞，控弦而满月忽开，饮羽而片云徐下。壮六军而增气，呼万岁以动天"。高力士一发而中，三军心伏。天宝十一载京师有王钚之乱，至德二年七月蜀郡兵郭千仞谋反，均是高力士领兵削而平定的。高力士骁勇善战，精于骑射，有绝伦之技，在唐玄宗时代立有颇多军功，这种宦官领兵平乱的现象在开天时期还有另一个大宦官杨思勖为代表，不过高力士是玄宗最亲信之人，所以主要在其身边服务。

高力士作为唐玄宗的心腹，权势显赫，但其一生做事做人，"中立而不倚，得君而不骄。顺而不谀，谏而不犯。传王言而有度，持国柄而无权。近无闲言，远无横议"，可谓是中正而论。同时，高力士还是至孝之人。大约在开元五年，在岭南节度使的帮助下，历经种种艰辛，终于在泷州找到了失散多年的生母麦氏和其兄弟们，见面时母子二人已经不认识了，麦氏说力士胸前有七颗黑子的胎记，还出示了高力士小时候佩戴过的金环，母子相认抱头痛哭，悲喜交加。然后高力士把生母接到了长安，对生母和养母一起用心奉养，麦氏"恩制赠越国夫人，哀且荣矣，孝之终矣"，世人传为一时佳话。

唐玄宗常说："力士当上，我寝则稳。"每四方进奏的文表，必先呈送给高力士审阅，一般小事高力士便自己决定了，大事才给唐玄宗批示。虽然高力士深得唐玄宗信任，不过他"性和谨少过，善观时俯仰，不敢骄横，故天子终亲任之，士大夫亦不疾恶也"。高力士在玄宗朝，地位特殊，肃宗时为太子称力士为"二兄"，诸王公主皆呼"阿翁"，驸马辈呼为"爷"。到了天宝年间，高力士的官职进一步提升。天宝初，加冠军大将军、右监门卫大将军，进封渤海郡公。天宝七载，加骠骑大将军。天宝十四载，唐玄宗置内侍省内侍监两员，秩正三品，高力士即其一者。在唐玄宗西幸蜀地时，高力士因平定郭千仞之功，进开府仪同三司、齐国公，食邑三千户。等收复长安回到京师后，高力士复被赐实封三百户。

不管是朝政还是在私人生活方面，唐玄宗许多不好出面的时候，都是高力士来解决的。比如在协调皇帝和大臣们的关系时，在处理姚崇、张说、李林甫、哥舒翰、安禄山等人的事情中，均有高力士前后张罗的身影。尤其在太子问题上，高力士在唐玄宗矛盾之时，提出了立长以李亨，解决了唐帝国的继承人问题。在武惠妃薨后，高力士明白唐玄宗心里的打算，亲自出面把寿王妃杨玉环带到了唐玄宗的面前，不惜留下千古骂名而解决了唐玄宗的情感需求。天宝时期，唐玄宗越发享乐而懈怠朝政，高力士不时提醒唐玄宗，在南诏问题、李林甫专权问题、安禄山问题等方面，都敢于说真话，提出自己的见解。

　　作为帝之股肱，高力士是玄宗时代不可或缺的重要人物，在某些方面他如同唐玄宗的影子一般，在当时的政局中发挥着重要的作用。唐玄宗从成都回到长安后，主要陪伴他的臣子是高力士和陈玄礼二人，在两年半的时间里唐玄宗渡过了较为平静的一段岁月。乾元元年（758）十月，唐玄宗来到华清宫时，越发地想念杨贵妃，同时也很怀念曾经叱咤风云的日子，经常在长庆楼上与老百姓互动活动，甚至召集羽林军大将军郭英乂一起宴饮。禁军将领是每个帝王的核心人选，唐玄宗此举不由引起了肃宗的敏感和不快，于是在肃宗的默许下，内廷大宦官李辅国开始了针对唐玄宗的行动。李辅国先派人取走了兴庆宫的马匹，接着在上元元年（760）七月九日，以迎玄宗到西内太极宫游玩为名，把唐玄宗骗出了兴庆宫，到了路上就把唐玄宗挟持到了甘露殿。在挟持事件中，唐玄宗差点受惊摔下马来，这时只有高力士挺身而出，训斥李辅国和禁军将士，迫于形势把唐玄宗安全护送到了太极宫内。唐玄宗感慨万千，对高力士说："微将军，阿瞒已为兵死鬼矣。"至此，唐玄宗就被儿子肃宗软禁到了太极宫，不仅断绝了和宫外的联系，连身边的老人也一一被赶走了。大将陈玄礼被肃宗勒令致仕，心腹高力士更是被流放巫州，在高力士离开长安时，他请求肃宗让他再见一面唐玄宗，说："臣当死已久，天子哀怜至今日，愿一见陛下颜色，死不恨。"谁知连这个小小的请求也被肃宗拒绝了。

宝应元年（762）四月初五，一代传奇帝王唐玄宗驾崩，享年78岁。就在唐玄宗病危当年，高力士被赦免回京，等八月八日走到朗州时，得到了唐玄宗过世的消息，高力士失声痛哭，说："大行升遐，不得攀梓宫，死有余恨。"心情悲愤之下，高力士呕血而亡，春秋73岁。直到唐代宗时，方恢复高力士的官职，赠扬州大都督，以其陪葬唐玄宗泰陵。"暮云昏鸦古今情，地老天荒意未平。从龙文武几人在，丹心事主唯高公。倚立深宫数十年，何必桃李向谁妍。忠臣不合巫州死，金粟山下有墓田。"元代张志公的这首《金粟山高公墓》诗，公允而客观地评价了高力士的一生。

不过在后世的故事和戏剧里，高力士反而被塑造成了一个丑角。《新唐书·李白传》中写道："天宝初，南入会稽，与吴筠善，筠被召，故白亦至长安。往见贺知章，知章见其文，叹曰：'子，谪仙人也！'言于玄宗，召见金銮殿，论当世事，奏颂一篇。帝赐食，亲为调羹，有诏供奉翰林。白犹与饮徒醉于市。帝坐沈香子亭，意有所感，欲得白为乐章，召入，而白已醉，左右以水颜面，稍解，授笔成文，婉丽精切，无留思。帝爱其才，数宴见。白尝侍帝，醉，使高力士脱靴。力士素贵，耻之，摘其诗以激杨贵妃，帝欲官白，妃辄沮止。白自知不为亲近所容，益骜放不自修，与知章、李适之、汝阳王琎、崔宗之、苏晋、张旭、焦遂为'酒八仙人'。恳求还山，帝赐金放还。白浮游四方，尝乘月与崔宗之自采石至金陵，着宫锦袍坐舟中，旁若无人。"天宝元年，在吴筠和贺知章的推荐下，李白得到了唐玄宗的接见，下旨李白待诏于翰林院。李白供奉在翰林院的时候，最为后人津津乐道的有两件事，一是赞美杨贵妃所写的《清平调》三首，给我们留下了一篇绝世风神的佳作，这首诗把千古帝王、绝世佳人和旷世才子紧密联系在了一起，成为唐诗中的一曲盛世赞歌；二是李白醉酒力士脱靴的故事，进而李白被高力士打击，最后无奈之下离开了长安。

关于力士脱靴的故事，在《唐国史补》中记载则有所不同，其文为："李白在翰林，多沈饮。玄宗令撰乐辞，醉不可待，以水沃之。白稍能动，索笔一挥十数章，文不加点。后对御引足令高力士脱靴，上命小阉排出之。"由于李白仪礼不周，要求高力士为其脱靴，唐玄宗大怒，派人把李白赶出宫去，这和《旧唐书·李白传》中所写的"引足令高力士脱靴，由是斥去"如出一辙。在当时的政治环境中，李白和高力士的身份地位相差太远，而且李白有强烈的功名之心，他不可能得罪声名显赫的高力士，所以从历史事实推测的话，李白醉酒力士脱靴的故事都是后来文人为了突出他蔑视权威的英雄形象而虚构出来的。在李白碑中，关于此事的记载为："他日，泛白莲池，公不在宴，皇欢既洽，召公作序。时公已被酒于翰苑中，仍命高将军扶以登舟，优宠如是。"唐玄宗有次召见李白时，他正好喝醉了酒，于是高力士扶着李白登舟，由此可见唐玄宗对李白的礼遇。高力士搀扶喝醉的李白，不仅显示出了李白的地位，同时也表现出高力士的谦恭之心，李白碑所写的内容才是力士脱靴的真实版本。

那么，李白离开长安是不是高力士陷害的呢？李白本人都说他是因人所害，不得已离开翰林院的，而这个人并非高力士，而应该是李白在翰林院的同僚张垍。张垍，前宰相张说的儿子、唐玄宗的女婿，当时正是他主持翰林院的事务。张垍为人妒忌，刻薄寡恩，李白恃才傲物，又经常喝酒误事，二人之间出现了很大的矛盾，所以李白离开长安的一个重要原因是因为张垍。其实，李白离开长安并不是个别现象。在开元后期，随着张九龄罢相，文人政治家的时代逐渐被李林甫为代表的吏士政治所取代，李白进入宫廷已经是天宝初年少有的文人成功进入官场的个案，当时的官场已经容不下富有才华而少有禁忌的文人了，更不用说李白这样性格张扬有所狂狷之人。除了李白之外，杜甫和钱起的经历亦是如此，诗家不幸文学幸，反而成就了诗仙和诗圣的千古名声，给我们留下了诗唐的最强音符。

后来在文人的视野中，力士脱靴的故事距离史实越来越远了，随着李白在文坛的一步步神化，身为宦官的高力士在晚唐就成为文学史上的配角，如贯休在《古意》九首之一中

蒲城碑林

写道："常思李太白，仙笔驱造化。玄宗致之七宝床，虎殿龙楼无不可。一朝力士脱靴后，玉上青蝇生一个。紫皇案前五色麟，忽然掣断黄金锁。五湖大浪如银山，满舡载酒槌鼓过。贺老成异物，颠狂谁敢和。宁知江边坟，不是犹醉卧。"中晚唐时期，宦官专权的社会现状促使高力士形象走向反面，李白作为自由精神的代表，正好和高力士的形象形成鲜明的对比，表达着文人士大夫傲视权贵的性格。随着历史的发展，高力士的形象在层累地式的塑造中，一直充当着反面人物的典型，到了今天我们仍然经常模糊了历史和故事的真实性，只有那双传奇般的靴子，似乎成为认识高力士唯一的符号和象征。

高力士事君以忠，事亲以孝，存殁义同，忠贞无舍，他在文学史上的配角形象是建构出来的，但他作为唐玄宗的配角一直从生前延伸到了死后，二人既是主仆，亦属君臣。长安、华清宫、马嵬驿、泰陵，都留下了他们君臣二人的身影，静静的泰陵，默默的力士墓，近在咫尺，又远在天涯，在高力士碑的字里行间，无声诉说着这对君臣千古相宜的传奇和故事。

天色渐渐已晚，从文庙外的小吃街飘来阵阵的饭香，八宝辣子、地软包子、高力肉、刺荆面、手擀面、面辣子、橡头馍、水盆羊肉，都是家乡最常见的饮食。在蒲城长大的孩子，或好或坏地都会做几样出来，我也马马虎虎吧。白云悠悠，乡关何处，血脉的延续，乡情的传递，这是孝之为孝的一种显现，而得名于高力士的这道高力肉，也成为离开家乡的所有游子心中最温馨的那道念想。

离开高力士神道碑所在的大殿，我抬头望了一眼后面耸立的北塔，起身向文庙外走去。刚出大门，远处依稀传来母亲喊我回家吃饭的声音，不由泪盈满眶，潸然而下。好想再一次，就着高力肉，吃一碗妈妈手擀面的味道；好想再一次，就着高力肉，喝一口爸爸老杜康的味道。

尾声

　　唐朝，一个绚烂的世界帝国。"九天阊阖开宫殿，万国衣冠拜冕旒"，这是大唐帝国在丹凤门上镌刻出的灿烂光芒。滔滔东流的渭河奔腾而下，孤烟袅袅的大漠有孤鸿划过，塞外草原上悠然懒散的牧羊，它们一直从大唐走到今天，见证了唐帝国在将近三百年时间中发生过的悲欢离合和神奇传说。

　　经过千年的风雨侵蚀和人为磨泐，大唐荣光所留下的丰碑宝刻庆幸在西安碑林得以代代保存。方方青石的纹理上，跳跃着大唐依旧火热的脉搏，在起承转落的墨迹里，玄宗时代的故事在今天人们的记忆中不断重演，纷纷编织成独属于他们自己想象中的风华盛世，只有这座石台孝经，历经风云，昭示了无尽时光，又继续向下一个千年踏步。

　　现在的时间和过去的时间，也许都存在于未来的时间，不管是过去、现在还是将来，都指向一个始终存在的终点。漫步在长安的街头，徘徊在历史里久久难离难去，轻轻的足音一直在记忆中回响，沿着那条从未走过的甬道，飘向那重期颐的大门，那里，就是我们渴求得到沐浴和向往的大唐。帝王，江山，妃子，美人，组成今古谈论不休的话题。石碑，《孝经》，血脉，不朽，化为每个人都遵循的伦理准则。生命与家国，贯穿着你我他的情爱和轮回，共同谱写着一曲永远的赞歌。

蒲城，长安。泰陵，碑林。浮云蔽日，京都带愁。明皇思念的，永远是他心里的大唐；而我顾念的，只是老家门口的那树青槐和那条黑狗。碑林广场前面的几株玉兰开得正盛，"人面不知何处去，桃花依旧笑春风"，我没有崔护的那份潇洒和豁达，长安不再相思，灵风总是满旗，梦里清音，千山唤雨，那么，就把自己交给季节，去寻找远方的另一座长生殿吧。

主要参考书目

[英]巴瑞特：《唐代道教：中国历史上黄金时期的宗教与帝国》，齐鲁书社，
　　2012年。

陈璧生：《孝经学史》，华东师范大学出版社，2015年。

陈丽萍：《贤妃嬖宠：唐代后妃史事考》，社会科学文献出版社，2014年。

仇鹿鸣：《长安与河北之间：中晚唐的政治与文化》，北京师范大学出版社，
　　2018年。

陈尚君：《贞石诠唐》，复旦大学出版社，2016年。

陈尚君：《行走大唐》，广西师范大学出版社，2018年。

陈尚君：《濠上漫与：陈尚君读书随笔》，中华书局，2019年。

陈寅恪：《隋唐制度渊源略论稿·唐代政治史述论稿》，三联书店，2001年。

陈寅恪：《金明馆丛稿初编》，三联书店，2001年。

[日]渡边信一郎：《天空の玉座—中国古代帝国の朝政と仪礼》，柏书房株式
　　会社，1996年。

[日]渡边信一郎：《中国古代的王权与天下秩序：从中日比较史的视角》，中
　　华书局，2008年。

丁俊：《李林甫研究》，凤凰出版社，2014年。

[日]岛一：《唐代思想史论集》，同朋舍，2013年。

[美]段义孚：《神州：历史眼光下的中国地理》，北京大学出版社，2019年。

冯茜：《唐宋之际礼学思想的转型》，三联书店，2020年。

高明士：《律令法与天下法》，上海古籍出版社，2013年。

高明士：《中国中古礼律综论：法文化的定型》，商务印书馆，2017年。

[日]古胜隆一：《汉唐注疏写本研究》，社会科学文献出版社，2019年。

郭芹纳：《唐玄宗御注三经》，三秦出版社，2017年。

葛兆光：《中国思想史》，复旦大学出版社，2001年。

[法]亨利·列斐伏尔：《空间与政治》，上海人民出版社，2019年。

胡平生：《孝经译注》，中华书局，2017年。

呼啸：《两世传奇：唐贞顺皇后武惠妃传》，陕西人民教育出版社，2020年。

洪嘉琳：《唐玄宗〈道德真经〉注疏之研究》，花木兰文化出版社，2006年。

[德]胡塞尔：《纯粹现象学通论》，商务印书馆，1992年。

华喆：《礼是郑学：汉唐间经典诠释变迁史论稿》，三联书店，2018年。

黄正建：《唐代法典、司法与〈天圣令〉诸问题研究》，中国社会科学出版社，2018年。

贾延清等：《唐明皇御注道德经》，中央编译出版社，2013年。

[日]菅沼爱语：《7世紀後半から8世紀の東部ユーラシアの国際情勢とその推移：唐·吐蕃·突厥の外交関係を中心》，渓水社，2013年。

罗丰：《蒙古国纪行：从乌兰巴托到阿尔泰山》，三联书店，2018年。

刘安志：《新资料与中古文史论稿》，上海古籍出版社，2014年。

李零：《简帛古书与学术源流》，三联书店，2004年。

刘涛：《书法丛谈》，中华书局，2014年。

雷闻：《郊庙之外：隋唐国家祭祀与宗教》，三联书店，2009年。

李翔海：《内圣外王：儒家的境界》，江苏人民出版社，2017年。

[日]林秀一：《孝经述议复原研究》，崇文书局，2016年。

鲁西奇：《中国历史的空间结构》，广西师范大学出版社，2014年。

路远：《西安碑林史（修订版）》，西安出版社，2018年。

吕妙芬：《孝治天下：孝经与近世中国的政治与文化》，联经出版公司，2011年。

[日]麦谷邦夫：《中国中世社会と宗教》，道气社，2002年。

[日]麦谷邦夫：《六朝隋唐道教思想研究》，岩波书店，2018年。

[德]马克斯·韦伯：《儒教与道教》，江苏人民出版社，2005年。

[德]马克斯·韦伯：《学术与政治》，商务印书馆，2009年。

蒙曼：《蒙曼说唐：唐玄宗》，陕西师范大学出版总社，2015年。

[日]妹尾达彦：《长安的都市规划》，三秦出版社，2012年。

[日]妹尾达彦：《隋唐长安与东亚比较都城史》，西北大学出版社，2019年。

牛敬飞：《古代五岳祭祀演变考论》，中华书局，2020年。

[加]蒲立本：《安禄山叛乱的背景》，中西书局，2018年。

[日]气贺泽保规：《中国佛教石经の研究：房山云居寺石经を中心に》，京都
　　大学学术出版会，1996年。

齐渭峰、岳东：《绣岭骊宫的凄美长歌：唐华清宫遗址》，西安出版社，
　　2018年。

[日]乔秀岩：《义疏学衰亡史论》，三联书店，2017年。

任士英：《唐代玄宗肃宗之际的中枢政局》，社会科学文献出版社，2003年。

任士英：《隋唐帝国政治体制》，三秦出版社，2011年。

荣新江：《隋唐长安：性别、记忆及其他》，复旦大学出版社，2010年。

荣新江：《敦煌学十八讲》，北京大学出版社，2001年。

沈睿文：《唐陵的布局：空间与秩序》，北京大学出版社，2009年。

沈睿文：《中国古代物质文化史：隋唐五代》，开明出版社，2015年。

沈睿文：《安禄山服散考》，上海古籍出版社，2015年。

孙英刚：《神文时代：谶纬、术数与中古政治研究》，上海古籍出版社，
　　2014年。

[美]斯坦利·威斯坦因：《唐代佛教》，上海古籍出版社，2010年。

商伟：《题写名胜：从黄鹤楼到凤凰台》，三联书店，2020年。

陕西历史博物馆：《皇后的天堂：唐敬陵贞顺皇后石椁研究》，文物出版社，
　　2015年。

[日]藤善真澄：《安禄山：皇帝宝座的觊觎者》，中西书局，2017年。

唐晓峰：《从混沌到秩序：中国上古地理思想史述论》，中华书局，2010年。

汤用彤：《隋唐佛教史稿》，北京大学出版社，2010年。

[美]巫鸿：《中国古代艺术与建筑中的"纪念碑性"》，上海人民出版社，
　　2009年。

[美]巫鸿：《"空间"的美术史》，上海人民出版社，2018年。

吴丽娱：《唐礼摭遗：中古书仪研究》，商务印书馆，2002年。

吴丽娱：《终极之典：中古丧葬制度研究》，中华书局，2012年。

吴丽娱：《礼与中国古代社会》，中国社会科学出版社，2016年。

王庆卫等：《丰碑如薮 宝刻成林：西安碑林博物馆》，西安地图出版社，
  2020年。

王小甫：《唐·吐蕃·大食政治关系史》，中国人民大学出版社，2009年。

吴宗国：《说不尽的盛唐：隋唐史十二讲》，北京大学出版社。2020年。

许道勋、赵克尧：《唐玄宗传》，人民出版社，1993年。

[荷]许理和：《佛教征服中国：佛教在中国中古早期的传播与适应》，江苏人
  民出版社，2005年。

许建平：《敦煌经籍叙录》，中华书局，2006年。

于赓哲：《平衡的失败：唐玄宗的得与失（上）》，陕西师范大学出版总社，
  2016年。

于赓哲：《平衡的失败：唐玄宗的得与失（下）》，陕西师范大学出版总社，
  2017年。

阎守诚、吴宗国：《唐玄宗的真相》，北京大学出版社，2009年。

余欣：《中古异相：写本时代的学术、信仰与社会》，上海古籍出版社，
  2011年。

余欣：《敦煌的博物学世界》，甘肃教育出版社，2013年。

郑阿财：《敦煌文献与文学》，新文丰出版社，1993年。

张国刚：《唐代家庭与社会》，中华书局，2014年。

张国刚：《资治通鉴启示录》，中华书局，2019年。

赵剑敏：《盛世魂：大唐玄宗时代》，三联书店，1994年。

张文昌：《唐代礼典的编纂与传承——以〈大唐开元礼〉为中心》，花木兰
文 化出版社，2008年。

郑雅如：《亲恩难报：唐代士人的孝道实践及其体制化》，台湾大学出版中
  心，2014年。

张祥龙：《家与孝：从中西间视野看》，三联书店，2018年。

张蕴等：《蓝田吕氏家族墓园》，文物出版社，2018年。

后记

　　这本书的完成，我总觉得是冥冥之中的一个约定。

　　学术的进步取决于材料的发现与学理的发明，而学理的发展又是以新材料的发现为前提的。在学术史上，自傅斯年先生提出"上穷碧落下黄泉，动手动脚找东西"的口号后，新材料的发掘和运用一直贯穿着近代学术发展的整个过程，"凡一种学问能扩张他所研究的材料便进步，不能的便退步"。受此影响，我在进入中古石刻研究的领域时，入门习作多是围绕着新材料来完成的。随着自己阅历的积累和学力的进步，逐渐认识到对旧史料的深度探讨是个人学术能力提升的不二路径，利用新方法和新理论重新对重要石刻进行进一步的阐释和解读，就成为摆在我眼前的主要任务之一了。

　　西安碑林博物馆保存着唐代长安遗留下来的许多重要碑志和造像材料，这些石刻多记载着当时唐帝国政治、社会、文化、宗教中的重大历史事件，是长安学研究的第一手史料。荣新江先生在倡导长安学研究中，提出了四个方面的研究视角，一是打破传统长安文献的记载体系，注意地理、人文的空间联系；二是从政治人物的住宅和宫室的变迁，重新审视政治史和政治制度史；三是走向社会史，对于长安进行不同社区的区分并分析研究；四是找回《两京新记》的故事，追索长安居民的宗教、信仰以及神灵世界。从学习隋唐史开始，就受到了荣老师的深刻影响和指导煦拂，所以我在写作《从长安到西域：石刻铭记的丝路文史》一书时，计划完成一篇从长安学的视角探讨石台孝经的文章——《石台孝经的刊刻和玄宗时代的昭示》。

2018年，我开始搜集关于石台孝经研究的相关成果，在资料整理过程中，一步步发现石台孝经的研究涉及经学、考古学、历史学、宗教史、书法史、敦煌学等多个不同的领域，我完全低估了这篇文章的写作难度，加之诸多重要的研究成果都是海外学人完成的，资料的搜集花费了大量时间和精力，文章的篇幅也随之增加，保守估计是一篇五六万字的长文。

复旦大学历史系徐冲兄打算在2020年上半年举办一个关于石碑文化的工作坊，我当时提交了《石台孝经的刊刻和玄宗时代的昭示》一文的概要："传统研究中对石台孝经侧重于从书法史和思想史等方面展开，本文则把其视为一座立体的纪念碑来进行系统性解读，在分析群臣题名的留存问题后，主要从以下几个层次展开讨论：（一）把石台孝经置立于玄宗御注三经的时代背景下，从现今留下的石刻、文书材料来考察玄宗时代的学术和政治；（二）追寻石台孝经的形制来源，在国家空间中分析相关石刻的意义和社会文化的原因，同时还原石台孝经在长安城中的位置，考察在长安都市空间中刊刻石碑的意识形态；（三）在书法政治的层面，探讨帝王书法的盛唐表现，分析目前所见玄宗书写碑刻的国家人文地理观念和时代政治；最后，结合《唐六典》《大唐开元礼》和唐代《月令》等文本的出现，在东亚视角下考察玄宗时代的礼制变化及其影响，而石台孝经作为长安城中一座独特的政治文化景观，无疑是玄宗时代的昭示和见证。"文章的整体思路是从马克斯·韦伯的学术政治理论出发，在长安学的视野下全面讨论石台孝经所表现出的玄宗时代。由于疫情影响，工作坊取消，西安碑林不是完全意义上的学术研究机构，日常工作中琐事杂多，加上我所承担的国家社科项目结项在即，关于石台孝经的文章一拖再拖，一直没有完成，机缘巧合下就直接扩充为这本书了。

适逢西安出版社策划了"纸上长安"丛书，蒙屈炳耀社长和李宗保总编的厚意，希望我承担《石台孝经》一书的写作。在责编张正原兄联系我的时候，直接就答应了下来。由于丛书的统一体例要求，本书不是一部严格意义上的学术著作，没有学术史的梳理和学术论著所必需的注释，不过由于全书的主体结构是学术论文的框架和新的见解，所以可定义为一部普及性的学术读物。

复旦五载，跟随尚君师读书，方渐得石刻研究之门径，这本书围绕着石台孝经进行了专题讨论，希望可以弥补当年做博士论文时的些许遗憾。从一篇学术文章扩充为一本专书，在原来内容的基础上，主要是补充了御注《孝经》开元本和天宝本的文本文字，以及相关的历史背景介绍和延展性的文学语言铺陈。石台孝经和泰陵作为唐玄宗李隆基最重要的纪念碑性景观，前者是我供职的西安碑林藏品中最重要的一件国宝级文物，后者坐落在我的家乡蒲城，所以在个别章节中不由自主地融入了许多个人的情感，带有了一些学术散文的写作风格。

在前后三年的时间内，离不开诸多师友和单位领导同仁的支持与帮助，有的帮我查找提供海内外的研究资料，有的帮我提供书中相关的照片图版，在这里，需要感谢的是一份长长的名单，我一直心存感激。本书以前贤学者的研究成果

石台孝经

为基础，没有注明古籍出处和参阅过的单篇论文，只在参考书目中罗列了论著类的主要成果，故在此谨向海内外的所有学者致以诚挚的感谢和由衷的歉意！本书的出版，得益于西安出版社的大力支持和盛意，得益于正原兄的次次督促和仔细编辑，特此致谢！

谨以此书献给所有为了儿女辛劳一生的父母们！

我的思念，布满天堂！

是为记。

王庆卫

2020年季秋于西安碑林

王庆卫

　　陕西蒲城人，南京大学考古学硕士、复旦大学中国古典文献学博士，现为西安碑林博物馆副研究员，主要从事石刻文献与汉唐考古研究。目前主持国家社科基金一般项目"唐代石刻史料编年辑证"、负责国家社科基金重大项目"中国历代释氏碑志的辑录整理与综合研究"子课题，出版专书多部，在《唐研究》《魏晋南北朝隋唐史资料》《考古与文物》《敦煌研究》《敦煌学辑刊》《陕西师范大学学报》《中国国家博物馆馆刊》《中原文物》《四川文物》等刊物发表论文四十余篇。策划展览有"桃花依旧：唐代诗人墓志特展""光化六合：西安碑林藏北朝墓志特展"等。